Autor

Safi Nidiaye, geboren 1951 in Freiburg, Chansonsängerin, Liedermacherin, Journalistin, stellvertretende Chefredakteurin bei namhaften Blättern, freie Fernsehjournalistin, beschäftigt sich seit neunzehn Jahren intensiv mit Meditation, der sie jetzt das dritte ihrer Bücher widmet. Seit neun Jahren übermittelt sie in Trance intuitives Wissen. Ihre ersten beiden Bücher sowie zwei Audiokassetten beinhalten die Hauptthemen dieser Sitzungen und sind im Ariston Verlag erschienen. Safi Nidiaye lebt in München.

Safi Nidiaye

Meditation löst Lebensprobleme

Selbsthilfe für den Alltag

WILHELM HEYNE VERLAG
MÜNCHEN

HEYNE ESOTERISCHES WISSEN
Herausgegeben von Michael Görden
13/9730

Umwelthinweis:
Dieses Buch wurde auf
chlor- und säurefreiem Papier gedruckt.

2. Auflage

Copyright © 1994 by Ariston Verlag, Genf
Genehmigte Taschenbuchausgabe im
Wilhelm Heyne Verlag GmbH & Co. KG, München
Printed in Germany 1999
Umschlaggestaltung: Atelier Adolf Bachmann, Reischach
Umschlagabbildung: Bildagentur ZEFA, Düsseldorf
Technische Betreuung: S. Hartl
Satz: ew print & medien service gmbh, Würzburg
Druck und Bindung: Ebner Ulm

ISBN 3-453-13014-6

Inhalt

Wie Sie dieses Buch am besten handhaben	7
Vorwort	9

ERSTER TEIL
Grundsätzliches zur Meditation — 15

Nutzen Sie die höheren Funktionen des Denkens	17
Kreativ leben	24
Das Hier und Jetzt: Kreuzungspunkt der Gegenwart	31
Meditation, Erleuchtung und Alltagsprobleme	36
Aktivität und Passivität in der Meditation	42

ZWEITER TEIL
Die Technik der Meditation — 45

Meditation und Körper	47
So begeben Sie sich in einen meditativen Zustand	50
Ergänzende praktische Tips	60

DRITTER TEIL
Meditationen zu konkreten Problemen und Bedürfnissen — 63

Finden Sie die richtige Entscheidung	65
Meditation bei Gesundheitsstörungen	81
Probleme bewältigen	99

Inhalt

Entwickeln Sie ein positives Selbstbild	122
Mit Krisen umgehen	138
So lösen Sie Ihre Schuldgefühle auf	145
Überwinden Sie Ihren Groll	158
Meisterschaft erlangen	167
Finden Sie Harmonie	174
Wenn Sie unter Mangel an Zuwendung leiden	191
Liebeskummer: Wie Meditation helfen kann	198
Beziehungen verbessern	217
Das Denken befreien – und sich selbst von der Tyrannei des Denkens	235
Mit dem inneren Kind Kontakt aufnehmen	252
Visualisieren aus der Tiefe	262

VIERTER TEIL

Meditationen für den täglichen Gebrauch	275
Die regelmäßige Meditation	277
Eine tägliche Kurzmeditation	280
Die Lichtdusche	282
Die Arbeit an Qualitäten	285

FÜNFTER TEIL

Spirituelle Dimensionen der Meditation	289
Spirituelles Erwachen	291
Ekstase	294
Freiheit	303

Literaturhinweise	306

Wie Sie dieses Buch
am besten handhaben

Das Vorwort und der *erste,* allgemeine *Teil* dieses Buches enthalten wichtige Informationen, die zum Verständnis der später beschriebenen Meditationsmethoden unerläßlich sind.

Eine Grundtechnik der Meditation wird im *zweiten Teil* geschildert. Sie kann für sich allein geübt werden, dient aber zugleich als Einleitung fast aller der in diesem Buch vorgestellten praktischen Anwendungen. Sie wird dort jeweils als erster Schritt in dem Satz »Begeben Sie sich in einen meditativen Zustand« zusammengefaßt. Es ist deshalb ratsam, diese Basistechnik einige Male gesondert und ausführlich zu üben, bevor Sie sie in Kurzform als Vorbereitung zu einer der themenbezogenen Meditationen verwenden.

Die einzelnen Schritte der verschiedenen Meditationsanwendungen werden möglichst knapp und übersichtlich geschildert.

Bevor Sie eine Technik zum erstenmal anwenden, gehen Sie am besten so vor:
- Lesen Sie die Vorbemerkungen zu der entsprechenden Meditation und nehmen Sie sich einen Augenblick Zeit, um darüber nachzudenken.

Wie Sie dieses Buch am besten handhaben

- Lesen Sie die Anleitung so oft, bis Sie sie verstanden und verinnerlicht haben. Am Ende der meisten Kapitel finden Sie die einzelnen Schritte der verschiedenen Techniken noch einmal in Stichworten zum besseren Einprägen.
- Wenn Sie sich die Schritte eingeprägt haben, legen Sie das Buch zur Seite, schließen Sie die Augen und treten in die Meditation ein, ohne sich darum zu sorgen, ob Sie sich an alle Anweisungen erinnern werden. Die Schritte sind nun in Ihrem Bewußtsein eingespeichert; von nun an können Sie die Führung Ihrem inneren Selbst überlassen.

Die im *dritten Teil* des Buches geschilderten Techniken sind themen- oder problembezogen und deshalb nur für entsprechende Situationen passend.

Für den regelmäßigen Gebrauch geeignete, themen- unabhängige Meditationstechniken finden Sie im *vierten Teil.*

Vorwort

> *Die Hindernisse liegen in mir, nicht*
> *außer mir. Außer mir bin nur ich selbst.*
> *Und so will ich versuchen, in mich zu*
> *gehen.*
>
> PRENTICE MULFORD

Dies ist ein Buch für Menschen, die die Probleme ihres Lebens mit wirksameren Mitteln als den üblichen angehen möchten; für Menschen, die wissen möchten, worum es bei den Schwierigkeiten, Leiden und Herausforderungen, mit denen sie zu kämpfen haben, wirklich geht; für Menschen, die die Hintergründe innerer und äußerer Verwicklungen erkennen lernen und – vor allem – freier und kreativer mit sich selbst, ihren Beziehungen und den Dingen des Lebens umzugehen in der Lage sein möchten.

Es ist vorwiegend für Menschen geschrieben, die keine oder nur wenig Erfahrung mit Meditation haben. Aber auch geübte »Meditierer« können von den geschilderten Methoden profitieren.

Vorwort

Die Bemerkungen zu den verschiedenen Themen sollten Sie bitte als Anregungen, als Ideen betrachten, die zur Überprüfung und Kontemplation angeboten werden – nicht als Tatsachen. Von den geschilderten Meditationstechniken brauchen Sie nur diejenigen anzuwenden, die Sie wirklich ansprechen. Meditieren aus bloßer Neugier heraus hat meines Erachtens wenig Sinn. Es gehört eine stärkere Motivation dazu, meditierend der Wahrheit auf den Grund zu gehen, sich höhere Dimensionen zu erschließen und seine eigenen Qualitäten zu erweitern – Beweggründe wie Liebe, der Wunsch zu helfen, große Not, eine schwierige Situation, eine Krankheit, ein Schicksalsschlag, ein Problem; ein unstillbarer Durst nach Erkenntnis; das Bedürfnis nach Frieden, nach Freiheit, nach Heilung; Sehnsucht nach Schönheit, nach Reinheit oder nach dem Heiligen.

In diesem Buch steht nicht die Meditation als solche im Vordergrund (darüber ist schon viel geschrieben worden), sondern ihre Anwendung in bezug auf die persönlichen Probleme und Herausforderungen, mit denen wir alle mehr oder weniger zu tun haben und die allesamt Beziehungsprobleme sind: Etwas ist gestört in der Beziehung zu uns selbst, zu anderen Menschen oder zum Leben in der Welt überhaupt.

Meditation kann helfen,
- herauszufinden, wo die eigentliche Störung liegt,
- deren Hintergründe zu erkennen und
- die im Zusammenhang mit ihr möglicherweise existie-

Vorwort

renden verdrängten Gefühle zu befreien und umzuwandeln;

- die Dinge aus neuer Perspektive zu sehen;
- kreativ mit Problemen und Herausforderungen umzugehen;
- verborgene Qualitäten freizusetzen;
- über die engen Grenzen des körperzentrierten und von einem falschen Selbstbild geprägten Ichbewußtseins hinauszugelangen;
- Frieden zu finden;
- mit den »Augen des Herzens« zu sehen;
- Liebe und Freude im eigenen Innern zu entdecken;
- unabhängiger zu werden;
- Macht über das eigene Denken zu erlangen –

und vieles mehr.

Meditation in diesem Sinne erfordert die Haltung eines Menschen, der wirklich wissen will. Sie müssen den Wunsch haben, der Wahrheit auf den Grund zu gehen. Wenn Sie sich davor fürchten, bedenken Sie bitte:

- Das, was ist, ist – ob Sie es fürchten oder nicht.
- Das, was ist, ist aus gutem Grund.
- Das, was ist, wandelt sich.
- Indem wir es verurteilen oder verdrängen, hindern wir es daran, sich zu wandeln.

Vorwort

Und dann die andere Perspektive, die erleuchtete, die Sichtweise des Mystikers, eines Menschen, dem sich in einer Art
hellwachen Rausches plötzlich die Augen über die wahre
Natur der Wirklichkeit öffnen:

● Das, was ist, ist unfaßbar großartig.

Nur unsere Kleinlichkeit, unsere Angst, unsere Trägheit hindern uns daran, das wahrzunehmen. Sind wir nicht in jedem
Augenblick Teil eines gewaltigen und unbegreiflichen Universums? Und spiegelt sich nicht in jedem Augenblick dieses
gewaltige und unbegreifliche Universum in uns – in ein-
zigartiger Weise? »Für mich ist die Welt ehrfurchtgebietend,
erstaunlich, geheimnisvoll, unergründlich«, sagt CARLOS
CASTANEDAS Schamane *Don Juan*. »Ich möchte dich überzeugen, daß du die Verantwortung übernehmen mußt für
dein Hiersein in dieser wunderbaren Welt, in dieser wunderbaren Zeit.«

Das ist eine Sichtweise, die uns, wie PIR VILAYAT KHAN
schreibt, mitten in die »kosmische Feier« hineinkatapultieren
und weit über die »Stürme in unserem Wasserglas« hinaus-
tragen kann.

Natürlich fallen wir wieder in unsere enge persönliche
Perspektive zurück. Erwarten Sie um Himmels willen nicht,
nach einem ekstatischen Erlebnis in der Meditation ein für al-
lemal erleuchtet zu sein. Aber der scheinbare Rückfall ist in
Wirklichkeit die große Herausforderung: Es ist die Phase, in
der das, was uns in der Meditation zuteil wurde, in der Rea-

lität des täglichen Lebens Fuß fassen möchte. Es ist die Gelegenheit zur Verwirklichung unserer Erkenntnisse.

Vielleicht erleben Sie, nachdem Sie mit der Praxis regelmäßiger Meditation begonnen haben, eine Zeit, in der Sie besonders unzufrieden mit sich selbst sind. Das liegt daran, daß Sie nun mit Schwächen und Schmerzen konfrontiert werden, die bislang im verborgenen lagen. In solchen Zeiten kann es wichtig sein, täglich zu meditieren. Üben Sie in dieser Phase, falls sie auftritt (was keineswegs automatisch der Fall sein muß!), nicht nur die empfohlene Grundtechnik der Meditation und die auf Ihre Probleme bezogenen Methoden, sondern tauchen Sie dazwischen immer wieder in solche Meditationen ein, die Ihr Bewußtsein von den Problemen des täglichen Lebens ganz befreien und Sie in Zustände von Ekstase heben – über den Sturm in Ihrem Wasserglas hinaus in die Unendlichkeit.

Probleme verlieren ihre Wichtigkeit und lösen sich leichter, wenn man es versteht, immer wieder »hohe Stimmung« in sich zu wecken – ganz gleich, wie erschreckend die Lage sein mag. »Der Derwisch tanzt auf Dornen«, heißt es bei den Sufi-Mystikern. Man kann durchaus schwere Probleme haben und dennoch guter Dinge sein – ohne sich durch vorgetäuschten Optimismus oder oberflächlich betriebenes positives Denken zu belügen. Die Dornen pieken und schmerzen, das läßt sich nicht leugnen; um so größer aber ist das Gefühl von Freiheit, von Macht, von Ekstase, wenn wir es wagen, trotzdem zu tanzen. Und um so mehr, wenn wir es anderen zuliebe tun.

Vorwort

In dornenfreien Zeiten schlafen wir gern wieder ein, verlieren unsere Wachsamkeit, vergessen zu meditieren und lassen uns aufs neue von den vier Wänden der Alltagswelt hypnotisieren. Selig, wer da meditiert, auch ohne daß Dornen ihn pieken. Krieg kann vermieden werden, wenn wir in Friedenszeiten bewußt eine friedvolle Haltung kultivieren. Wenn dann Konflikte auftauchen, ist man vorbereitet und kann klüger mit ihnen umgehen.

ERSTER TEIL

Grundsätzliches zur Meditation

Nutzen Sie die höheren Funktionen des Denkens

> Es gibt Augenblicke, wo die Wolken aufbrechen und den Horizont freigeben und wir die fernen Berge erblicken können, die uns zuvor verborgen waren. Die Sicht ist frei, und wir spüren, daß hier die große Erfüllung liegt.
>
> PIR VILAYAT KHAN

Unser Denken hat verschiedene Funktionen. Von diesen Funktionen nutzen wir überwiegend nur eine, und das ist der Grund, warum viele von uns den Problemen ihres Lebens relativ hilflos gegenüberstehen. Nennen wir diese Funktion »das gewöhnliche Denken«.

Dieses »gewöhnliche Denken« basiert auf Sinneseindrücken und Erfahrungen, die es interpretiert, gemäß den Gesetzen der Logik und auf der Basis der persönlichen Grundüberzeugungen: jener Urteile also, die wir früher einmal über das Leben, die Welt, die Menschen und uns selbst getroffen haben – teils als Schlußfolgerungen aus Erfahrun-

Erster Teil: Grundsätzliches zur Meditation

gen (die wir zum großen Teil in früher Kindheit gemacht haben), teils als Resultat unserer Erziehung. Einige haben wir einfach von anderen Menschen übernommen. Die meisten dieser Grundüberzeugungen sind uns nicht bewußt. Wir halten sie für so selbstverständlich, daß wir nie unsere Aufmerksamkeit auf sie richten; wir gehen davon aus, daß es Tatsachen sind, nicht Überzeugungen.

Solche persönlichen Grundüberzeugungen sorgen dafür, daß unser Bild von der Wirklichkeit verzerrt und verfälscht ist. (Ausführlicher wird auf diese Grundüberzeugungen im Kapitel »Das Denken befreien – und sich selbst von der Tyrannei des Denkens« eingegangen: ab Seite 235.)

Vor allem aber wird das gewöhnliche Denken von den Gesetzen der herkömmlichen Logik strukturiert. Das gewöhnliche Denken ist nützlch, wenn es darum geht, Baupläne zu erstellen, Umzüge zu planen, Rechenaufgaben zu erfinden und ein Haushaltsbudget einzurichten. Es erweist sich aber nicht nur als unzulänglich, sondern oftmals auch als unzutreffend, wenn es um die »Dinge des Lebens« geht, um lebensbestimmende Entscheidungen, um Beziehungen und um all die persönlichen Probleme und Herausforderungen, die unsere Existenz als Mensch in dieser Welt betreffen. Wenn wir diese »Dinge des Lebens« und ihre Hintergründe verstehen möchten, müssen wir uns von unserer persönlichen Sichtweise lösen, eine höhere Perspektive einnehmen und die höheren Funktionen des Denkens einschalten.

Das gewöhnliche Denken beruht auf einer rezeptiven, also passiven Haltung: dem Aufnehmen von Sinnesein-

Nutzen Sie die höheren Funktionen des Denkens

drücken. Erst in zweiter Instanz wird es aktiv, indem es diese interpretiert.

Eine weitere Funktion des Denkens ist aktiv. Es ist die schöpferische Imagination. Anstatt die Dinge passiv wahrzunehmen und sich einen Reim daraus zu machen, entwirft die Vorstellungskraft aktiv eine neue Realität. Diese Funktion nutzt jeder kreative Mensch. Es ist die schöpferische Funktion der Intelligenz, und es steht zu vermuten, daß das ganze Universum aus ihr hervorgegangen ist. Fast alle Meditationsmethoden, die in diesem Buch vorgestellt werden, bringen diese Funktion des Denkens zum Einsatz. Beim Aufstieg in höhere Ebenen nutzt man sie, um Bilder und Stimmungen in sich entstehen zu lassen, die einen mit diesen Ebenen in Resonanz versetzen; und beim Wiedereinstieg in die alltägliche Realität werden sie genutzt, um das, was man »oben« auf der Höhe der Meditation gefunden hat, »unten« im täglichen Leben konkret werden zu lassen. Man begnügt sich nicht damit, in hoher Stimmung einen Eindruck von neuen Erkenntnissen oder Seinsweisen (= Qualitäten) zu erhalten und zu genießen, sondern man projiziert diese in seine Persönlichkeit, seinen Körper und sein Leben hinein. Mit anderen Worten, Sie stellen sich vor, wie es wäre, das in der Meditation Empfangene im Leben bereits konkret verwirklicht zu haben. Schöne Erlebnisse oder großartige Erkenntnisse machen weder einen besseren Menschen noch bessere Lebensumstände. Erst wenn wir sie verwirklichen, verändert sich etwas. Das lebhafte, begeisterte Imaginieren des Neuen ist die Vorstufe zu seiner Verwirklichung.

Erster Teil: Grundsätzliches zur Meditation

Dann gibt es eine dritte Funktion des Denkens. Sie ist nicht aktiv und nicht passiv, sie *ist* einfach: es ist Wissen an sich, und wenn es sich unserem persönlichen Bewußtsein enthüllt, nennen wir das Offenbarung, Erleuchtung oder schlicht Intuition.

Als Eingebung sickert es tagtäglich in unser Bewußtsein durch; je wacher wir sind und williger, unserer Intuition zu folgen, desto mehr nehmen wir sie wahr. Alle Techniken der Meditation sind in erster Linie darauf angelegt, daß Sie in dieses »Wissen-an-sich« eintauchen oder etwas davon erhaschen können: eine Ahnung, eine Eingebung, eine Intuition.

Unterhalb der Schicht des gewöhnlichen Denkens gibt es noch eine vierte Funktion. Sie ist die Logik des Unterbewußtseins: die Assoziation. Das Unterbewußtsein kümmert sich nicht um die Gesetze rationaler Logik. Es verknüpft Ereignisse, Dinge, Namen und Gestalten, kurz alles, was ihm in den Weg kommt, nach den Prinzipien eines ihm allein bekannten (und von Mensch zu Mensch verschiedenen) Kodes. Dieser Kode hängt zusammen mit eingespeicherten Erinnerungen. Die Technik des freien Assoziierens kann benutzt werden, um den Geheimnissen des Unterbewußtseins auf die Spur zu kommen. Sie kann uns aber auch helfen, unseren Einfallsreichtum zu erhöhen, wenn es um kreative Tätigkeiten geht.

Wenn man in seinem Leben immer wieder in Sackgassen gerät und nicht in der Lage ist, mit den Problemen seines Lebens schöpferisch, intelligent und flexibel umzugehen, so

Nutzen Sie die höheren Funktionen des Denkens

kann das daran liegen, daß man die Herrschaft über seinen Verstand der Funktion des »gewöhnlichen Denkens« überlassen hat und die übrigen zuwenig einbezieht.

Wer alle Funktionen des Denkens (jedenfalls soweit sie mir bekannt sind) zur Lösung eines Problems einsetzen möchte, kann so vorgehen:

1. *Gewöhnliches Denken*: Das Problem so klar wie möglich formulieren und gründlich erforschen und analysieren.
2. *Assoziieren*: Sich das Problem vergegenwärtigen, es formulieren und zu den Elementen der Formulierung Bilder aus dem Unterbewußtsein auftauchen lassen. Schnell und ohne nachzudenken Begriffe assoziieren.
3. *Intuition:* Sich in meditativen Zustand versetzen (wie das vor sich geht, wird im zweiten Teil beschrieben), eine erhöhte Perspektive einnehmen und auf Passivität umschalten. Das Denken muß schweigen oder sich zumindest in starkem Maße beruhigen (dafür sind die Techniken da), damit das, was hinter dem Denken liegt – das Wissen – durchkommen kann: per Intuition, die man je nach ihrer Klarheit Ahnung oder Offenbarung nennen kann.
4. *Schöpferische Imagination:* Die empfangene Erkenntnis oder den erlebten Seinszustand (= Qualität) in eine konkrete Form projizieren. Mit anderen Worten, sich vorstellen, wie man selbst und wie das Leben wäre, wenn man die Erkenntnis oder Qualität, die man intuitiv empfangen hat, bereits verwirklicht hätte.

Erster Teil: Grundsätzliches zur Meditation

5. *Gewöhnliches Denken:* Kann dann wiederum genutzt werden, wenn es um konkrete, rational erfaßbare oder planbare Aspekte der Verwirklichung geht. Eventuell kann hier auch wiederum die Technik des spielerischen *Assoziierens* hinzugenommen werden, um Einfallsreichtum und Kreativität zu erhöhen.

Natürlich mischt sich das im täglichen Leben. Auch wenn das gewöhnliche Denken vorherrscht, blitzen doch hier und da auch andere Funktionen des Denkens auf. Sie können aber durchaus methodisch so vorgehen, wie es eben geschildert wurde.

Auf diese Weise können Sie die eigene Intelligenz in weit höherem Maße nutzen, als das normalerweise der Fall ist.

Apropos »eigene Intelligenz«: Eigentlich gibt es nicht Ihre Intelligenz und meine Intelligenz und XYs Intelligenz, sondern es gibt nur eine Intelligenz. Tatsächlich hat das Wort »Intelligenz« auch keine Mehrzahl. (Die Konstruktion »Intelligenzen« gibt es zwar, aber sie bedeutet etwas anderes.) Diese eine Intelligenz äußert sich in Ihnen und in mir, in der Evolution, in den Naturgesetzen und in allem, was ist. Sie sorgt dafür, daß die Zellen unseres Organismus zusammenarbeiten und daß unsere Leber weiß, was sie zu tun hat. Diese Intelligenz ist es, die im Prozeß unseres Denkens tätig ist. GEORG CHRISTOPH LICHTENBERG, ein großer Denker, zog es vor, »es denkt« zu sagen anstatt »ich denke«.

Diese Perspektive, so philosophisch und weltfremd sie anmuten mag, kann uns helfen, ganz reale Lebensprobleme zu

Nutzen Sie die höheren Funktionen des Denkens

lösen. Rufen Sie sich diese Sichtweise in Erinnerung, bevor Sie meditieren. Sie erleichtert Ihnen die Überwindung Ihrer persönlichen Perspektive, die ja eben die Probleme verursacht.

Kreativ leben

Euch wurde Göttliches zuteil. Ihr selbst gestaltet eure Realität und die eurer Erfahrungswelt. Ihr erschafft sie aufgrund eurer zu Glaubenssätzen erhärteten Überzeugungen. Ihr verfügt über eine immense schöpferische Energie, und eurem Selbst sind keine Schranken gesetzt – außer denen, an die ihr glaubt.
JANE ROBERTS (Zitat von *Seth*)

Vom persönlichen Standpunkt aus gesehen, sind wir Opfer unserer Veranlagung, unserer Erziehung, der Welt, in die wir hineingestellt wurden, und unseres Schicksals.

Von einem höheren Standpunkt aus gesehen, gestalten wir unser Leben schöpferisch wie ein Maler sein Bild, gestalten wir sogar unsere Persönlichkeit und ihr lebendiges Abbild, den Körper.

Jeder dieser beiden Standpunkte bietet Möglichkeiten zum kreativen Umgang mit der Kunst der Meditation.

Kreativ leben

Betrachten wir uns als Schöpfer unseres Lebens und unserer Persönlichkeit, kann Meditation uns helfen, die höhere Perspektive einzunehmen, von der aus wir wirklich kreativ sein können, und uns neue schöpferische Perspektiven geben.

Betrachten wir uns aber als Opfer unseres Lebens und unserer Persönlichkeit, kann Meditation uns helfen, das, was ist, anzunehmen, zu erkennen und zu lieben – wodurch es sich von selbst zum Positiven wandelt.

Meditation bietet uns Zugang zu höheren Ebenen des Denkens und Fühlens. Um diese zu erreichen, müssen wir das gewöhnliche Denken und die gewöhnlichen Emotionen nicht etwa ausschalten, sondern – im Gegenteil – uns ihrer bewußt werden. Ohne diese Grundstufe der Meditation können wir die höheren Ebenen nicht erklimmen.

Indem wir uns unserer Gedanken und Gefühle bewußt werden, begeben wir uns bereits auf eine höhere Ebene. Eine andere Art von Denken – oder sagen wir besser: Erkennen – kann greifen, wenn wir aufhören, uns mit unseren Gedanken (und Gefühlen) zu identifizieren, und sie statt dessen einfach wahrnehmen. Wir können dann noch einen Schritt zurücktreten und uns selbst beim Wahrnehmen beobachten. Auch das kann eine Methode der Meditation sein.

Meditation ist ein Akt des Innewerdens in einem hohen Grad von Wachheit und Entspannung bei erweiterter Bewußtheit. Also genau das Gegenteil von Trance. Trancezustände und Trancereisen sind wunderbar und können sehr nützlich sein; Meditation aber ist das Gegenteil. Das Bewußt-

Erster Teil: Grundsätzliches zur Meditation

sein wird nicht wie in Trance auf einen Bereich fokussiert und eingeengt, sondern es wird bis zu seiner jeweils maximalen Reichweite (die theoretisch unendlich ist) ausgedehnt.

Vieles, was in diesem Buch Meditation genannt wird, ist strenggenommen Kontemplation. Manche Puristen mögen auch sagen, daß Meditation nichts zu tun hat mit Zielsetzungen und Problemstellungen, sondern einfach schweigendes Sichversenken in die Stille ist. Darüber mögen sich Experten streiten.

Was Ihnen in diesem Buch angeboten wird, sind Methoden, die Ihnen helfen können,

- in einen Zustand gesteigerter Bewußtheit zu gelangen,
- sich Ihrer Probleme und Ihrer selbst innezuwerden,
- sich höhere Ebenen des Denkens und Fühlens zu erschließen,
- das Spektrum Ihrer eigenen Handlungsmöglichkeiten zu erweitern und
- die Entwicklung neuer Qualitäten zu fördern.

Dies alles findet statt in einem Zustand, den ich meditativ nenne (entspannt, hellwach und konzentriert) und den wir mit verschiedenen Methoden herbeiführen oder zumindest fördern können. Eine solche Technik wird im zweiten Teil des Buches geschildert.

Da wir gerade beim Klären von Begriffen sind: Manchmal verwende ich das Wort »Unterbewußtsein«. Es mag nicht ganz korrekt sein, aber die Bezeichnung ist sehr treffend. Es gibt eine Abteilung in unserem Bewußtseinsinventar, auf die

Kreativ leben

wir nie oder selten den Scheinwerfer unserer Aufmerksamkeit richten, obwohl dies ohne weiteres möglich wäre. Hier schlummert psychisches Material, das wir irgendwann einmal eingespeichert und dann vergessen oder verdrängt haben oder auf das wir einfach nie unsere Aufmerksamkeit richten. Das ist es, was hier das »Unterbewußtsein« genannt wird. JOSEPH MURPHY hat dessen Wirkungsweise in seinem Bestseller *Die Macht des Unterbewußtseins* (alle Titel, auf die in diesem Buch hingewiesen wird, finden Sie am Schluß im Literaturverzeichnis) genauer beschrieben.

Unsere Gedanken haben einen bewußten und einen unbewußten Aspekt. Hinter Ihren bewußten Gedanken liegen Gedanken, die Sie, ohne es zu merken, implizieren. Sie sind Ihnen so selbstverständlich, daß Sie gar nicht auf die Idee kommen, daß das Gedanken sind. Das sind jene grundlegenden Überzeugungen, von denen bereits die Rede war – die »Glaubenssätze«, die Ihrem Denken zugrunde liegen.

Sie kommen diesen Grundüberzeugungen auf die Spur, wenn Sie beginnen, Ihr Denken zu beobachten. Es handelt sich um all die Grundannahmen, die Ihnen selbstverständlich sind: Grundannahmen in bezug auf

- Sie selbst,
- das Leben,
- die Menschen,
- Ihre Beziehungen,
- die Welt

Erster Teil: Grundsätzliches zur Meditation

und so fort. Diese Grundüberzeugungen strukturieren Ihr Denken, steuern den Fluß Ihrer Gefühle, filtern Ihre Wahrnehmung und beeinflussen obendrein in hohem Maß Ihre persönliche Wirklichkeit.

Mehr und mehr von diesen Glaubenssätzen kommen in den Lichtkegel Ihrer Aufmerksamkeit, wenn Sie regelmäßig meditieren. Sie glauben gar nicht, was für ein Gewirr von Überzeugungen, das man nie gewahr wurde, mit der Zeit zutage gefördert wird. Haben Sie eine Überzeugung erst einmal als Überzeugung erkannt, verliert sie bereits viel von ihrem Einfluß. Sie hatte ja deshalb soviel Macht, weil Sie sie unbemerkt für eine Realität gehalten haben und nicht für eine Überzeugung. Wenn Sie mehr darüber lesen möchten, empfehle ich Ihnen JANE ROBERTS' fundamentales Werk *Die Natur der persönlichen Realität.*

Nicht nur das Denken, auch das Fühlen findet auf mehreren Ebenen statt. Gewöhnlich haben wir mit dem zu tun, was man die persönlichen Emotionen nennen kann. Gelegentlich kommen wir an archetypische Emotionen: Etwas berührt uns sehr stark, und wir werden emporgehoben in das, was man »höhere Emotionen« nennen kann. Begeisterung ist eine höhere Emotion als Neugier. Mitgefühl ist eine höhere Emotion als Vergnügen und Jubel eine höhere als Freude. Der Gipfel aller Emotionen mündet in Ekstase.

Wir können niedriggestimmt sein, hochgestimmt oder verstimmt. Niedrige Stimmung ist beispielsweise Depression, schlechte Laune, Langeweile; hohe Stimmung hingegen Freude, Begeisterung. Gewisse Tätigkeiten fördern niedrige,

Kreativ leben

andere fördern höhere Stimmung. Wenn man sich selbst glücklich machen möchte, sollte man sein Leben daraufhin einmal untersuchen. Wenn ich viel fernsehe, viel Zeitung und Krimis lese, schleift meine Stimmung am Boden. Wenn ich zuviel mit anderen Menschen zusammen und »außer mir« bin, ohne immer wieder zu mir selbst zurückzufinden, werde ich verstimmt. Wenn ich viel meditiere, tanze, male, singe und spazierengehe, bin und bleibe ich hochgestimmt.

Die tägliche Meditation ist eine Möglichkeit, Denken und Fühlen immer wieder hochzustimmen. Auch die Beschäftigung mit großer Kunst oder hochentwickelten, inspirierenden Persönlichkeiten (Weisen, Helden oder Heiligen) ist ein Mittel, sich hochzustimmen, und ebenso eigene kreative Tätigkeiten wie singen, malen, tanzen, schreiben, komponieren, ein Instrument spielen und so fort.

Wenn Sie alles miteinander kombinieren: regelmäßig meditieren, große Musik hören, sich mit inspirierenden Wesen beschäftigen, sich künstlerisch betätigen, und wenn Sie obendrein häufig in Kontakt mit der Natur sind, dann können Sie Ihren Alltag, Ihr Fühlen und Denken beleben, Stimmung und Ausstrahlung enorm erhöhen und ständig Inspiration erhalten – sei es, um Situationen zu bewältigen, sei es, um Menschen im richtigen Augenblick das Richtige zu sagen, sei es, um gute Arbeit zu leisten oder spielerisch kreativ zu sein. Halten Sie obendrein noch Ihren Körper in Schwung (durch gute Nahrung und durch Sport, Tanzen, Tai Chi, Yoga, Qi Gong oder dergleichen), so können Sie ständig in einem Zustand erhöhter Vitalität, Lebensfreude und Inspiration sein –

Erster Teil: Grundsätzliches zur Meditation

hierin eingeschlossen sind durchaus auch Augenblicke von Trauer oder Zorn, die Sie möglicherweise tiefer und vollständiger als sonst erleben. Sie können sogar hochgestimmt bleiben trotz negativer Umstände und Gefühle: Sie kommen damit dann einfach besser zurecht.

Das ist natürlich der Entwurf eines Idealzustandes. Es ist aber gut zu wissen, daß es möglich ist, in einem solchen Zustand zu leben. Allerdings sollte man es sich nicht zum Ziel machen und damit von sich wegschieben. Tun Sie jetzt sofort das, was Ihnen guttut. Auch im Rahmen begrenzender Umstände ist es möglich, sich immer wieder hochzustimmen.

Nur aus einer hohen Stimmung heraus sind wir in der Lage, mit uns selbst und mit den Umständen unseres Lebens bewußt schöpferisch umzugehen. Deshalb ist hohe Stimmung das A und O.

Wenn wir hoher Stimmung sind, können wir Beschlüsse fassen, die unser Leben verändern. Wenn wir hoher Stimmung sind, können wir alte, einengende Glaubenssätze entwurzeln und durch neue, bessere ersetzen. In hoher Stimmung können wir ein strahlendes Bild unserem Selbst, unserer Beziehungen oder unserer Lebensumstände entwerfen. Nur in hoher Stimmung haben wir die Kraft, dies zu tun. »Mit kaltem Blut«, schreibt PIR VILAYAT KHAN, »kann man nichts wirklich Bedeutendes erreichen, genauso wie man kein Eisen formen kann, bevor es nicht geschmolzen ist. Mit kaltem Blut kann man nicht einmal Erkenntnisse gewinnen. Emotion ist erforderlich, um verstehen zu können« – Freude, Begeisterung, Liebe.

Das Hier und Jetzt:
Kreuzungspunkt Gegenwart

> *Unser Interesse an der Wirklichkeit ist*
> *außerordentlich gering Wir wollen lie-*
> *ber denken, wir wollen uns Sorgen ma-*
> *chen über all das, was uns beschäftigt.*
> *Wir wollen uns das Leben vorstellen.*
> *Und bevor wir kennenlernen, worum es*
> *eigentlich geht, haben wir den gegen-*
> *wärtigen Augenblick vollständig verges-*
> *sen. Wir haben die Wirklichkeit verlo-*
> *ren, unser Leben ist uns entgangen.*
>
> CHARLOTTE JOKO BECK

Beobachten Sie einmal, was Sie im Laufe eines Tages denken. Im allgemeinen sind wir ständig mit dem beschäftigt,
was war oder sein wird, was sein könnte, sollte oder hätte
sein können. Wir versäumen, das wahrzunehmen, was ist.
Wenn das auf Sie nicht zutrifft, können Sie dieses Kapitel bitte überblättern.

Meditation ist ein Erwachen im Hier und Jetzt, in der Gegenwart. Gegenwart ist ein doppeldeutiges Wort: Es bezeich-

Erster Teil: Grundsätzliches zur Meditation

net das Jetzt im Gegensatz zu Vergangenheit und Zukunft, und es bezeichnet Anwesenheit, also das Hier.

Hier und Jetzt ist da, wo unser Körper ist. Es beschränkt sich aber keineswegs auf die physische Dimension von Raum und Zeit. Andere Ebenen der Wirklichkeit und Wahrnehmung befinden sich ebenfalls hier und jetzt. Auch Ewigkeit und Unendlichkeit sind hier und jetzt. Unendlichkeit beginnt nicht an einem Ort, der jenseits unseres physischen Universums liegt, sondern ist hier und überall. Ewigkeit ist nicht etwas, was wir vor grauer Vorzeit einmal erlebt haben und in das wir nach ferner Zukunft wieder eintauchen werden, sondern sie ist »jetzt und immerdar«.

Auch die Schlüssel zu all unseren Problemen liegen im Hier und Jetzt. Vielleicht hat unser Leiden eine Ursache in der Vergangenheit und einen Zweck in der Zukunft – aber wir leiden jetzt. Und das, was dem Leiden zugrunde liegt, liegt ebenfalls im Hier und Jetzt, sonst würden wir nicht hier und jetzt leiden. Das, was den Schmerz auslöst, ist jetzt in unserem Bewußtsein aktiv. Und nur jetzt können wir es entwurzeln. Die Gegenwart ist unser Kraftpunkt (so drückt es der geistige Lehrer *Seth* in JANE ROBERTS' *Die Natur der persönlichen Realität* aus). *Jetzt* können wir die Erinnerung an die Vergangenheit heilen, *jetzt* können wir unser neu entdecktes Selbst in die Zukunft projizieren. Sobald wir uns aber von Gedanken an Vergangenheit oder Zukunft davontragen lassen, verlassen wir unseren Kraftpunkt und sind nicht mehr fähig, zu handeln, zu lösen, zu erschaffen und zu heilen.

Das Hier und Jetzt: Kreuzungspunkt Gegenwart

Natürlich genügt es nicht, sich nur während der Meditationssitzungen im Hier und Jetzt aufzuhalten. Üben Sie die gleiche Art von Aufmerksamkeit bei der Arbeit, beim Spazierengehen, bei der Hausarbeit. Üben Sie »Zen im Alltag«. Wenn Sie Geschirr abwaschen, waschen Sie Geschirr ab. Tun Sie so, als ob Abwasch das Spannendste wäre, was Sie je erlebt haben – und glauben Sie mir, er ist es. »In welcher Gemütsverfassung werde ich die Teller reinigen? Werde ich mich in Hast durchschubbern – dabei den Schmutz mir ins Gemüt reiben als Ärger und Haß? Wer wäscht mir dann die Laune wieder blank? Oder werde ich auf diese Teller den gleichen Ernst, die gleiche Sorgfalt verwenden, mit der ich ein Bild malen würde? Werde ich ein Gefühl der Befriedigung erlangen, wenn leicht, sicher und präzis aus diesem graulichen Gegenstand wieder ein lieber, reiner Teller wird?« Das schrieb PRENCTICE MULFORD in seinem Buch *Unfug des Lebens und des Sterbens.* Nirgendwo findet man das Ringen um »Zen im Alltag« so treffend und humorvoll beschrieben wie bei diesem großen Weisen und Abenteurer. Aber tun muß man es selbst.

Der Atem

Sind wir uns unseres Atems bewußt, so ist unsere Aufmerksamkeit in der Schaltstelle zentriert, die den Körper, die Außenwelt und die Innenwelt miteinander verbindet. Der Atem ist unser Anker im Hier und Jetzt, er verbindet außen

Erster Teil: Grundsätzliches zur Meditation

und innen, Körper und Umwelt, und ist unsere Brücke zu anderen Dimensionen. Wenn Sie sich etwas Gutes tun möchten, werden Sie sich so oft wie möglich Ihres Atems bewußt. Das heißt nicht, daß Sie ihn bewußt steuern sollen! Nur gewahr sein, nicht eingreifen. Ob bei der Arbeit, bei einem anstrengenden Gespräch oder beim Spazierengehen: Wer immer wieder zum Atem zurückkehrt, kommt immer wieder zu sich, wird mehr und mehr eins mit sich selbst, kann sich besser entspannen und bekommt mehr Energie. Aber auch abgesehen von allem Zweck und Nutzen: Genießen Sie das Atmen! Ganz von selbst strömt dabei frische Energie ein, wird verbrauchte abtransportiert. Ganz von selbst atmet unser Körper – oder wird geatmet, und auf diesem Rhythmus von Ebbe und Flut leben wir, denken wir, fühlen wir. Man kann sich dem Atem voller Lust und Genuß überlassen, anstatt die Konzentration auf den Atem als schnöde und schwierige Übung zu betrachten. »Die Ekstase des Atmens, die lebenserhöhende, genießen lernen« empfahl PRENTICE MULFORD.

Wer Qualität, Tiefe und Umsatz seiner Atmung erhöhen möchte, für den kann Atemtherapie oder Rebirthing nützlich sein oder aktivere Betätigungen wie Singen, Tai Chi und atemzentrierte Körperübungen; aber auch Wandern, schnelles Spazierengehen, Laufen, Schwimmen und Tanzen.

Die vollständige Atmung beginnt im Bauch, geht dann in die Körpermitte und schließlich in den Brustkorb (beim Ausatmen umgekehrt). In den Meditationsanleitungen dieses Buches beschränken wir uns im allgemeinen auf die Bauchatmung. Wir beobachten, wie der Atem die Bauchdecke hebt

Das Hier und Jetzt: Kreuzungspunkt Gegenwart

und senkt, ohne in den Atemrhythmus einzugreifen. Wenn dies konsequent geübt wird, fällt es leichter, in seiner Mitte zu ruhen und das Denken gleichsam zu unterlaufen. Der Atem wird nicht willkürlich in den Bauch geleitet oder gar gepreßt, sondern lediglich dort beobachtet. Man kann wohl davon ausgehen, daß die Bauchatmung beim zivilisierten Menschen westlicher Prägung der am meisten vernachlässigte Teil der Atmung ist.

Bei einigen wenigen Übungen wird ausnahmsweise empfohlen, bewußt in den Atem einzugreifen, indem man den Rhythmus verlangsamt. Dies sollte man nur solange absichtlich tun, bis sich von selbst ein sehr langsamer Rhythmus von Ebbe und Flut des Atems bemächtigt, der in geheimnisvollem Einklang mit kosmischen Gezeiten steht.

Meditation, Erleuchtung und Alltagsprobleme

Für Menschen, die die Freude der Meditation erleben, gibt es nichts Interessanteres und Erfreulicheres auf dieser Welt. Sie erfahren den inneren Frieden und jene Freude, die sich mit Worten nicht beschreiben läßt; sie berühren die Vollkommenheit, das Wesen des Lichtes, des Lebens und der Liebe – alles ist ihnen gegenwärtig.

HAZRAT INAYAT KHAN

Viele Menschen glauben, Meditation sei nur etwas für Leute, die auf spirituellen Pfaden wandeln. Hartnäckig hält sich auch das Gerücht, Meditation sei etwas sehr Schwieriges – so etwas wie »stillsitzen und verzweifelt versuchen, nichts zu denken«. Auch daß es nicht ohne einen Lehrer geht, meinen viele – und möchten nicht in die Hände von unseriösen Gurus fallen. (Leider berichtet die Presse nur über solche.)

Meditation ist etwas Urnatürliches. Jeder meditiert dann und wann ganz von selbst. Wenn Sie sich selbst vergessen;

wenn Sie durch was auch immer über sich selbst hinausgetragen werden; wenn Sie Momente plötzlicher Einsicht oder Klarheit haben; wenn Sie sich für einen Augenblick aus dem Hin und Her des Lebens zurückziehen und zu sich kommen: All das ist Meditation. Es ist nichts Besonderes.

Besonders wird das Meditieren nur dadurch, daß Sie es absichtlich provozieren und sogar regelrecht trainieren können und Sie sich auf diese Weise neue Dimensionen, Qualitäten und Erkenntnisse erschließen und eine Intensität des Erlebens kennenlernen, wie sie den meisten Menschen unbekannt bleibt.

Die Schlüssel zu all unseren Problemen liegen in der Reichweite unseres Bewußtseins, und Meditation macht sie zugänglich. Nach und nach entdecken wir neue und unerwartete Perspektiven, aus denen heraus wir auf neue Weise handeln können. Wir entdecken eine zuvor nie gekannte Freiheit. Wir finden heraus, daß wir keineswegs so denken müssen, wie wir denken, wir müssen auch nicht so reagieren, wie wir zu reagieren gewohnt sind, ja, wir müssen sogar überhaupt nicht reagieren: Wir lernen zu agieren. Wir müssen nicht auf irgendeine Meinung hereinfallen, auch nicht auf die eigene – und wir müssen noch nicht einmal an die eigene persönliche Perspektive oder an den eigenen Charakter gebunden bleiben.

Nach und nach entdecken wir die wundersamen Zusammenhänge zwischen Innen- und Außenwelt; entdecken wir, daß die Welt, wie wir sie wahrnehmen, nicht Realität an sich ist, sondern nur das, was wir aufgrund der Zusammenset-

Erster Teil: Grundsätzliches zur Meditation

zung unserer Sinnesorgane von der Welt wahrnehmen. Wir stoßen immer tiefer vor in das, was hinter der Welt, die wir wahrnehmen, steckt; welche Motive, welche Kräfte uns und alles, was im Weltall existiert, bewegen. Wir entdecken, daß wir nicht nur Teil eines unendlichen Kosmos sind (unbegreiflich genug für unseren Verstand), sondern daß dieser unendliche Kosmos sich in uns selbst verkörpert. Wir entdecken nach und nach die Reichweite dessen, was wir wirklich sind.

Dann kommen die kleinen Probleme des täglichen Lebens. Sie sind der Prüfstein dafür, wieviel von dieser Reichweite wir tatsächlich schon erfaßt und in das alltägliche Bewußtsein integriert haben. Es kann durchaus sein, daß Sie in der Meditation das Einssein mit dem All erleben und dann mit Ihrem Partner in einen Streit darüber geraten, wem die neue Schreibtischunterlage gehört. Es ist sogar der Normalfall, daß wir uns wieder in der Enge unserer persönlichen Perspektive einfangen lassen; immerhin sind wir an diese Enge ein Leben lang gewöhnt gewesen – der eine mehr, der andere weniger, je nach mitgebrachter Weite des Bewußtseins und des Herzens. Die Rundum-Instant-Erleuchtung scheint es im Fall des westlichen Normalmenschen so gut wie nie zu geben. Nein, wir erleben eine kleine Erleuchtung, der Vorhang hebt sich kurz – und gleich darauf fällt er wieder. Wir haben ein Fetzchen Wirklichkeit gesehen. Und nun müssen wir darangehen, das, was wir gesehen beziehungsweise erlebt haben, in unser alltägliches Denken und Fühlen aufzunehmen. Wir müssen anfangen, so zu handeln, als glaubten wir tatsächlich an die Realität dessen, was wir im Zustand der

Meditation, Erleuchtung und Alltagsprobleme

Erleuchtung für wahr erkannt haben. Wir müssen den Mut haben, unsere alten Vorstellungen über Bord zu werfen. Das kann blitzschnell geschehen oder aber Jahre dauern. Ich glaube, es dauert einfach seine Zeit; daher ist es unsinnig, sich selbst oder jemand anderen zu kritisieren, weil es, wie wir vielleicht meinen, zu lange dauert.

Das A und O sind die persönlichen Probleme. Sie sind es, die bei den meisten Menschen den ersten Anstoß für die Forschungsexpedition ins Reich des Geistes geben; und sie sind der Stolperstein für den, der sich nach jahrelangem fleißigen Meditieren für erleuchtet hält. Tatsächlich können Menschen ein Stadium erreichen, in dem die persönlichen Probleme keine Probleme mehr sind. Nicht, weil es sie nicht mehr gibt, sondern weil die Menschen nicht mehr in ihrer eigenen Perspektive gefangen sind. Das ist etwas, wozu Meditation uns verhelfen kann. Natürlich kann dieser Zustand auch ohne Meditation erreicht werden; es ist der natürliche Zustand eines Menschen, der ein hohes Alter erreicht hat – ohne jenem geistigen Verkalkungsprozeß erlegen zu sein, der leider viele Menschen von einem gewissen Alter an befällt, wenn sie keine Lust mehr haben, sich von überholten Denk- und Verhaltensmustern, Gewohnheiten, Meinungen und Erinnerungen zu trennen.

Der Weg der Meditation ist ein Prozeß fortschreitenden Wacher-Werdens, der seine Zeit braucht. Und diese Zeit ist von Mensch zu Mensch verschieden. Wer meditiert, beginnt bald festzustellen, daß alles, was in seinem Leben geschieht, etwas mit ihm zu tun hat. Sein Leben ist nicht umsonst das

Erster Teil: Grundsätzliches zur Meditation

seine. Er sieht sich nicht länger als Opfer eines fremdbestimmten oder zufälligen Schicksals. Sobald er sich nach innen wendet, beginnt er, Zusammenhänge zu ahnen zwischen seiner Art, die Dinge zu sehen, und der Art, wie die Dinge in seinem Leben sich entwickeln. Er erkennt die Fäden, die seine private Innenwelt mit seinem persönlichen Lebensfeld verbinden. Wenn er weiter voranschreitet, das heißt, weiter geduldig beobachtet und sich Zeit und Ruhe nimmt, um den Dingen auf den Grund zu gehen, stößt er auch auf die Fäden, die seine private Innenwelt mit der Innenwelt der anderen Menschen verbinden; er entdeckt ein inneres Universum, in dem alles – unabhängig von räumlicher oder zeitlicher Entfernung – zusammenhängt. Sie können »über innen« mit Ihrer Tante in Honolulu (sofern Sie eine solche haben) in Kontakt treten und fühlen, wie es ihr geht. Das Ergebnis ist verifizierbar.

Als ich zum ersten Mal von den gewaltigen Möglichkeiten hörte, die dem Menschen, der meditiert, offenstehen (wunderbar nachzulesen bei PIR VILAYAT KHAN in *Der Ruf des Derwisch*), fand ich es eindrucksvoll und auch sehr plausibel, aber es betraf nicht mich. Es war etwas, das Yogis, Mönchen oder Nonnen und Derwischen offenstand, die ihr ganzes Leben der Wahrheitssuche widmen und mitten in der Nacht aufstehen, um zu meditieren; nicht aber einem ebenso faulen wie vielbeschäftigten Menschen wie mir.

Heute, nach einigen Jahren holpriger und lückenhafter Meditationspraxis, stehen mir diese Welten sehr wohl offen. Natürlich längst nicht in einem solchen Maße wie diesen Er-

Meditation, Erleuchtung und Alltagsprobleme

leuchtung suchenden Helden der Disziplin. Es gab Zeiten, da meditierte ich zweimal täglich eine Stunde, und es gab Zeiten, da meditierte ich überhaupt nicht oder jeden Tag nur einige Minuten. Mit aller Inbrunst meditiert und gebetet habe ich – wie die meisten Menschen aller Zeiten – immer dann, wenn es mir außerordentlich schlecht ging. Wenn der Geliebte mich verließ; wenn die Bank mit Kündigung des Kredits drohte; wenn alles über und unter mir zusammenzubrechen drohte: Dann saß ich mit hundertprozentiger Konzentration hellwach an meinem Altar. Und gerade diese Leiden, Schrecknisse und Bedrohungen, die mich in die Meditation trieben, erwiesen sich als allerkostbarste Gelegenheiten zu tiefen Begegnungen mit dem Sinn des Lebens, mit der Liebe, und zu einem echten Dialog mit der inneren Stimme.

Anstatt also zu sagen: Probleme gibt es nicht, es ist alles eine Frage der Sichtweise (was *auch* stimmt), sage ich lieber: Es gibt Probleme, und ich halte sehr viel von ihnen. Gleichwohl hoffe ich, mehr und mehr in der Lage zu sein, auch ohne Probleme hellwach zu bleiben.

Aktivität und Passivität
in der Meditation

*Suchen und Schauen sind zwei ganz
verschiedene Vorgänge. Das eine bindet, das andere führt zum Innewerden,
zur Einsicht. Suchen hat immer ein Ziel
vor Augen und bindet an dieses Ziel,
passive Schau erlaubt uns, von Augenblick zu Augenblick dessen innezuwerden, was ist. Mit dem Innewerden dessen, was ist, überkommt uns uner-
schöpfliche Liebe, Wärme und Demut.*

JIDDU KRISHNAMURTI

Zur Meditation gehört sowohl Aktivität als auch Passivität.
Die Aktivität besteht darin, sich hinzuwenden und die Bedingungen zu schaffen, unter denen etwas geschehen kann. Die
geistige Aktivität ist immer nur die Einleitung zur eigentlichen Meditation, die in einer Haltung von Passivität geschieht.

Es gibt Meditationen, in denen die Aktivität eine größere
Rolle spielt, und solche, die fast ganz passiv sind. Letzteres ist

Aktivität und Passivität in der Meditation

das, was KRISHNAMURTI als »Schauen« oder »Innewerden« bezeichnete. Das reine Innewerden dessen, was ist, ist die Urmeditation, aus der wohl alle anderen Techniken und Methoden geistiger Konzentration, Kontemplation und Meditation hervorgegangen sind.

In den in diesem Buch geschilderten Meditationsanwendungen wechseln Aktivität und Passivität sich ab. Grundsätzlich empfehle ich, immer zuerst die passive Meditation anzuwenden. Bevor Sie sich daranmachen, aktiv etwas herausfinden, bewirken oder verändern zu wollen, vergegenwärtigen Sie sich bitte erst einmal das, was ist. Erforschen Sie es, betrachten Sie es, fühlen Sie es; nehmen Sie auch wahr, wie Sie es betrachten, was Sie dabei fühlen und wie Sie darüber denken. Nehmen Sie all das aufmerksam wahr; erleben Sie es, wie es ist. Werden Sie des Zustandes inne und lassen Sie ihn auf sich wirken, ohne zu versuchen, ihn zu beurteilen oder zu analysieren.

Oftmals reicht dieses einfache Innewerden (das immer mit einem Hinnehmen dessen, was ist, beginnt!) aus, um eine Veränderung im Sinne einer Heilung, Verbesserung oder neuen Sichtweise zu bewirken.

Dann erst, in zweiter Instanz, kommt eine aktive Phase, werden bestimmte technische Schritte, wie sie in diesem Buch geschildert werden, unternommen. Diese Schritte dienen aber nur zur Einleitung der eigentlichen Meditation – sind sie getan, überläßt man sich aufmerksamer Passivität. Den Schluß einer vollständigen Meditation bildet wieder eine Aktivität: Man stellt sich vor, wie das, was man im Zustand

Erster Teil: Grundsätzliches zur Meditation

der Meditation erlebt oder erkannt hat, sich im täglichen Leben auswirkt, wenn man es verwirklicht. Mit anderen Worten: Man projiziert es in die physische Realität.

Meditation kann helfen, Probleme zu lösen, Entscheidungen zu treffen, Erkenntnisse und neue Sichtweisen, Liebe, Frieden und Glück zu finden. Nur: All das kann man nicht erzwingen. Man kann nur Raum dafür schaffen, daß es geschieht. Bitte erwarten Sie nicht – so paradox das klingt –, daß etwas geschieht, sondern überlassen Sie sich einfach der Kontemplation oder der Meditation. Was sich in Meditation und Kontemplation offenbart, ist ja genau das, was man nicht erwartet – weil man es mit dem gewöhnlichen Denken nicht erfassen kann.

ZWEITER TEIL

Die Technik der Meditation

Meditation und Körper

Ein träger, verschlackter Körper macht den Geist träge und trüb. Es ist schwer, den für die Meditation erforderlichen Grad an Wachheit, Konzentration und Entspannung herzustellen, die Gedanken zu beruhigen und zur Klarheit zu finden, wenn der Körper nicht genügend Spannkraft und Vitalität hat. Allen Menschen, die keiner körperlichen Beschäftigung nachgehen, wird deshalb im Zusammenhang mit dem Erlernen der Meditation zumindest ein Minimum an körperlicher Bewegung empfohlen. Gehen Sie viel spazieren, fahren Sie Rad; treiben Sie Sport oder Gymnastik, Tanz, Yoga oder Tai Chi. Irgendeine Möglichkeit findet sich für jeden, auch wenn er sich schwach, alt oder klapprig fühlt; und sei es Qi Gong: ein Minimum an Bewegung mit einem Maximum an Effekt.

Auf jeden Fall aber tut es gut und erleichtert das Eintauchen in einen wachen, konzentrierten und entspannten Zustand, wenn man unmittelbar vor der Meditation ein Minibewegungsprogramm einschaltet, das drei Elemente enthält: Schütteln, An- und Entspannen und Strecken.

Zweiter Teil: Die Technik der Meditation

Das Körper-Kurzprogramm zur Vorbereitung der Meditation:

1 *Schütteln Sie sich frei.* Stellen Sie sich aufrecht hin, die Füße parallel, ihr Abstand so gewählt, daß Sie sich stabil fühlen. Gehen Sie leicht in die Knie. Beginnen Sie, sehr schnell in den Knien auf- und abzuwippen, so daß der ganze Körper durchgeschüttelt wird. Schütteln Sie sich mindestens eine, höchstens fünfzehn Minuten lang. Zum Schluß heben Sie den rechten Fuß und schütteln das rechte Bein aus, dann ebenso das linke.

2. *Eine kurze isometrische Übung.* Legen Sie die Handflächen vor der Brust aneinander. Drücken Sie sie mit aller Kraft gegeneinander, so fest Sie können. Halten Sie dabei nicht die Luft an, sondern atmen Sie weiter! Nach einigen Atemzügen lassen Sie die Arme mit einem kräftigen Ausatmen sinken. Entspannen Sie sich. Spannen Sie dann so intensiv Sie können, alle Muskeln Ihres Körpers an und ballen Sie die Fäuste. Atmen Sie dabei weiter! Nach einigen Atemzügen lassen Sie die Spannung mit einem tiefen Ausatmen oder Seufzen gehen. Entspannen Sie sich einen Augenblick. Zum Schluß spannen Sie alle Gesichtsmuskeln an, indem Sie eine Grimasse schneiden. Lassen Sie nach einigen Atemzügen mit dem Ausatmen wieder locker.

3. *Strecken und dehnen* Sie sich ausgiebig.

Nun ist Ihr Körper bereit, an der Meditation teilzunehmen. Lassen Sie ihn bitte tatsächlich teilnehmen! Wenn Sie das,

Meditation und Körper

was Sie in der Meditation erleben und erkennen, auch verwirklichen möchten, müssen die Zellen Ihres Körpers an Ihrem Erleben teilhaben. Deshalb ist es wichtig, eine gute, das heißt aufrechte, bequeme und entspannte Haltung einzunehmen, in der kein Körperbereich geknickt, verkrampft oder eingeklemmt ist. Und dann lassen Sie sich von Ihrer Meditation ganz erfassen – mit Haut und Haar.

So begeben Sie sich in einen meditativen Zustand

In fast jeder Meditationsanleitung dieses Buches finden Sie als erstes den Satz »Begeben Sie sich in einen meditativen Zustand«. Wenn Sie bereits meditieren und Ihre besondere Technik haben, können Sie an dieser Stelle natürlich Ihre Technik verwenden. Wenn Sie noch nie meditiert haben oder eine neue Methode kennenlernen möchten, empfehle ich Ihnen, die folgende Technik anzuwenden. Üben Sie sie eine Zeitlang regelmäßig gesondert, bevor Sie mit den spezifischen Meditationsmethoden beginnen. Nehmen Sie sich am Anfang 15 Minuten Zeit (oder mehr) dafür. Nach einiger Übung können Sie dann den meditativen Zustand in wesentlich kürzerer Zeit herbeiführen.

Meditation erfordert vor allem zweierlei: Entspannung und Wachheit.

Entspannung

Hier ist körperliche und geistige Entspannung gemeint. Um sie zu erreichen, kann es notwendig sein, erst einige Körperübungen zu machen (wie im vorigen Kapitel geschildert). Besonders für gestreßte und kopflastige Menschen ist das wichtig.

Um einen hohen Grad muskulärer Entspannung zu erreichen, können Sie den Atem benutzen. Das Ausatmen hilft Ihnen, Spannung entweichen zu lassen (wie beim Seufzen); das Einatmen hilft, verkrampfte und verknotete Bereiche zu öffnen, so daß die Energie wieder freier fließen kann.

Die Konzentration auf den Atem bewirkt ferner, daß die Gedanken sich beruhigen. Unser Geist ist beschäftigungssüchtig; mentale Energie möchte sich immer mit irgend etwas beschäftigen. Wir werfen ihr den Atem als Köder vor.

Auch das Gehirn kann man entspannen, indem man sich vorstellt, daß es sich entspannt, und ebenso die Gedanken. Man kann sich innerhalb des eigenen Körpers zurücklehnen wie in einem Sessel. Das fördert die Entspannung enorm und hilft überdies, in ein Gefühl von Zeitlosigkeit einzutauchen. Man zieht sich aus dem Fluß des Geschehens zurück.

Wachheit

Meditation ist nicht Trance. Im Gegenteil: Die Bewußtheit ist weit geöffnet und nicht eingeengt wie bei der Trance. Sie sind hellwach. Der Ansatz ist immer im Hier und Jetzt. Auch wenn Sie andere Dimensionen der Wirklichkeit und Wahrnehmung erleben möchten: Alles trifft sich im Hier und Jetzt.

Deshalb vermeidet man bei der Meditation, seine Auf-

Zweiter Teil: Die Technik der Meditation

merksamkeit vom Hier und Jetzt zu entfernen. Anstatt mit den Gedanken davonzuschwimmen, bleiben wir hier – bei dem, was ist. Der Anker, der uns hier hält, ist der Atem. Wenn wir den Atem wahrnehmen, sind wir im Hier und Jetzt. Ereignisse aus der Vergangenheit (auch was gerade eben geschehen ist, ist jetzt Vergangenheit!) mögen an unserem Geist vorbeiziehen; wir nehmen sie wahr, folgen ihnen aber nicht. Der Trick dabei ist schlicht Nichteinmischung.

Sobald wir anfangen, einen Gedanken zu beurteilen, werden wir vom Fluß des Denkens mitgerissen. Bei der Meditation wollen wir uns nicht ins Denken verwickeln lassen. Gedanken tauchen auf, ballen sich mit anderen Gedanken zusammen, wandern im Kreis herum oder machen Platz für neue Gedanken. Wir nehmen sie wahr, folgen ihnen aber nicht. Auf diese Weise beobachten wir den Prozeß des Denkens, ohne uns hineinziehen zu lassen. (Natürlich läßt man sich doch immer wieder hineinziehen. Sobald Sie das feststellen, wachen Sie auf aus Ihren Gedanken und kehren zum Wahrnehmen des Atems zurück.)

Dabei geht es nicht um Leistung oder darum, irgendwann ein Ziel zu erreichen. Es ist normal, daß man von seinen Gedanken davongetragen wird. Sich darüber zu ärgern, ist fruchtlos. (Wenn Ärger auftaucht, nehmen Sie ihn zur Kenntnis und kehren zur Wahrnehmung des Atems zurück.) Es gibt nichts zu erreichen. Es geht um das, was jetzt ist.

Jeder Augenblick Wachheit ist Ziel und Sinn in sich. Wachheit ohne Entspannung kann zu Verkrampfung und Leistungsstreß führen, den großen Feinden der Meditation.

So begeben Sie sich in einen meditativen Zustand

Entspannung ohne Wachheit führt wiederum zum Dösen, zu Träumereien und Trancezuständen.

Die Haltung

Um maximale Entspannung und größtmögliche Wachheit zu erreichen, braucht man eine gute Sitzhaltung. Üben Sie bitte möglichst im Sitzen, nicht im Liegen. Liegen begünstigt zwar die Entspannung, nicht jedoch die Wachheit. Außerdem ist die energetische Situation bei senkrechter Körperachse für die Meditation förderlich. Üben Sie nur dann im Liegen, wenn Sie aufgrund von Schmerzen oder Behinderungen nicht oder nicht gut sitzen können. (Menschen, die aufgrund körperlicher Beeinträchtigungen ständig liegen müssen, können durchaus gut im Liegen meditieren, anders als Menschen, die sich normalerweise nur zum Schlafen hinlegen.)

Wenn es irgend geht, üben Sie nicht auf einem Stuhl, sondern auf dem Fußboden sitzend. Mit einer bequemen Unterlage und einem oder zwei sehr hohen Kissen kann auch ein Ungeübter ohne Schwierigkeiten sitzen. Nehmen Sie ein Fell oder eine weiche Decke als Unterlage, und legen Sie darauf ein sehr hohes, eher hartes Kissen (ein weiches drückt sich flach) oder zwei übereinander. Winkeln Sie nun das eine Bein vor dem Oberkörper an und legen Sie das andere darauf. Der Fuß des oberen Beines liegt auf dem Unterschenkel, Knie oder, wenn Sie sehr gelenkig sind, auf dem Oberschenkel des unteren.

Zweiter Teil: Die Technik der Meditation

Das ist eine Haltung, die auch ein Anfänger gut durchhalten kann, vorausgesetzt, das Kissen ist wirklich hoch und die Unterlage weich genug. Sie können auch rittlings auf einem hohen Kissen sitzen. Experimentieren Sie ruhig so lange, bis Sie herausgefunden haben, wie Sie am besten aufrecht und entspannt sitzen können. Wenn Ihre Beine das Sitzen auf dem Boden nicht mitmachen wollen, nehmen Sie ein Meditationsbänkchen mit abgeschrägter Sitzfläche oder einen modernen Kniestuhl. Wenn Ihnen nur ein normaler Stuhl zur Verfügung steht, rücken Sie ganz nach hinten auf der Sitzfläche, so daß Sie sich leicht anlehnen können und ganz aufrecht sitzen.

Wichtig ist, daß Sie den Rücken vom Steißbein an aufwärts geradehalten können, ohne dafür Muskeln anspannen zu müssen. Wenn Sie auf einem normalen Stuhl sitzen, ohne im Kreuzbereich gestützt zu sein, sacken Sie zusammen, wenn Sie nicht die Muskeln an der Unterseite der Oberschenkel anspannen. Auch im gewöhnlichen Schneidersitz kann man sich nicht lange aufrecht halten.

Die Knie (wenigstens eines) auf dem Boden, der Rücken gerade, der Körper entspannt: Das ist eine Haltung, die den meditativen Zustand fördert. Die Augen sind geschlossen, die Hände können ineinandergelegt werden oder auf den Knien ruhen, wie es Ihnen angenehm ist. Während einer längeren Meditation können Sie die Sitzhaltung wechseln, wenn es nötig ist; zum Beispiel können Sie das obere Bein vom unteren herunternehmen und so ablegen, daß der Oberschenkel neben, der Unterschenkel hinter dem Körper liegt. Kehren

So begeben Sie sich in einen meditativen Zustand

Sie wieder in die korrekte Haltung zurück, sobald dies möglich ist.

Die Meditationstechnik

Dies ist eine Grundtechnik der Meditation, die Sie zunächst eine Zeitlang für sich genommen üben sollten. Wenn Sie sich dann daranmachen, die in diesem Buch beschriebenen themenorientierten Meditationen zu üben, dient diese Grundtechnik (die Sie nach einiger Übung in Kurzform anwenden können) als erster Schritt. Sie entspricht der Anweisung »Begeben Sie sich in einen meditativen Zustand«.

1. Körper-Kurzprogramm
Bereiten Sie den Körper auf die Meditation vor, indem Sie einige Bewegungsübungen machen: Schütteln, Muskelan- und -entspannung, Dehnen und Strecken (wie im Kapitel »Meditation und Körper« ab Seite 48 beschrieben).

2. Festlicher Rahmen
Wenn Sie eine angenehme und meditationsfördernde Stimmung im Raum herstellen möchten, zünden Sie eine Kerze an.

3. Haltung
Nehmen Sie Ihre Meditationshaltung ein. Richten Sie Ihr Rückgrat vom Steißbein an sorgfältig auf. Entspannen Sie besonders Schultern, Bauch und Gesicht.

Zweiter Teil: Die Technik der Meditation

4. Ankommen

Lassen Sie kurz den vorangegangenen Tag (wenn Sie abends meditieren) oder den voraussichtlichen Tagesablauf (wenn es morgens ist) im Geist vorbeiziehen. Wenn Gedanken auftauchen, die Sie sich merken möchten, notieren Sie diese im Geist; wenn es etwas Wichtiges ist, das Sie nicht vergessen möchten, unterbrechen Sie ruhig Ihre Sitzung, um es aufzuschreiben. (Ansonsten könnte es Ihre Konzentration stören.)

Lassen Sie dann alle Gedanken an vorher, nachher oder woanders mit tiefem Ausatmen oder hörbarem Seufzen gehen. Ziehen Sie all Ihre Aufmerksamkeit ins Hier und Jetzt. Schaffen Sie im Geist einen abgeschirmten, heiligen Raum um sich herum. Nichts und niemand hat dort Zutritt, auch kein störender Gedanke.

5. Mit Himmel und Erde Verbindung aufnehmen

Machen Sie sich Ihren körperlichen Standpunkt bewußt: der Platz, an dem Sie sitzen; die Erde unter Ihnen, der Himmel über Ihnen.

Stellen Sie über den untersten Teil des Rumpfes – den Steißbein- und Dammbereich – in Gedanken Verbindung zur Erde her. An dieser Stelle des Körpers befindet sich ein Energiezentrum, mit dem Sie Erdenergie aufnehmen. Lassen Sie Ihre Aufmerksamkeit eine Weile dort ruhen.

Wandern Sie dann zum obersten Punkt des Körpers, dem Scheitelbereich, und nehmen Sie die Verbindung zum Him-

So begeben Sie sich in einen meditativen Zustand

mel auf. Oben am Kopf befindet sich ein Energiezentrum, mit dem Sie Energien aus dem Kosmos aufnehmen.

Fühlen Sie Ihr Rückgrat wie einen Verbindungskanal zwischen diesen beiden Polen.

6. Sich nach innen und außen öffnen

Nachdem Sie auf diese Weise Verbindung zwischen oben und unten geschaffen haben, machen Sie sich daran, innen und außen zu erforschen.

Richten Sie (mit geschlossenen Augen) Ihre Aufmerksamkeit nach außen. Stellen Sie sich vor, daß Ihre Bewußtheit sich über Ihren Körper hinaus ausdehnt, bis sie den ganzen Raum erfüllt, in dem Sie sich befinden, dann das ganze Haus, die Gegend, den ganzen Planeten, die Erdatmosphäre, das Sonnensystem, die Galaxie ...

Sie können das mit dem Ausatmen verbinden: Mit jedem Ausatmen weiten Sie Ihr Bewußtsein ein wenig mehr aus und mit ihm Ihr Identitätsgefühl.

Anschließend wenden Sie sich nach innen. Es ist so, als würden Sie Ihr Bewußtsein einklappen oder einfalten in eine innere Welt. Hierfür können Sie das Einatmen benutzen: Mit jedem Einatmen ziehen Sie sich tiefer nach innen zurück.

Zum Schluß wechseln Sie zwischen innen und außen ab, indem Sie mit jedem Einatmen nach innen gehen und mit jedem Ausatmen (weit!) nach außen.

Dieser Teil der Meditation dient dazu, Sie von den engen Grenzen Ihres Bewußtseins und Selbstbildes zu befreien.

Zweiter Teil: Die Technik der Meditation

7. Entspannung

Lassen Sie den Atem frei und natürlich fließen, ohne ihn zu beeinflussen. Stellen Sie sich vor, daß mit jedem Ausatmen Spannung aus Körper und Geist weicht und daß sich mit jedem Einatmen innere Bereiche Ihres Körpers weiten und lockern. Wenn Sie ein Bedürfnis danach verspüren, seufzen Sie zwei- bis dreimal (nicht öfter).

8. Stille

Treten Sie in die Stille ein. Lassen Sie den Atem kommen und gehen, wie er will. Zentrieren Sie Ihre Aufmerksamkeit im Unterbauch. Folgen Sie dem Kommen und Gehen des Atemstroms und dem Heben und Senken der Bauchdecke. Lassen Sie Ihre Gedanken sich beruhigen. Nehmen Sie Ferngeräusche wahr.

Genießen Sie die Stille. Bleiben Sie still und empfänglich sitzen, solange Sie Lust haben (oder so lange, wie Sie es vorher festgelegt haben), oder aber treten Sie nun in die spezifische Meditation oder Kontemplation ein, die Sie sich vorgenommen haben.

9. Die Meditation beenden

Kehren Sie nie abrupt aus der Meditation in den gewöhnlichen Bewußtseinszustand zurück. Kehren Sie bewußt und langsam zurück. Vergegenwärtigen Sie sich die eben beendete Meditation; wenn Sie etwas Besonderes erlebt oder erkannt haben, verankern Sie es gut in Ihrem Bewußtsein. Bevor Sie die Augen öffnen, bereiten Sie sich auf das Wie-

So begeben Sie sich in einen meditativen Zustand

dereintreten in die Alltagswelt aktiv vor; zum Beispiel, indem Sie sich etwas vornehmen. Kehren Sie mit Ihrer Bewußtheit ganz in Ihren Körper zurück. Atmen Sie dreimal kräftig und hörbar durch die Nase und ballen Sie die Fäuste, bevor Sie die Augen öffnen.

Strecken und dehnen Sie sich ausgiebig.

Noch einmal die Kernschritte in Kurzform:

- Ankommen,
- Himmel und Erde,
- Innen und außen,
- Entspannung,
- Stille.

Ergänzende praktische Tips

☞ Wenn Sie zu müde sind, um zu meditieren, legen Sie sich schlafen (manchmal reicht ein Kurzschlaf von wenigen Minuten aus) oder gehen Sie spazieren. Meditieren Sie später.

☞ Nehmen Sie sich Zeit. Wenn die Zeit knapp ist, dann prägen Sie sich vor Eintritt in die Meditation genau ein, wieviel Zeit Ihnen zur Verfügung steht, und beschließen Sie, sich während dieser Zeit in aller Intensität ausschließlich der Meditation zu widmen.

☞ Wenn Sie in die Meditation eintreten, stellen Sie sich vor, einen Tempel oder eine Kirche zu betreten, und lassen Sie die Außenwelt (samt den Gedanken, die an sie geknüpft sind) draußen. Wenn es etwas gibt, das unbedingt mit hinein will (eine brennende Sorge zum Beispiel), nehmen Sie es mit hinein und tragen Sie es vor Ihren inneren Altar.

☞ Wenn das, worauf Sie sich konzentrieren möchten (etwa Gedanken und Gefühle), sich versteckt, beobachten Sie einfach Ihren Atem und bleiben Sie weiterhin wachsam.

Ergänzende praktische Tips

☞ Wenn Sie während der Meditation schläfrig werden, atmen Sie ein paarmal scharf und hörbar durch die Nase.

☞ Wenn während der Meditation nicht das passiert, worauf Sie sich eingestellt haben, sondern etwas anderes Sinnvolles, folgen Sie dem und stellen Sie die vorgegebene Technik erst einmal zur Seite. Bleiben Sie aber wach und klar und entscheiden Sie bewußt, welchem Faden Sie folgen möchten.

DRITTER TEIL

Meditationen zu konkreten Problemen und Bedürfnissen

Finden Sie die richtige Entscheidung

> *Man muß immer den Weg mit Herz finden, um es richtg zu machen ... Unser Tod wartet und gerade die Handlung, die wir jetzt tun, kann unsere letzte Schlacht auf Erden sein.*
>
> CARLOS CASTANEDA
> (Zitat von *Don Juan*)

Oft kommt es vor, daß man zwischen zwei Möglichkeiten zu wählen hat und unfähig ist, sich für eine zu entscheiden. Lieber A oder lieber B? Oder vielleicht lieber doch A?

Man hat die Freiheit der Wahl. Denkt man. Wer jedoch glaubt, nur zwischen A und B entscheiden zu können, ist nicht frei. Er ist von A und B hypnotisiert und übersieht dabei seine Freiheit, sich ganz grundsätzlich neu zu entscheiden – für A oder B, C, Y, Z, für ABC oder etwas ganz anderes.

Ein Beispiel: Eine verheiratete Frau verliebt sich in einen anderen Mann, und zwar so heftig, daß sie meint, ihre Ehe aufgeben zu müssen. Sie ist aufgrund moralischer Skrupel

Dritter Teil: Meditationen zu konkreten Problemen und Bedürfnissen

nicht in der Lage, neben der Ehe heimlich eine Affäre zu haben. Sie steckt in einer Zwickmühle: Soll sie in der Ehe bleiben (sie liebt ihren Mann und glaubt an den Sinn der Ehe) oder zu dem neuen Mann ziehen (was dieser sich wünscht)?

Tatsächlich stehen ihr weitaus mehr Möglichkeiten offen als nur »Leben mit A« oder »Leben mit B«. Sie kann auch alleine leben und die Beziehung zu dem Geliebten weiterführen, die mit dem Ehemann aber vorläufig oder endgültig beenden; überhaupt alleine leben und erst einmal zu sich kommen, bevor sie die Beziehungsfrage erneut und mit Abstand betrachtet; verreisen und beide Männer weit hinter sich lassen – um Klarheit zu gewinnen, um zu sich zu kommen oder um sich, wer weiß, in einen Dritten zu verlieben; sie kann mit dem neuen Mann verreisen, um die Beziehung zu testen; sie kann mit dem Ehemann verreisen, um die Ehe aufzufrischen oder um die Probleme dieser Ehe im Angesicht der neuen Situation (sie hat ihm gebeichtet) gemeinsam anzugehen ... Viele Möglichkeiten.

Vor allem aber muß sie ihre Freiheit entdecken. Sie muß Zeit und Raum für sich gewinnen, großen Abstand nehmen von den Verwicklungen ihres augenblicklichen Lebens, zu sich kommen, sich entspannen und sich dann – völlig unabhängig von den herrschenden Gegebenheiten – ganz grundsätzlich fragen: Wie möchte ich überhaupt leben? In einer festen Beziehung mit oder ohne gemeinsamer Wohnung? Wenn ja, mit wem? Mit A oder B? Oder sehne ich mich insgeheim nach einer ganz anderen Lebensform, zum Beispiel in einer Wohngemeinschaft mit Freunden oder mit

Finden Sie die richtige Entscheidung

einer Freundin? Oder möchte ich alleine leben? Oder am liebsten mit A *und* B? (Vielleicht gibt es tatsächlich eine Möglichkeit, dies zu verwirklichen; etwa eine Übereinkunft, die die enge Freundschaft mit dem einen und die Liebesbeziehung mit dem anderen zuläßt ...) Oder sehne ich mich, wenn ich ganz ehrlich bin, eigentlich nach einer Beziehung mit jemand ganz anderem, jemandem, der andere Qualitäten hat als A und als B?

Apropos Qualitäten: Welche Qualitäten fordert die Aufrechterhaltung und Wiederbelebung der Beziehung mit A in mir heraus? Welche Qualitäten muß ich entwickeln, wenn ich zu B gehe? Oder wenn ich eine der anderen Möglichkeiten wähle?

Und weiter: Was bezwecke ich mit meinem Verhalten eigentlich? Zu welchem Zweck habe ich überhaupt diese Situation herbeigeführt? Wollte ich mir einfach durch eine Affäre die Zuwendung, Zärtlichkeit und Bewunderung verschaffen, die mir mein Mann versagte? Warum habe ich ihm dann gebeichtet? Wollte ich meinen Mann auf den von mir erlittenen Mangel an Zuwendung hinweisen? Wollte ich die Ehe beibehalten, meinen Mann aber für seine Lieblosigkeit bestrafen? Oder wollte ich auf diese Weise die Ehe beenden, weil ich allein nicht den Mut hatte, die Trennung herbeizuführen? Habe ich den neuen Mann nur für einen dieser Zwecke benutzt?

All dies sind Fragen, die helfen können, eine Verwicklung dieser Art von Grund auf zu klären.

Dritter Teil: Meditationen zu konkreten Problemen und Bedürfnissen

Aber Vorsicht – eine solche Selbsterforschung kann nur Erfolg haben, wenn folgende Voraussetzungen gegeben sind:

- Ein entspannter, wacher und konzentrierter Zustand,
- Losgelöstheit und Abstand von der Situation
- und – vor allem – völliger Verzicht auf Urteile. Es geht bei der Motivforschung (»Was bezwecke ich eigentlich?«) nicht darum, »gute« oder »schlechte« Motive aufzudecken und sich Noten zu geben. Es geht nur darum, die Wahrheit herauszufinden. Sie können die Wahrheit unmöglich finden, wenn Sie die Bewertungsbrille aufhaben. Ein Motiv ist ein Motiv, ganz gleich, wie Sie es finden. Dadurch, daß Sie es schlecht finden, verändert es sich nicht, aber die Wahrscheinlichkeit ist groß, daß es sich dann versteckt und sich weigert, Ihnen bewußt zu werden. Motive aber, die man vor sich selbst verbirgt, sind große Unheilstifter.

Deshalb nehmen Sie bitte sich selbst gegenüber eine wohlwollende, neugierige und aufmerksame Haltung ein, wenn Sie den Dingen auf den Grund gehen wollen. Übrigens ist jedes Motiv, wenn Sie es aufmerksam betrachten, letztlich unschuldig. Sogar wenn Sie herausfinden, daß Sie mit Ihrem Verhalten jemanden verletzen möchten: Gehen Sie der Frage auf den Grund, warum Sie das wünschen, und Sie finden etwas ganz Unschuldiges dahinter. Vielleicht haben Sie viel Liebe gegeben und sind enttäuscht worden. Vielleicht hat man Sie verletzt, und Sie konnten Ihrer Wut und Ihrem Schmerz nie geeigneten Ausdruck geben ... und so fort.

Finden Sie die richtige Entscheidung

Ihre Freiheit finden

Die Technik

Um zunächst einmal aus der A- oder B-Zwickmühle heraus-
zukommen und Freiheit zu finden, können Sie so vorgehen:

1. Begeben Sie sich in einen meditativen Zustand.
2. Vergegenwärtigen Sie sich das Ziel der Übung. (Zum Beispiel: »Ich möchte in einen Zustand eintauchen, in dem ich
   völlig losgelöst bin vom Zwang der äußeren Umstände
   und einen Überblick über alle geeigneten Entscheidungs-
   möglichkeiten bekomme.«) Wer religiös ist, kann die Formulierung in ein Gebet umsetzen.
3. Nehmen Sie einen erhöhten Standpunkt ein. Fliegen,
   schweben, wandern oder klettern Sie in Ihrer Vorstellung
   in die Höhe. Gehen Sie in die Berge, erklimmen Sie einen
   Gipfel, steigen Sie mit Hubschrauber, Ballon, Rakete oder
   auf eigenen Flügeln in die Höhe.
   Wichtig: Erleben Sie den Höhenflug oder -marsch im
   Geist wirklich, kosten Sie ihn aus, spüren Sie, wie der Abstand zur Ebene des Alltagslebens immer größer wird.
   Nicht zurückschauen. Die Freiheit genießen. Überlassen
   Sie sich dem Rausch der Höhe.
   Fühlen Sie, wie das Leben, das Sie in der Tiefe hinter
   sich zurücklassen, immer mehr an Bedeutung verliert.
   Wie konnte man sich nur derart hypnotisieren und ein-
   sperren lassen? Wenn ein Gedanke wie dieser in Ihnen
   aufsteigt, sind Sie dabei, die Freiheit Ihres wahren We-

Dritter Teil: Meditationen zu konkreten Problemen und Bedürfnissen

sens zu entdecken, und bereit, den nächsten Schritt zu tun.

4. Wenden Sie sich, ohne Ihre große Höhe und das Gefühl der Freiheit aufzugeben, den – von hier oben gesehen ziemlich unbedeutenden – Verwicklungen Ihres Lebens zu. Versuchen Sie, ein Bild von Ihrer Lage zu bekommen. Es kann ein visueller, gefühlsmäßiger oder gedanklicher Eindruck sein, das spielt keine Rolle. Stellen Sie sich auf die Situation ein, schauen Sie aus größerer Höhe auf sie herunter und beobachten Sie, welcher Eindruck auftaucht.

5. Nehmen Sie diesen Eindruck genau wahr. Versuchen Sie, die Vielfalt der Möglichkeiten zu erkennen, die das Leben Ihnen freihält. (Nicht, indem Sie darüber nachdenken, sondern indem Sie hinschauen und beobachten, was geschieht.) Seien Sie sich der Tatsache bewußt, daß dies einer der kostbarsten Augenblicke Ihres Lebens ist: einer jener Momente, in denen Sie frei sind, eine Entscheidung zu treffen, die Ihrem Leben eine neue Richtung gibt. Welch ein Abenteuer!

6. Kehren Sie langsam (!) in Ihr Alltagsbewußtsein zurück, ohne das Gefühl von Freiheit aus den Augen zu verlieren.

7. Wenn möglich, gestatten Sie sich eine Pause von ein paar Tagen (oder wenigstens Stunden), um die Dinge in der Schwebe zu lassen und dabei das Bewußtsein Ihrer grundsätzlichen Freiheit aufrechtzuerhalten, bevor Sie sich der Frage der richtigen Entscheidung zuwenden.

Die beste Entscheidung finden

Zunächst einmal: Ich glaube, daß es eigentlich keine richtigen und falschen Entscheidungen gibt wie bei einem Kreuzworträtsel. Sondern daß jede Entscheidung, die wir treffen, uns neue Möglichkeiten beschert: Möglichkeiten, etwas zu lernen, zu entwickeln, zu entfalten, zu entdecken, zu schaffen, zu geben oder beizutragen.

Um die beste Möglichkeit zu finden, gibt es zwei Ansätze. Sie können wählen, welcher Ihnen besser zusagt. Sie können auch beide verwenden. Wenn Sie das tun, benutzen Sie sie bitte in der nachstehenden Reihenfolge und nicht umgekehrt.

Erster Ansatz: Um welche Qualitäten geht es?

Bei allen Problemen, Herausforderungen, Zwickmühlen und Schwierigkeiten, die uns im Leben begegnen, geht es darum, bestimmte Fähigkeiten oder Qualitäten zu entwickeln. Jede Beziehung mit einem Menschen, jeder berufliche Weg, jede eingegangene Verpflichtung fordert uns heraus, ganz bestimmte Qualitäten zu entwickeln. Das eine Mal geht es um Konsequenz, Durchhaltevermögen oder Standhaftigkeit, ein anderes Mal um Nachgiebigkeit, Toleranz und Großmut, dann wieder um Autorität oder Bescheidenheit. Oder es geht darum, Selbstbeherrschung zu entwickeln – oder Hingabe und Spontaneität. Es kann sich um Friedfertigkeit handeln oder um Freiheit und Unabhängigkeit, um Mut oder Gelas-

Dritter Teil: Meditationen zu konkreten Problemen und Bedürfnissen

senheit, um Macht, um Geschicklichkeit oder Einsicht, um Lebensfreude, Mitgefühl, Verständnis, Respekt, Liebe … All dies sind Qualitäten, die wir in den verschiedenen Etappen unseres Lebens entwickeln. Das, was uns den Anstoß gibt, sie zu entwickeln, sind Begegnungen mit anderen Menschen, Herausforderungen und Probleme.

Stellen Sie fest, welche Qualitäten von Ihnen gefordert sind, wenn Sie Weg A beziehungsweise Weg B (oder C und so weiter) gehen. Wenn ich A wähle, welche Qualitäten würde ich dann entwickeln? Und bei B? Bei C? Vielleicht ist A der bequemste Weg, aber in einer hochgestimmten Gemütsverfassung sehe ich, daß ich bei B wichtige Qualitäten entwickeln würde.

Die Technik

1. Begeben Sie sich in einen meditativen Zustand.
2. Vergegenwärtigen Sie sich, worum es bei der folgenden Kontemplation geht. (Nur zum Beispiel: Ich möchte herausfinden, welche Qualitäten ich entwickeln würde, wenn ich Möglichkeit A, B oder C wähle.)
3. Lösen Sie sich von Ihren Gedanken. Beobachten Sie, wie Ihr Atem die Bauchdecke hebt und senkt. Folgen Sie jedem einzelnen Atemzug, während Ihre Gedanken langsam zur Ruhe kommen.
4. Gehen Sie mit Ihrer Aufmerksamkeit in Ihr energetisches Herzzentrum, das genau in der Mitte der Brust liegt. Verweilen Sie dort einen Augenblick.
5. Vergegenwärtigen Sie sich Ihren Idealismus und Ihre Be-

Finden Sie die richtige Entscheidung

geisterungsfähigkeit. Beispielsweise, indem Sie sich an Ihre großen Jugendträume erinnern. Wollten Sie ein Held (oder eine Heldin) werden? Oder ein Retter der Menschheit? Oder sonst etwas Besonderes und Wunderbares? Oder erinnern Sie sich an die Begegnung mit einem Menschen, der Sie zum Guten, zum Allerbesten inspiriert. Stellen Sie sich möglichst genau vor, wie Sie als wunderbarer Mensch wären – ein wunderbarer Mensch nach Ihrem eigenen Geschmack. Phantasieren Sie, imaginieren Sie, träumen Sie Ihr eigenes Ideal.

6. Erst wenn Sehnsucht, Freude und Begeisterung durch diese Betrachtung in Ihnen geweckt sind, wenden Sie sich dem nächsten Schritt zu: Stellen Sie sich vor, Sie würden sich für A entscheiden. Welche von den herrlichen Qualitäten, die in Ihnen schlummern und nach denen Sie sich sehnen, würden Sie auf dem Weg A entwickeln können? Betrachten Sie dann auf die gleiche Weise B und weitere Möglichkeiten. Welche Wahl weckt aus dieser Perspektive Freude und neuen Mut? Achtung: Es geht nicht darum, die Antworten zu erdenken, sondern sie im Bewußtsein aufsteigen zu lassen. Die Antwort ist das, was sich von selbst einstellt.

7. Prägen Sie sich diese Wahl und das positive Gefühl, das Sie dabei empfunden haben, tief ein, bevor Sie wieder in Ihr Alltagsbewußtsein zurückkehren. Nur wenn Sie die Stimmung dieses hohen Bewußtseinszustandes mitten in konkreten Alltagssituationen wieder heraufbeschwören können, werden Sie in der Lage sein, auch in schwierigen

Dritter Teil: Meditationen zu konkreten Problemen und Bedürfnissen

Situationen zu dieser Entscheidung zu stehen und ihre Konsequenzen zu tragen.

Zweiter Ansatz:
Herausfinden, was Sie wirklich wünschen

Oftmals liegt bei Zwickmühlen die Schwierigkeit darin, daß man nicht klar erkennen kann, was man selbst wirklich wünscht. Man ist zu sehr beeinflußt von den Wünschen, Forderungen oder Meinungen (seien sie real oder eingebildet) der Mitmenschen; man hegt zu viele einengende Moralvorstellungen; man hat Angst, Schuldgefühle und dergleichen mehr.

Die Technik des »inneren Raumes« hilft Ihnen herauszufinden, welches Ihre eigenen tiefen Wünsche sind.

Technik A

1. Begeben Sie sich in einen meditativen Zustand.
2. Vergegenwärtigen Sie sich das Ziel der Übung. (Sie möchten innere Freiheit finden, um Ihre eigenen Wünsche zu entdecken.)
3. Lösen Sie Ihre Aufmerksamkeit von Ihrem Problem und beobachten Sie, wie die Bauchdecke sich mit jedem Atemzug hebt und senkt.
4. Heben Sie Ihre Aufmerksamkeit in die Körpermitte (Solarplexusbereich). Ziehen Sie Ihre Aufmerksamkeit ganz und gar in Ihrer Körpermitte zusammen, bis Sie das Gefühl haben, ganz und gar bei sich zu sein und in Ihrer Mitte zu ruhen.

Finden Sie die richtige Entscheidung

5. Stellen Sie sich vor, daß es dort in Ihrem Innern einen Raum gibt, der nur Ihnen gehört. Ein heiliges Territorium, zu dem niemand anders Zutritt hat außer Sie selbst. Wirklich niemand! Auch kein innerer Moralapostel oder die Vorstellung eines Gottes, der jemand anders ist als Sie und Ihnen Vorschriften macht. Nein, in diesem Ihrem Allerheiligsten sind Sie völlig allein und unbeobachtet. Ziehen Sie sich solange in Ihre Mitte zurück, bis Sie sich wirklich allein und unbeobachtet fühlen. Vielleicht schickt Ihnen Ihr Unterbewußtsein auch das symbolische Bild eines solchen Raumes (was aber nicht der Fall sein muß).

6. Fragen Sie sich nun, welche Entscheidung Sie treffen würden, wenn Sie ganz frei wären und es nur nach Ihnen ginge, nach Ihren tiefsten Wünschen.

   Wenn die Antwort in Ihrem Bewußtsein aufgestiegen ist, nehmen Sie sie gründlich in sich auf. Stellen Sie sie nicht in Frage, überprüfen Sie sie nicht auf Realisierbarkeit, bezweifeln Sie sie nicht. Hier ist heiliges Territorium. Hier spricht nur das innerste Selbst. Der zweifelnde Verstand hat zu schweigen.

7. Ihre ureigenste, höchstpersönliche Entscheidung fest unter den Arm geklemmt, verlassen Sie das Allerheiligste und kehren langsam in das Alltagsbewußtsein zurück.

8. Verankern Sie das, was Sie im »inneren Raum« entdeckt haben, gut in Ihrem Bewußtsein. Erzählen Sie niemandem davon, um die Klarheit und die Kraft dieser Entdeckung nicht zu beeinträchtigen.

Dritter Teil: Meditationen zu konkreten Problemen und Bedürfnissen

Technik B

Wenn Sie Schwierigkeiten mit der Technik des »inneren Raumes« haben, können Sie folgende Methode anwenden, die zum gleichen Ziel führt:

1. Begeben Sie sich in einen meditativen Zustand.
2. Vergegenwärtigen Sie sich das Problem.
3. Lösen Sie sich von dem Problem und beobachten Sie Ihren Atem. Nehmen Sie wahr, wie die Bauchdecke sich mit jedem Einatmen hebt und mit jedem Ausatmen senkt.
4. Wenn Atem und Gedanken ruhiger geworden sind, heben Sie Ihre Aufmerksamkeit in Ihr energetisches Herzzentrum in der Mitte der Brust.
5. Stellen Sie sich nun vor, Sie hätten sich bereits entschieden, und zwar für den Weg A. Stellen Sie sich Weg A genau vor, während Sie ihn im Geist bereits gehen. Malen Sie sich die wahrscheinlichen Konsequenzen aus. Sehen Sie die Situation nicht als Beobachter, sondern seien Sie mittendrin. Die Wahl ist getroffen. B, C und die anderen Möglichkeiten existieren nicht mehr.
Wie fühlen Sie sich?
Stellen Sie sich nun vor, Sie hätten sich für B entschieden. Gehen Sie Weg B, erleben Sie sich in Situationen, die sich aus Wahl B ergeben. Machen Sie sich bewußt, daß A, C und weitere Möglichkeiten nun nicht mehr existieren.
Wie fühlen Sie sich?
Visualisieren Sie ebenso ausführlich und gründlich eventuelle weitere Möglichkeiten.

Finden Sie die richtige Entscheidung

6. Bei welcher Entscheidung kam Freude und Erleichterung in Ihnen auf? Das ist diejenige, die Ihren tiefen Wünschen entspricht.
7. Verankern Sie Ihre Erkenntnis und vor allem die Stimmung von Freude und Erleichterung gut in Ihrem Bewußtsein, bevor Sie ins Alltagsleben zurückkehren.

Wenn Sie die Entscheidung getroffen haben, Ihnen aber der Mut fehlt, Sie auch zu realisieren

Nehmen wir einmal an, Sie haben alle gegebenen Empfehlungen befolgt. Sie haben Ihre grundsätzliche Freiheit entdeckt; Sie haben herausgefunden, daß Sie wichtige Qualitäten entwickeln würden, wenn Sie Wahl B treffen; und obendrein hat Ihr Herz vor Freude gejubelt, als Sie sich B lebhaft vorstellten.

Nun aber heißt es handeln, und das Herz wird Ihnen schwer. Vielleicht müssen Sie jemandem weh tun; vielleicht müssen Sie etwas tun, das Ihnen schwerfällt, wovor Sie Angst haben oder das ungewohnt ist. Und schon sinken Sie wieder in die Zwickmühle zurück … Halt!

Vergegenwärtigen Sie sich noch einmal gründlich die Entscheidung Ihrer Wahl. Diejenige Entscheidung, die Sie während Ihrer Kontemplationen getroffen haben. Wecken Sie in Ihrem Innern von neuem die positive Stimmung, die Sie bei dieser Wahl verspürt haben.

Wenn Sie sich tatsächlich zu schwach fühlen, um ent-

Dritter Teil: Meditationen zu konkreten Problemen und Bedürfnissen

sprechend dieser Wahl zu handeln, ist vielleicht der richtige Zeitpunkt noch nicht gekommen. Oder aber es ist Ihre Angst, die Sie daran hindert.

Wie auch immer: Behalten Sie Ihre Entscheidung im Bewußtsein und stellen Sie sich darauf ein (oder beten Sie darum), daß Sie im richtigen Augenblick richtig handeln werden.

Wenn es unmöglich ist, entsprechend Ihrer heimlichen Wahl zu handeln, weil die äußeren Zwänge oder die moralischen Verpflichtungen zu stark sind, dann behalten Sie Ihre Wahl trotzdem in Ihrem Bewußtsein, hüten Sie sie gut und bitten Sie Ihr inneres Selbst darum, auf sanfte und für alle Beteiligten förderliche Weise die Lebensumstände herbeizuführen, die Sie sich wünschen – oder bessere. (Vielleicht gibt es ja eine viel bessere Möglichkeit, die sich aber noch Ihrer Kenntnis entzieht. Das ist der tiefere Sinn von »Dein Wille geschehe«.)

Lassen Sie dann den Dingen des Lebens ihren Lauf, ohne allzuviel an die Sache zu denken. Vertrauen Sie darauf, daß sie die richtige Entwicklung nehmen. Denken Sie fort von der Angelegenheit. Wenn Sie doch an sie denken, dann können Sie die Verwirklichung Ihrer Wünsche am besten dadurch fördern, daß Sie sich vorstellen, sie wären bereits realisiert – und zwar so, daß alle Beteiligten in irgendeiner Weise davon profitieren.

Finden Sie die richtige Entscheidung

Die Techniken in Kurzform

Freiheit finden

Sich in einen meditativen Zustand begeben.
Das Ziel vergegenwärtigen.
Einen erhöhten Standpunkt einnehmen.
Die Situation aus der Höhe betrachten.
Die Vielfalt der Möglichkeiten erkennen.
Langsam und bewußt wieder herabsteigen.

Die beste Entscheidung finden

1. *Um welche Qualitäten geht es?*
   Sich in einen meditativen Zustand begeben.
   Das Thema vergegenwärtigen.
   Den Atem beobachten.
   Das Herz fühlen.
   Die Ideale wecken.
   Welche Qualitäten würde man auf Weg A, B, C entwickeln?
   Die Wahl und die positive Stimmung verankern.

2. *Herausfinden, was Sie wirklich wünschen*
   Technik A:
   Sich in einen meditativen Zustand begeben.
   Das Ziel vergegenwärtigen.
   Den Atem beobachten.

Dritter Teil: Meditationen zu konkreten Problemen und Bedürfnissen

Sich im Solarplexus zentrieren.
Den heiligen Raum finden.
Die eigene Entscheidung entdecken.
Mit der Entscheidung zurückkommen.
Verankern.

Technik B:
Sich in meditativen Zustand begeben.
Das Problem vergegenwärtigen.
Im Herzen zentrieren.
Sich auf Weg A, B und so weiter sehen.
Wo kommt Freude und Erleichterung auf?
Verankern.

Meditation
bei Gesundheitsstörungen

> *Um das Kunststück zu vollbringen, dich in einen miserablen Zustand zu versetzen, mußt du hart arbeiten; mit dem gleichen Aufwand kannst du dich ebensogut bemühen, dich zu vervollkommnen und stark zu werden.*
>
> CARLOS CASTANEDA
> (Zitat von *Don Juan*)

Meditation kann helfen, die Ursache von Krankheiten, Beschwerden oder Unwohlsein zu finden. Wenn man weiß, was einem wirklich fehlt, dann kann eine therapeutische Behandlung den zusätzlichen Anstoß zu einer wirklichen Heilung geben – anstatt nur die Symptome zu beseitigen oder zu verschieben. Darüber hinaus kann Meditation die Selbstheilung anregen.

Was den äußeren Auslöser – also die physische Ursache – der Beschwerden anbelangt, so bedarf es im allgemeinen keiner tiefen Versenkung, um ihn zu finden. Nehmen wir einmal an, Sie haben sich den Magen verdorben, wissen aber

Dritter Teil: Meditationen zu konkreten Problemen und Bedürfnissen

nicht, welches Nahrungsmittel daran schuld war. Setzen oder legen Sie sich hin, schließen Sie die Augen, entspannen Sie sich. Ziehen Sie Ihre Aufmerksamkeit im Magen zusammen. Nun lassen Sie alles, was Sie in den letzten Stunden gegessen haben, Revue passieren. Halten Sie bei jedem einzelnen Nahrungsmittel oder Getränk inne und fühlen Sie, was Sie bei der Vorstellung dieser Substanz empfinden. Dasjenige Nahrungsmittel, das den heftigsten Widerwillen erzeugt, ist es mit ziemlicher Sicherheit gewesen. (Versuchen Sie sich auch zu erinnern, ob nicht eine leise innere Stimme Sie gewarnt hat.)

Nun kann aber auch die offensichtlichste und banalste Ursache einer Erkrankung wie falsches Essen, Stolpern, nasse Füße, Ansteckung und so weiter noch eine tiefere Ursache haben, beziehungsweise die Erkrankung kann einem geistigen Zweck dienen, auch wenn sie wie eine rein körperliche Angelegenheit aussieht. Nichts ist »rein körperlich«, sonst könnten unsere Körper auch ohne uns leben.

Bleiben wir bei der Magenverstimmung. Ihnen ist speiübel, und Sie möchten am liebsten Ihren gesamten Körperinhalt bis hinunter zu den Fußsohlen ausspucken. Finden Sie vielleicht irgend etwas in Ihrem Leben »zum Kotzen«? Müssen Sie sich von irgendwas reinigen? Waren Sie vielleicht gezwungen, etwas aufzunehmen, das Sie nicht vertragen haben (Aussagen, Meinungen, Gefühle, Ausstrahlungen anderer Menschen; Sinneseindrücke, die Ihnen zuwider sind)? Vielleicht ist es dringend nötig, daß Sie eine Weile krankfeiern, um sich vor weiteren Eindrücken oder Einflüssen zu schüt-

Meditation bei Gesundheitsstörungen

zen und wieder zu sich zu finden, damit das gesamte System (Ihr Körper, Ihre Psyche, Ihre Einstellung zum Leben) sich wieder ordnen kann. Vielleicht brauchte der Organismus auch einfach eine gründliche Reinigung, und die verdorbene Nahrung war nur der auslösende Impuls für das reinigende Erbrechen.

Oftmals braucht ein Mensch, der sich eine akute Krankheit zuzieht, einfach Ruhe, Entspannung und Loslösung. Wenn der Drang zur Aktivität stärker ist als die zur Ruhe mahnende Weisheit des inneren Selbst, legt sich der Mensch unter Umständen ein Symptom zu, das ihn ans Bett fesselt oder im Extremfall sogar ins Krankenhaus bringt. Wenn er zu stark in seinem Denken gefangen ist, bekommt er vielleicht starkes Fieber, das das rationale Denken unterbindet und das Bewußtsein in andere Dimensionen des Denkens eintauchen läßt. Wenn dem Menschen Liebe und Zuwendung fehlt, zieht er sich vielleicht eine Erkrankung zu, die nach Wärmezufuhr von außen oder nach intensiver Pflege durch eine andere Person verlangt. Verstehen Sie mich bitte recht: Dies sind nur Möglichkeiten, Symptome zu verstehen; sie sollen keineswegs als Standarddeutungen mißbraucht werden, schon gar nicht, wenn es sich um die Symptome anderer handelt. Jeder Mensch ist einmalig, und ein Symptom ist eine Schöpfung seines kreativen (Unter-)Bewußtseins, das ihm als Warnung, als Schutz, als Spiegel, als Information, als Mittel zur Bewußtseinserweiterung oder zur Heilung dienen kann.

Wie kann man herausfinden, was dahintersteckt?

Dritter Teil: Meditationen zu konkreten Problemen und Bedürfnissen

Etwas in unserem Innern weiß, warum wir krank sind. Dieses Wissen ist nicht nur irgendwo in einem ominösen, raumlosen Unterbewußtsein gespeichert, sondern auch in den betroffenen Körperzellen. Wenn Ihr Magen weh tut, so spricht eine Schicht Ihres Bewußtseins, der Sie keine Aufmerksamkeit schenken, durch diesen Schmerz – daß er gerade im Magen sitzt und nicht in der Niere, im Kopf oder im kleinen Zeh, das hat Bedeutung. Eine Bedeutung, die nur Sie entschlüsseln können. Dabei sollten Sie sich nicht ausschließlich auf Standarddeutungen wie »Magenschmerzen haben mit heruntergeschlucktem Ärger zu tun« stützen. Solches Wissen ist hilfreich, um überhaupt einen Eindruck davon zu bekommen, wie man Symptome verstehen lernen kann. In einem konkreten Fall aber verläßt man sich besser auf eigene Originaleindrücke.

Wenn Sie Ihrer Krankheit auf den Grund gehen und die Selbstheilung anregen möchten, empfehle ich Ihnen, in drei Schritten vorzugehen. Mit der gewöhnlichen Art des Denkens – der Interpretation – können Sie zunächst versuchen, das Symptom zu übersetzen und verstehen zu lernen. So leistet der Verstand die klärende Vorarbeit, bevor Sie sich in einen meditativen Zustand versetzen und in eine andere Art des Denkens eintauchen: das unmittelbare Wissen (der intuitive Modus). In einem dritten Teil können Sie dann zur Anregung der Selbstheilung eine weitere Funktion des Denkens benutzen: die schöpferische Vorstellungskraft.

Meditation bei Gesundheitsstörungen

Erster Schritt: Das Symptom übersetzen

Formulieren Sie so treffend und deutlich wie möglich die Art Ihrer Krankheit oder Beschwerde sowie ihre Folgen, also das, woran sie Sie hindert oder wozu sie Sie zwingt. Beispielsweise: »Ich habe mich verrenkt, und dadurch bin ich fast lahmgelegt.« Das ist mir vor kurzem passiert, und ich brauchte nur diese Formulierung auszusprechen, um zu wissen, worum es sich handelte. Es lag klar auf der Hand. Ich hatte mich verrenkt: Anstatt einfach entsprechend meinen Impulsen zu handeln, hatte ich mir das Handeln verkniffen, allerdings nicht konsequent, sondern halbherzig und mit Bedauern; darüber wurde ich ganz verquer und verrenkte mich so sehr in gedanklichem Hin und Her, daß ich fast handlungsunfähig wurde. Das körperliche Symptom mit seinen körperlichen Konsequenzen entsprach genau dieser geistigen Situation. Aufschlußreich war auch der Ort der Verrenkung: Es war der untere Teil der Halswirbelsäule. Eine Stelle zwischen Herz und Kopf, an dem zugleich die Arme aufgehängt sind. Die Verrenkung fand zwischen Herz (Originalimpulse), Kopf (Denken) und Armen (Handeln) statt.

Jeder Körperteil hat eine bestimmte Funktion. Diese Funktion kann Ihnen einen Hinweis geben, warum das Symptom gerade hier und nicht anderswo auftritt. Es kann sich um eine direkte Aussage handeln (»Ich habe mich verrenkt«, »Mir kommt die Galle hoch«, »Das liegt mir schwer im Magen«); der Hinweis kann aber auch darin liegen, daß das Symptom Sie an etwas hindert oder zu etwas zwingt. Zum

Dritter Teil: Meditationen zu konkreten Problemen und Bedürfnissen

Beispiel: »Ich kann nichts mehr vertragen.« Oder: »Es ist mir fast unmöglich, mich zu bewegen.« Einmal hatte ich mich so verrenkt, daß ich nur noch geradeaus gucken konnte, und ich verstand: Ich sollte nicht rechts und nicht links schauen, sondern unbeirrt meinen Weg gehen.

In Fällen wie »Die Niere tut mir weh« ist es schwieriger, die Aussage ohne medizinische Fachkenntnis intellektuell zu erfassen. Hier muß man sich die Funktion des Organs vergegenwärtigen, um hinter die Bedeutung des Symptoms zu kommen. Die Niere ist ein Filter. Sie dient der Verarbeitung von Flüssigkeit. Brauchbare Stoffe werden dem Körper zugeführt, unbrauchbare ausgeschieden. Wasser ist die Substanz, die das Fließen im Organismus ermöglicht, die ständige Bewegung. Wasser hat zu tun mit Emotion (motion = Bewegung), dem Gefühl. Gefühle bewegen uns, und Gefühle sind von Natur aus ständig in Bewegung, ähnlich wie das Wetter. Zorn wechselt über in Mitleid, Trauer in Frieden, Frieden in Freude und so fort. Nun halten wir aber Gefühle oft fest, anstatt sie weiterziehen und sich wandeln zu lassen. Dann gibt es Stauungen und Rückstände. Diese könnten in Form von Nierengrieß oder -steinen materielle Gestalt annehmen. (Können, müssen aber nicht!!) Einen weiteren Hinweis gibt das, wonach man aufgrund der Krankheit verlangt. Unterkühlung im Bereich der Nieren verlangt nach Wärme. Vielleicht fehlt es Ihnen an warmer Zuwendung von seiten anderer Menschen – wahrscheinlich des Partners, denn Niere und Blase sind auch eng mit der Sexualität verbunden. Oder ein Symptom macht Sie, im Gegenteil, hochempfind-

Meditation bei Gesundheitsstörungen

lich gegen Berührung; es äußert sich heiß und gereizt und braucht Ruhe und Kühlung: Dann könnte es sich um das entgegengesetzte Bedürfnis handeln.

Mit Beispielen dieser Art könnte man ganze Bücher füllen. Das Grundprinzip der Erforschung: Formulieren Sie Ihren Zustand und seine Konsequenzen so genau wie möglich und hören Sie dann Ihrer eigenen Formulierung zu. Wenn die Aussage nicht klar auf der Hand liegt, beschäftigen Sie sich forschend mit der Funktion des betroffenen Körperteils oder Organs. Gehen Sie dabei nicht allzu logisch vor, sondern tasten Sie folgende Elemente spielerisch in Ihrem Denken ab:

- das Symptombild,
- die Funktion des Körperteils oder Organs,
- das, woran Sie das Symptom hindert,
- das, wozu es Sie zwingt,
- das, wonach es Sie aufgrund des Symptoms verlangt.

Zum Abschluß notieren Sie kurz und präzise, was Sie herausgefunden haben. Lösen Sie sich dann von dieser Betrachtung und treten Sie in einen meditativen Zustand ein. Wenn nötig, legen Sie eine Pause ein, während der Sie sich schütteln, strecken, kräftig gähnen oder tief ein- und ausatmen.

Dritter Teil: Meditationen zu konkreten Problemen und Bedürfnissen

Zweiter Schritt: Körper und Geist befragen

Die Technik

1. Begeben Sie sich in einen meditativen Zustand.
2. Ziehen Sie all Ihre Aufmerksamkeit in dem betroffenen Organ, Körperteil oder Körperbereich zusammen. Atmen Sie tief und ruhig in diesen Bereich hinein. Lassen Sie Ihre Aufmerksamkeit dort ruhen, während Sie passiv und aufmerksam bleiben. (Wenn sich die Beschwerden nicht in einem Körperteil lokalisieren lassen, erfassen Sie den Zustand als Ganzes mit Ihrer Aufmerksamkeit.) Vertiefen Sie die Atmung behutsam, wobei Sie Ihre Aufmerksamkeit passiv auf dem Beschwerdezustand ruhen lassen. Vertiefen Sie den Atem langsam immer mehr. Atmen Sie jetzt sehr tief und vollständig, während Sie sich ganz auf Ihren Krankheits- oder Schmerzzustand konzentrieren.
3. Entspannen Sie sich. Akzeptieren Sie den Zustand. Lehnen Sie sich im Geist zurück und entspannen Sie sich soweit wie möglich, während Sie den Zustand als gegeben hinnehmen. Erspüren und erforschen Sie ausgiebig und gründlich, wie es ist, sich so zu fühlen, wie Sie sich fühlen. Erforschen Sie Ihre Beschwerden, indem Sie sie fühlen. Welche Emotionen sind damit verbunden, welche Stimmung? Tauchen Bilder oder Assoziationen auf? Wenn Ihnen Tränen kommen, lassen Sie sie frei fließen. Wenn Wut aufsteigt, konzentrieren Sie sich auf die Wut, darauf, wie sie sich anfühlt. Heißen Sie alle Gefühle willkommen, die auftauchen, während Sie Atem und Aufmerksamkeit auf

Meditation bei Gesundheitsstörungen

Ihre Beschwerden lenken. Nehmen Sie sie freundlich auf und erforschen Sie sie neugierig.

4. Wenn diese Phase beendet ist (das spüren Sie), können Sie
   - entweder die Übung abschließen: Oftmals reicht diese Technik der Hinwendung und Erforschung schon aus, um Aufschluß über das Wesen der Erkrankung zu bekommen – manchmal gibt sie sogar schon den entscheidenden Impuls zur Heilung;
   - oder zum nächsten Schritt übergehen.

5. Lösen Sie Ihre Aufmerksamkeit, soweit möglich, von der Erkrankung und vertiefen Sie den meditativen Zustand. Beenden Sie die Kontemplation der Gefühle und Empfindungen mit einem tiefen Ausatmen oder Seufzer. Lenken Sie dann Ihre Aufmerksamkeit darauf, wie der Atem die Bauchdecke hebt und senkt. Folgen Sie jedem Heben und jedem Senken.

6. Erneuern Sie den Kontakt zu Himmel und Erde: Machen Sie sich zuerst Ihre Verbindung zur Erde bewußt, indem Sie sich vorstellen und fühlen, daß der Mittelpunkt des Planeten sich in gerader Linie unter Ihnen befindet und daß Ihr Körper durch die Schwerkraft gehalten wird. Wandern Sie dann mit Ihrer Aufmerksamkeit zur obersten Stelle des Kopfes und stellen Sie sich dort eine Öffnung nach oben vor, durch die Inspiration aus höheren Schichten Ihres Wesens in Ihr Bewußtsein eintreten kann.

7. Treten Sie im Geist einen großen Schritt zurück. Lassen Sie Ihre Aufmerksamkeit aus diesem Abstand heraus auf Ihrem Körper, Ihrer Persönlichkeit und Ihrem Leben ru-

Dritter Teil: Meditationen zu konkreten Problemen und Bedürfnissen

hen. Lassen Sie ein Bild vor Ihrem geistigen Auge entstehen, das Sie selbst inmitten Ihrer Lebenssituation zeigt. Es muß kein klares Bild sein, es kann auch ein allgemeiner Eindruck oder eine gefühlsmäßige Information sein.

8. Während Sie dieses Bild betrachten, stellen Sie sich selbst – Ihrem wissenden inneren Selbst – die Frage, die Sie beantwortet haben möchten (zum Beispiel: »Warum schmerzt mich der rechte Fuß?«). Lassen Sie Ihre Aufmerksamkeit weiter auf dem Bild oder Eindruck Ihrer Gesamtsituation ruhen. Entspannen Sie sich. Lassen Sie den Atem frei und natürlich fließen. Verharren Sie in diesem passiven Zustand und fühlen Sie Ihren Atem. Lauern Sie einer möglichen Antwort nicht auf. Atmen Sie einfach und vertiefen Sie Ihre Entspannung.

9. Schließen Sie diese Meditation ab, wenn Sie das Gefühl haben, daß sie beendet ist – ganz gleich, ob Sie Antwort erhalten haben oder nicht. Die Antwort stellt sich in den allermeisten Fällen während der Meditation ein: als Bild, als gefühlsmäßiger Eindruck oder als Wortgedanke. Manchmal jedoch tritt sie erst nach der Meditation (bisweilen unmittelbar danach) ins Bewußtsein, sei es von innen als Erkenntnisblitz, sei es von außen durch ein Buch, einen Satz, der uns begegnet oder den jemand uns sagt. Oder aber durch einen Traum.

Deshalb können Sie die Meditation jetzt ruhig abschließen, wenn Sie spüren, daß der innere Vorgang beendet ist, und darauf vertrauen, daß die gewünschte Information zu Ihnen kommt.

Meditation bei Gesundheitsstörungen

Wenn keine Information kommt (was meines Wissens selten ist), so haben Sie sich selbst und Ihren Beschwerden doch das Allerwichtigste gegeben, nämlich Aufmerksamkeit und Zuwendung. Schon dadurch haben Sie Ihre Beziehung zu sich selbst verbessert und der Heilung den Weg geebnet. Wenn keinerlei Information auftaucht, so kann das daran liegen, daß etwas in Ihnen dies verhindert. Arbeiten Sie nicht mit der Brechstange daran. Dieses Etwas ist möglicherweise sehr klug und weiß, daß Sie das entsprechende Wissen im Augenblick nicht verwenden können oder daß es sonst einen wichtigen Hinderungsgrund gibt. Wenn der richtige Augenblick gekommen ist, wird die Information Sie erreichen. Denn sobald Sie einmal beschlossen haben, die Wahrheit herauszufinden, und Ihr Bewußtsein offenhalten, bekommen Sie die Information, die Sie für den nächsten Schritt brauchen.

Dritter Schritt: Die Selbstheilung anregen

Dies kann eine gesonderte Meditation sein oder aber die Fortsetzung der vorhergegangenen.

Die Technik
1. Begeben Sie sich in einen meditativen Zustand.
2. Umarmen Sie Ihren Zustand. Das heißt, richten Sie Ihre liebevolle, freundliche, tröstende Aufmerksamkeit auf die erkrankte Stelle oder den ganzen Körper, ähnlich wie Sie

Dritter Teil: Meditationen zu konkreten Problemen und Bedürfnissen

ein geliebtes Kind umarmen oder ihm die Hand auflegen würden, wenn es Schmerzen hat. (Wenn es sich tatsächlich um eine schmerzende Stelle handelt, können Sie dort natürlich die Hand auflegen.) Fühlen Sie, wie Ihnen dabei zumute ist. Bleiben Sie eine ganze Weile im Zustand liebevoller Zuwendung. In vielen Fällen tritt nach einiger Zeit Erleichterung und Frieden ein. Wenn Sie dann das Bedürfnis haben, sich hinzulegen und einzuschlafen, folgen Sie dem bitte. Im Schlaf können die durch die Zuwendung angeregten Heilkräfte in Ruhe wirken. Wenn Sie nicht schläfrig sind, sondern fortfahren und auf aktive Weise zur Heilung beitragen möchten, gehen Sie zum nächsten Schritt über.

3. Vergegenwärtigen Sie sich Ihren Zustand als Ganzes: Ihre körperlichen Symptome, Ihre Gefühle, Ihre Lebenssituation. Das kann in einem Augenblick geschehen, wenn Sie vorher den ersten und zweiten Schritt (»Das Symptom übersetzen«, ab Seite 85, und »Körper und Geist befragen«, ab Seite 88) getan haben.

4. Machen Sie sich bewußt, daß jede Erkrankung eine Krise ist, nach der sich nicht einfach der ursprüngliche Zustand wiederherstellt wie bei einer Autoreparatur, sondern eine neue, höhere Ordnung eintritt. (Naturwissenschaftler haben herausgefunden, daß Krisen auftreten, um die alte Ordnung zu zerstören und damit den Weg für eine neue, höhere zu ebnen.) Stellen Sie sich vor, wie Sie gesund, mit neuen Kräften, neuen Erkenntnissen und frischen Inspirationen wieder ins Leben treten. Visualisieren und vor al-

Meditation bei Gesundheitsstörungen

lem fühlen Sie diesen neuen, besseren Zustand so deutlich wie möglich. Stellen Sie sich vor, wie Sie etwas Kindlich-Ekstatisches tun: Purzelbäume oder Räder schlagen, einen Hügel hinunterrollen, hüpfen, springen, tanzen. Erlauben Sie Ihrer Lebensfreude, sich wieder hervorzuwagen.

5. Wenn Sie den Wunsch danach verspüren, geben Sie diesem Bild in irgendeiner Weise äußeren Ausdruck – indem Sie etwas malen oder singen, entsprechende Gesten oder Bewegungen machen, ein Gedicht formulieren oder dergleichen. (Aber bitte keine Tätigkeit, mit der Sie die frisch gewonnenen Kräfte gleich wieder verausgaben, wie etwa beim Toben oder Schreien.)

6. Verankern Sie den imaginierten neuen, verbesserten Zustand und vor allem das positive Gefühl, das bei dieser Vorstellung auftauchte, fest in Ihrem Bewußtsein und in Ihrem Körper, bevor Sie die Sitzung abschließen.

7. Erinnern Sie sich in der darauffolgenden Zeit so oft wie möglich an Ihre Vision neuer Gesundheit. Denken Sie vor allem morgens gleich nach dem Aufwachen und abends vor dem Einschlafen daran.

Wenn Ihnen dieser dritte Schritt unmöglich ist, weil Widerstände auftreten – das heißt, weil Sie sich Gesundheit nicht vorstellen möchten –, dann ist es sehr wahrscheinlich, daß Ihre Erkrankung entweder damit zusammenhängt, daß Sie jemandem grollen, oder aber damit, daß Sie sich schuldig fühlen. In diesem Fall lesen Sie bitte die entsprechenden Kapitel (»Überwinden Sie Ihren Groll«, ab Seite 158, und »So lö-

Dritter Teil: Meditationen zu konkreten Problemen und Bedürfnissen

sen Sie Ihre Schuldgefühle auf«, ab Seite 145) und folgen Sie den dort gegebenen Empfehlungen, bevor Sie sich erneut daranmachen, Ihre Gesundheit zu visualisieren.

Wenn Sie jedoch die Gesundheitsvisualisierung deshalb nicht durchführen können, weil Ihr Verstand nicht an Ihre Gesundung glauben kann: Dann tun Sie es bitte trotzdem. Umarmen Sie Ihren Zustand und stellen Sie sich dann intensiv vor, wie Sie gesünder als zuvor, erneuert, gereinigt, vitalisiert und voller Freude sind. Selbst wenn Sie an einer unheilbaren Krankheit leiden sollten, so ist es Ihnen dadurch möglich, innerhalb der gegebenen Umstände glücklicher, schwungvoller und inspirierter zu sein.

Zusätzliche Tips

1. Heilen mit Farben

Das Visualisieren von Farben kann beruhigende, anregende, wärmende, kühlende, harmonisierende oder aufheiternde Wirkung haben. Ganz grob vereinfacht: Rot wärmt und vitalisiert, Orange wärmt und harmonisiert, Gelb hellt auf und harmonisiert, Grün beruhigt, reinigt und harmonisiert, Blau kühlt und reinigt und Violett regt ganz allgemein die Heilung an. Das ist – wie schon gesagt – stark vereinfacht. Die wärmeren Farben gehören in die unteren Körperbereiche, Gelb in die obere Mitte, die kälteren Farben Grün, Blau und Violett in den Bereich von Hals und Kopf. Visualisieren Sie die

Meditation bei Gesundheitsstörungen

Farben bitte immer leuchtend und durchscheinend, also als Lichtfarben.

Wenn Sie mit Hilfe von Farben Symptome lindern möchten:
- Überhitzte Körperteile können Sie mit Blau abkühlen.
- Wenn Sie unter Traurigkeit oder Angst leiden, können Sie leuchtendes Gelb oder Goldgelb visualisieren.
- Wenn Sie die Bauchorgane reinigen möchten oder wenn Ihr Hals schmerzt, füllen Sie die betreffenden Zonen in Ihrer Vorstellung mit leuchtendem Smaragdgrün.
- Kopfschmerzen lassen sich manchmal mit dem Visualisieren von blauer Lichtfarbe lindern.

Wenn Sie nicht sicher sind, welche Farbe die richtige ist: Die Vorstellung von leuchtendem Violett regt ganz allgemein die Heilkräfte an (außer wenn sie Widerwillen erzeugt).

Möglicherweise steigt auch eine heilende Farbe in Ihrem Bewußtsein auf, sobald Sie sich auf eine solche Wahrnehmung einstellen. Arbeiten Sie dann mit dieser Farbe. Füllen Sie den erkrankten Körperteil ganz damit aus, lassen Sie Ihr Bewußtsein ganz von der Farbe durchdringen.

Sie können auch eine Zeitlang ein Tuch, ein Kleidungsstück oder einen Stein in dieser Farbe am Körper tragen.

2. Heilen mit Tönen

Auch Singen kann die Selbstheilung stark anregen. Setzen Sie sich in bequemer Haltung an Ihren Meditationsplatz.

Dritter Teil: Meditationen zu konkreten Problemen und Bedürfnissen

Hierbei müssen Sie nicht unbedingt die Meditationshaltung einnehmen, sondern eine Haltung, die Ihnen angenehm ist, wenn es darum geht, sich selbst etwas Gutes zu tun. (Ich stelle beispielsweise die Knie auf, umfasse sie mit den Armen und schaukele leicht hin und her.)

Singen Sie nun ganz leise etwas für sich selbst, sowie eine Mutter ihr krankes Kind mit ihrem Gesang beruhigen und von seinen Schmerzen ablenken würde. Singen Sie irgend etwas, was immer Ihnen gerade einfällt. Es muß weder Sinn ergeben noch eine musikalische Struktur haben – es muß Ihnen guttun.

Sie können auch mit einzelnen Tönen und Vokalen arbeiten. Hierzu begeben Sie sich in einen meditativen Zustand; lassen Sie dann einen Ton mit Vokal in Ihrem Innern aufsteigen und singen Sie ihn solange und so oft, wie es guttut. Setzen Sie den Ton in die erkrankte Stelle, bringen Sie diese zum Vibrieren. Wenn das nicht guttut, brechen Sie sofort ab und wählen Sie einen anderen Vokal oder eine andere Tonhöhe. Experimentieren Sie, folgen Sie ganz Ihrer Eingebung. Manchmal muß man auch Konsonanten zu Hilfe nehmen, um einen Körperbereich zu erreichen. Beobachten Sie, welche Vibrationen ein »w« oder ein langgezogenes »s« in Ihrem Körper erzeugt. Summen Sie »n« oder »m« und probieren Sie, wie es sich anfühlt, wenn Sie »nganganga« oder »mimimi« singen. Achten Sie haarfein auf Ihr Gefühl: Sobald ein Klang Unwohlsein oder Widerwillen erzeugt, geben Sie ihn auf.

Wenn Sie mit einem Klang arbeiten möchten, der niemals

96

Meditation bei Gesundheitsstörungen

schadet und immer dazu tendiert, Harmonie herzustellen, dann singen Sie »om«.

Die Techniken in Kurzform

Körper und Geist befragen

Sich in einen meditativen Zustand begeben.
In die gestörte Zone hineinatmen und -spüren.
Entspannen und akzeptieren.
Den Zustand und die Emotionen erleben und erforschen.
Die Meditation beenden oder den meditativen Zustand vertiefen.
Kontakt zu Himmel und Erde erneuern.
Einen Schritt zurücktreten.
Ein Bild von sich und seinen Lebensumständen entstehen lassen.
Fragen, woher die Beschwerden rühren.
Entspannen.

Die Selbstheilung anregen

Sich in einen meditativen Zustand begeben.
Den Krankheitszustand umarmen.
Sich den Krankheitszustand als Ganzes vergegenwärtigen.
Den gesunden Zustand (der besser ist als vor der Krankheit) sehen.

Dritter Teil: Meditationen zu konkreten Problemen und Bedürfnissen

Lebensfreude wecken.

Der Vision von Gesundheit Ausdruck verleihen.

Gesundheit und positives Gefühl verankern.

Probleme bewältigen

> *Der grundlegende Unterschied zwischen einem normalen Menschen und einem Krieger besteht darin, daß der Krieger alles als Herausforderung annimmt, während der normale Mensch alles entweder als Segen oder als Fluch auffaßt.*
>
> CARLOS CASTANEDA
> (Zitat von *Don Juan*)

Innewerden

»Wenn wir ein Problem haben«, sagte JIDDU KRISHNAMURTI, »sind wir so sehr damit beschäftigt, nach Lösungen und Auswegen zu suchen, daß wir das Problem selbst völlig übersehen. Dabei geht es nicht um Lösungen und Auswege, es geht um das Problem.«

Das ist der erste Ansatz, mit dem wir uns beschäftigen müssen, wenn wir ein Problem haben. Wenn wir uns dem

Dritter Teil: Meditationen zu konkreten Problemen und Bedürfnissen

Problem nicht zuwenden, holt es uns immer wieder ein – auch wenn wir meinen, einen intelligenten Ausweg gefunden zu haben.

Das »Innewerden«, wie Krishnamurti das nannte, erfordert als erstes ein Hinnehmen, ein Akzeptieren der Situation so, wie sie ist. Dafür gibt es keine besondere Meditationstechnik. Sie müssen sich einfach hinsetzen (oder einen langen einsamen Spaziergang machen), sich des Problems bewußt werden und ausdrücklich und absichtlich darauf verzichten, nach Lösungen zu suchen. Sie lassen sich gewissermaßen in dem Problem häuslich nieder. Sie entspannen sich, lassen locker und nehmen das Problem als Ihr Eigentum, als Bestandteil Ihres eigenen Schicksals an. So seltsam das klingt: Auch ein sehr lästiges Problem kann dadurch, daß Sie es sich auf diese Weise zu eigen machen, etwas Kostbares werden. Und dann erfühlen Sie das Problem, erforschen es bis in alle Ecken und Winkel hinein.

Erforschen Sie auch Ihr Denken in bezug auf das Problem. Wo anders ist das Problem ein Problem als in Ihrem Denken?

Dieses schlichte Innewerden wird Ihnen mit Sicherheit wichtige Erkenntnisse bescheren, möglicherweise sogar bereits Veränderungen in Gang setzen.

Die Perspektive wechseln

Beim schlichten Innewerden des Problems – also der Situation, wie sie ist, und Ihres Denkens, das sie zu einem Problem

Probleme bewältigen

macht – können Sie es natürlich bewenden lassen. Wenn Sie das ausgiebig und immer wieder üben, ergibt sich alles Weitere von selbst. Wir können das den passiven Weg nennen: nur gewahr werden, nicht eingreifen.

Sie können aber auch absichtlich eine andere Art von Gewahrsein herbeiführen, wenn Sie das Problem besser verstehen und überwinden möchten. Sie betrachten es aus einer anderen Perspektive.

Hierzu ist es notwendig, sich in einen meditativen Zustand zu begeben. Andernfalls erfolgt der Perspektivenwechsel nur »mit dem Kopf«, und das reicht nicht aus.

Für den Perspektivenwechsel selbst gibt es die verschiedensten Möglichkeiten. Sie können wählen.

Eine andere zeitliche Perspektive

Begeben Sie sich in einen meditativen Zustand und stellen Sie sich vor, es wäre zehn Jahre später. Betrachten Sie aus dieser Perspektive Ihr gegenwärtiges Problem in der Rückschau. Betrachten Sie die Angelegenheit ausgiebig aus der neuen Perspektive, bevor Sie Schlüsse ziehen und Urteile formulieren. Fragen Sie sich dann: Was habe ich damals versäumt? Was hätte ich tun sollen? Wofür war ich blind? Worauf wollte die Situation mich hinweisen? Welche Qualität verlangte sie von mir?

Anstatt zehn Jahre weiterzugehen, können Sie sich auch den Augenblick vorstellen, in dem Ihr derzeitiges Leben zu Ende geht. Betrachten Sie Ihr Problem aus der Perspektive

101

Dritter Teil: Meditationen zu konkreten Problemen und Bedürfnissen

des Sterbebettes. »Benutze den Tod als Ratgeber«, riet der Schamane *Don Juan* seinem Schüler CARLOS CASTANEDA. Es ist eine sehr aufschlußreiche Perspektive.

Eine andere räumliche Perspektive

Begeben Sie sich in einen meditativen Zustand. Entfernen Sie sich im Geist räumlich vom Ort Ihres persönlichen Dramas. Reisen Sie zu einem weit entfernten Standpunkt oder steigen Sie in die Höhe auf. Sehen Sie sich hohe Berge hinaufwandern oder die Erde mit oder ohne Fluggerät verlassen. Erst wenn Sie in Ihrer Vorstellung einen weit entfernten Standpunkt erreicht haben, schauen Sie auf Ihr Problem zurück. Lassen Sie ein Bild vor Ihrem geistigen Auge entstehen, das Sie selbst inmitten Ihrer Beziehungen und Lebensumstände zeigt und Ihnen Aufschluß über die Problemsituation gibt.

Die Perspektive eines anderen Menschen

Dies ist eine sehr hilfreiche Übung. Hier gibt es zwei Varianten. Sie können sie beide nacheinander (in der angegebenen Reihenfolge) ausprobieren.

Erstens: Die Perspektive eines in das Problem verwickelten Mitmenschen, zum Beispiel des Partners oder Gegners, einnehmen.

Probleme bewältigen

Die Technik

1. Begeben Sie sich in einen meditativen Zustand.
2. Setzen Sie die Person, um die es geht, im Geist vor sich hin.
3. Gehen Sie mit Ihrer Aufmerksamkeit und Ihrem Atem in Ihr energetisches Herzzentrum in der Mitte der Brust. Fühlen Sie Ihr Herz (mit »Herz« ist hier immer Ihr energetisches Herzzentrum gemeint), atmen Sie mit dem Herzen.
4. Stellen Sie eine energetische Brücke von Ihrem Herzen zum Herzen des anderen her, am besten in Form eines Lichtstrahls. (Das Herzzentrum sendet Licht aus; wenn es offen ist, strahlt es wie eine Sonne. Sensitive können dieses Licht wahrnehmen.)
5. Richten Sie nun Ihre Aufmerksamkeit auf das Herz des anderen, während Sie die Lichtbrücke weiter bestehen lassen. Nehmen Sie wahr, was Sie fühlen. Wenn die Brücke besteht, können Sie das fühlen, was der andere fühlt.
6. Versetzen Sie sich in die andere Person hinein. Fühlen Sie, wie es ist, diese/r andere zu sein. Betrachten Sie das Problem mit ihren/seinen Augen und erfassen Sie, wie es sich für sie/ihn anfühlt.
7. Beenden Sie diese Meditation, indem Sie wieder zu Ihrem eigenen Herzzentrum zurückkehren. Wenn Sie es wünschen, können Sie die andere Person in Ihr Herz aufnehmen und aus Ihrem Denken entlassen.
8. Nehmen Sie sich einen Augenblick Zeit, um das Erlebte

Dritter Teil: Meditationen zu konkreten Problemen und Bedürfnissen

auf sich wirken zu lassen und um zu überprüfen, ob sich Ihre Sicht der Angelegenheit durch die neue Perspektive bereichert hat.

Zweitens: Die Perspektive eines Weisen einnehmen.

Sind Sie schon einmal einem Menschen begegnet, in dessen Gegenwart Sie schlagartig Ihrer Probleme enthoben waren? Oder einer Persönlichkeit, die Ihnen ein tiefes Gefühl von Frieden, Liebe, Unschuld oder Heiterkeit vermittelte? Wenn Sie keinen derartigen Menschen kennen, so können Sie ihn sich doch vorstellen. Mit Sicherheit kennen Sie ähnliche Gestalten aus Erzählungen oder Büchern, vielleicht auch aus Träumen. Es können Weisheitslehrer sein, Heilige, Meister oder einfach kluge, weise, liebevolle und inspirierende Menschen.

Wenn man mit den Augen eines solchen Menschen schaut, sehen die Dinge anders aus. »Dem Heiligen ist alles heilig«, heißt es zum Beispiel. Tatsächlich sind wir in der Lage, mit den Augen eines solchen Menschen zu sehen.

Die Technik

1. Wählen Sie einen Menschen, dessen Augen Sie sich leihen möchten.
2. Begeben Sie sich in einen meditativen Zustand.
3. Setzen Sie das Wesen, das Sie gewählt haben, im Geist vor sich hin.
4. Tragen Sie ihm/ihr Ihr Problem vor.
5. Stellen Sie sich vor, wie dieser weise und inspirierende

Mensch Ihnen zuhört, wie er Sie anschaut, wie seine Gegenwart und Ausstrahlung auf Sie wirkt.

6. Versetzen Sie sich in ihn oder sie hinein. Fühlen Sie deutlich, wie es ist, dieser Mensch zu sein. Fühlen Sie sein Herz, seine Stimmung. Wenden Sie sich als dieser andere Ihnen und Ihrem Problem zu. Erforschen Sie Ihr Problem mitfühlend und aufmerksam aus seiner Perspektive.

7. Wenn dieses Geschehen abgeschlossen ist, kehren Sie in Ihre eigene Perspektive zurück. Nehmen Sie sich Zeit, um die Stimmung und die Erkenntnisse des Erlebnisses in Ihrem Bewußtsein zu verankern, bevor Sie die Sitzung beenden.

Die kosmische Dimension

Ihr Problem ist nicht einfach Ihre Privatsache. Ihr Bewußtsein ist mit dem aller Menschen auf diesem Planeten verbunden und, mehr noch, letztlich mit allem, was im Kosmos existiert. Sie sind ein Teil des Kosmos. Auch körperlich sind Sie mit dem ganzen Universum verwandt; Sie können die Entstehung Ihres Körpers zurückverfolgen bis zum großen Urknall. Innerhalb des Bewußtseins gibt es keine Grenzen.

Nach neuester wissenschaftlicher Erkenntnis sind Sie nicht einfach ein Teil des Universums, das sich zum Ganzen so verhält wie ein Mosaiksteinchen zum Mosaik; sondern eher ein Teil eines gigantischen Hologramms, in dem, wie in jedem Teil eines Hologramms (zumindest potentiell), das

Dritter Teil: Meditationen zu konkreten Problemen und Bedürfnissen

Ganze enthalten ist. Sie sind ein Teil des Ganzen, und Sie sind zugleich das Ganze, das sich in diesem Teil auf einzigartige Weise manifestiert und individualisiert.

Diese Sichtweise kann man die »kosmische Perspektive« nennen. Aus ihr heraus gesehen gibt es keine Privatprobleme. Vielmehr nehmen Sie (wie PIR VILAYAT KHAN es formuliert) an einem »kosmischen Schauspiel« teil. Sie erleben und interpretieren dieses Drama (oder diese Komödie) auf Ihre Weise. Wenn Sie kreativ und intelligent mit Ihrem Problem umgehen, wenn Sie neue Wege, Lösungen und Möglichkeiten entdecken, dann hat die kosmische Intelligenz durch Sie etwas Neues entdeckt. Im allgemeinen Bewußtsein ist eine Erkenntnis aufgekeimt, die anderen Menschen, welche ähnliche Probleme haben, möglicherweise von Nutzen sein kann – auf einem Weg, den wir mangels genauerer Kenntnis der Zusammenhänge »telepathisch« nennen können.

Wenn Sie ein Problem haben, ist es für Sie von großem Nutzen, die kosmische Dimension Ihres Problems zu erkennen oder wenigstens zu ahnen. Versuchen Sie zu ergründen, welche allgemeinen oder archetypischen Themen hinter Ihrem Problem stecken. Vielleicht sind Sie auch stärker motiviert, eine gute Lösung zu finden, wenn Sie sich bewußtmachen, wie Sie mit Ihrer persönlichen Problematik ins allgemeine Bewußtsein eingebettet sind. Sie lösen Ihr Problem nicht nur für sich selbst, sondern für die Allgemeinheit.

Probleme bewältigen

Um welche Qualität geht es?

Jedes Problem ist eine Herausforderung. Es verlangt von uns, bestimmte Qualitäten zum Einsatz zu bringen. Qualitäten, die in uns zwar vorhanden sind, aber nur potentiell, sozusagen schlummernd. Um sie aus ihrem Schlummer zu wecken, brauchen wir Situationen, die von uns den Einsatz dieser Qualitäten verlangen: Probleme. Dies ist ein kreativer Ansatz, mit Problemen umzugehen. Er wird von dem Weisheitslehrer PIR VILAYAT KHAN gelehrt.

Wie aber findet man heraus, um welche Qualität es sich handelt? Und wie kann man ihre Entwicklung fördern?

Pir Vilayat Khan empfiehlt, sich in meditativem Zustand drei Fragen zu stellen:

- Welche Qualität mußte ich entwickeln, um mit dem Problem besser umgehen zu können?
- Welche Qualität wird in der gegenwärtigen Phase meines Lebens offenbar immer wieder von mir gefordert?
- Welche Qualität besäße ich gern – unabhängig von meinen Problemen?

Bei tiefer Betrachtung dieser Fragen kommt man auf drei oder zwei verschiedene Qualitäten oder stößt immer wieder auf dieselbe. Wie auch immer: Jede Qualität, die man dabei findet, enthält einen – möglicherweise *den* – Schlüssel zur Bewältigung des betreffenden Problems.

Ein Beispiel: Eine junge Frau hat Probleme mit ihrem

107

Dritter Teil: Meditationen zu konkreten Problemen und Bedürfnissen

Chef. Der Chef ist sehr autoritär und setzt die Frau in der Arbeit zu sehr unter Druck. Obwohl sie oft – zu Recht, wie sich meist herausstellt – anderer Meinung ist als er, ist sie nicht in der Lage, sich so zu äußern, daß der Chef ihre Meinung wenigstens zur Kenntnis nimmt und prüft. Er fegt ihre Einwände einfach vom Tisch.

Bei oberflächlicher Betrachtung würde man auf die Frage, welche Qualität die Frau entwickeln müßte, um sich besser durchzusetzen, auf Macht, Autorität oder Selbstbewußtsein tippen.

Bei kontemplativer Betrachtung dieser Frage stößt die junge Frau jedoch zuerst auf die Qualität Mitgefühl. Sie stellt sich vor, wie Mitgefühl die Lage verändern würde, und findet heraus, daß sie sich tatsächlich besser äußern könnte, wenn sie ihrem Chef Mitgefühl (nicht herablassendes Mitleid!) entgegenbringen würde. Sie versucht zu fühlen, wie er sich fühlt, und bekommt einen Eindruck von seinen Sorgen, Ängsten und Schwierigkeiten. Sie ist besser in der Lage, sein Verhalten zu verstehen und zu akzeptieren, und verliert ihre Angst vor ihm. Durch diese Einstellung kann sie für ihn zu einer gleichwertigen Geschäftspartnerin werden und sich so äußern, daß er sie versteht. Vorher hatten ihre Angst und ihre unterdrückte Feindseligkeit das unmöglich gemacht.

Als sie in der zweiten Phase dieser Übung noch mehr Abstand nimmt und ihre derzeitige Lebensphase im ganzen untersucht, stößt sie auf andere Situationen, die ähnlich gelagert sind. Bei der Suche nach derjenigen Qualität, die all diese Situationen in ihr herauszufordern scheinen, stößt sie auf

Probleme bewältigen

»Macht«, jene gesunde Eigenmacht, die Worten und Handlungen Kraft und Nachdruck verleiht. Sie setzt Macht mit Mitgefühl in Beziehung; dabei wird ihr klar, daß sie, wenn sie Mitgefühl entwickelt, gleichzeitig an Eigenmacht gewinnt. Sie beschließt, beide Qualitäten in sich zu fördern.

Durch diese Doppelgleisigkeit entsteht überdies eine gesunde Balance. Wer sich nur auf Macht konzentriert, wird leicht rücksichtslos und hartherzig; wer sich nur auf Mitgefühl konzentriert, wird möglicherweise weich und manipulierbar. Das eine ergänzt das andere – beides zugleich zu üben, hält die Psyche in Balance.

Als sie schließlich in der dritten Phase ihr Problem weit hinter sich läßt, sich von den Umständen und Einengungen ihres Lebens völlig löst und zu einem Gefühl von Freiheit findet, fragt sie sich, welche Qualität sie am liebsten besäße, ganz gleich, wie auch immer die Probleme in ihrem Leben geartet sein mögen. Es taucht ein Bild von strahlender Lebensfreude vor ihr auf. Sie sieht sich tanzen, Purzelbäume schlagen, hüpfen und singen. Da weiß sie, wonach sie sich die ganze Zeit gesehnt hat. Das Zauberwort ist Freude – Lebensfreude. Durch dieses Erlebnis in ihrer Kontemplation entdeckt sie auch, daß Freude ein Zustand ist, der keines äußeren Anlasses bedarf. Es ist ein Zustand, in den sie eintauchen kann, ganz gleich, wie die äußeren Umstände gerade sein mögen. Damit hat sie gleichzeitig ein Stück Freiheit und Unabhängigkeit gefunden. (Jede Qualität, die wir entwickeln, macht uns freier.)

Sie kehrt dann in Gedanken zu ihrer Problemsituation

Dritter Teil: Meditationen zu konkreten Problemen und Bedürfnissen

zurück und untersucht, ob die Qualität »Freude« vielleicht ein noch besserer Schlüssel für ihr Problem ist als die beiden zuvor gefundenen Eigenschaften. Sie stellt sich vor, bei der Arbeit und im Umgang mit Chef und Kollegen voller Schwung, Optimismus und Lebensfreude zu sein. Tatsächlich sieht sie, daß die Situation sich dadurch verändern würde. Die Unzulänglichkeiten des Chefs fallen weniger ins Gewicht, sein autoritäres Gehabe schüchtert sie weniger ein, und es ist ihr weniger wichtig, recht zu haben. Darüber hinaus entdeckt sie, daß es ihr, wenn sie voller Lebensfreude ist, leichter fällt, mitfühlend und tolerant zu sein; und obendrein entdeckt sie ein Gefühl von Macht und Kraft in sich.

So enthält also diejenige Qualität, die sie in aller Freiheit, losgelöst von ihren Problemen, gewählt hat, den Schlüssel für ihre gesamte Situation.

Dennoch ist es wichtig, die beiden ersten der drei geschilderten Fragestellungen auf Seite 107 nicht zu überspringen. Es sind wichtige Schritte zur Selbsterkenntnis. Möglicherweise möchten Sie mit jeder der auf diese Weise gefundenen Qualitäten arbeiten. Manchmal kommt es auch vor, daß man auf allen drei Stufen ein und dieselbe Qualität findet.

Qualitäten fördern

Nehmen wir an, Sie haben eine oder mehrere Qualitäten herausgefunden, an denen Sie arbeiten möchten. Wie fördern Sie ihre Entwicklung?

Zunächst einmal müssen Sie wissen, daß jede Qualität,

Probleme bewältigen

die Sie sich überhaupt vorstellen können, in Ihnen angelegt ist. Wenn sie noch nicht oder nicht sehr ausgeprägt entwickelt ist, dann ist sie doch latent vorhanden, schlummernd sozusagen.

Wie wecken wir sie?

Ganz einfach, indem wir uns in eine Situation begeben, die uns zwingt, sie zu manifestieren. Genau das aber haben Sie bereits getan: Sie haben sich ein Problem zugelegt, das die Manifestation dieser Qualität von Ihnen verlangt. Aber Sie trauen sich nicht recht. Was tun?

Um eine Qualität entwickeln zu können, müssen Sie sie kennenlernen. Das geht am besten, indem Sie einen Menschen betrachten, der diese Qualität besitzt. Genau aus diesem Grunde fühlen wir uns manchmal zu bestimmten Menschen hingezogen.

In der Meditation können wir uns einen solchen Menschen vorstellen und uns in ihn beziehungsweise sie hineinversetzen. Das ist eine sehr wirkungsvolle Methode. Am besten greifen Sie sehr hoch und wählen eine Person aus, die in Ihren Augen diese Qualität in idealer Weise verwirklicht hat. (Es spielt keine Rolle, ob Sie diesen Menschen persönlich kennen oder nicht, ob er noch lebt oder vor langer Zeit gestorben ist.) Wählen Sie möglichst reine Verkörperungen der betreffenden Qualität. Wenn Sie beispielsweise mit Macht arbeiten, ist MAHATMA GANDHI sicher ein besseres Vorbild als ADOLF HITLER oder NAPOLEON. Ein Mensch, der innere Macht besitzt, braucht sich nichts Äußeres anzueignen und niemand anderen zu unterdrücken, um sich mächtig zu fühlen. Sie

111

Dritter Teil: Meditationen zu konkreten Problemen und Bedürfnissen

können große Vorbilder wie Jesus oder Buddha wählen, aber auch völlig unbekannte Personen, die in Ihren Augen die gewünschte Qualität in hohem Maße besitzen und auch in ihrem Handeln manifestieren – Ihre Großmutter, Ihr Nachbar, ein kleines Kind. Es eignen sich sogar Figuren, die nie real existiert haben, sondern der schöpferischen Vorstellung eines Autors oder Ihres eigenen Geistes entsprungen sind.

Ein weiteres wichtiges Element ist Stimmung. Jede Qualität ist mit einer spezifischen Stimmung verbunden. Versuchen Sie einmal – jetzt gleich –, sich die Stimmung zu vergegenwärtigen, die mit Mitgefühl verbunden ist. Tauchen Sie in die Stimmung von Macht ein, von Großzügigkeit, von Aufrichtigkeit, von Friedfertigkeit. Sie sehen: Es ist möglich, sich eine solche Stimmung sozusagen auf Befehl zu vergegenwärtigen. Wesentlich leichter und wirkungsvoller ist das in meditativem Zustand zu erreichen. Dabei ist es hilfreich, mit Bildern zu arbeiten: mit Landschaften der Psyche, die vor Ihrem inneren Auge auftauchen, wenn Sie sich in eine bestimmte Qualität vertiefen. Vielleicht taucht ein Bergsee im Abendlicht vor Ihnen auf, wenn Sie Frieden kontemplieren, um nur ein Beispiel zu nennen. Diese Landschaften müssen keine realen irdischen Landschaften sein; sie können auch surreale Züge haben (wie etwa Landschaften aus Licht). Es können auch abstrakte und symbolische Bilder erscheinen, wenn Sie eine Qualität erforschen. Vielleicht sehen Sie ein kleines Kind in einer Wiese herumtollen, wenn Sie an Lebensfreude denken. Oder einen jungen Hund.

Probleme bewältigen

Auch Musik hilft, in die Stimmung von Qualitäten einzutauchen. Sehr hohe Stimmungen wie Heiligkeit und Reinheit finden Sie in manchen geistlichen Chorwerken (zum Beispiel von THOMAS TALLIS oder GREGORIO ALLEGRI), in gregorianischen Gesängen, in SERGEJ RACHMANINOWS *Vesper;* JOHANN SEBASTIAN BACHS *h-Moll-Messe* führt Sie durch die verschiedensten Stimmungsstadien zwischen Leid und Jubel; der Schluß von LUDWIG VAN BEETHOVENS *Neunter Sinfonie* ist ein Durchbruch einer heldenhaften Qualität und einer gewaltigen überpersönlichen Freude – und so fort. Wenn Sie ein Musikstück gewählt haben, das für Sie diejenige Qualität repräsentiert, mit der Sie arbeiten möchten, dann hören Sie es sich ganz an. Tauchen Sie völlig in die Musik ein, ohne sich nebenbei mit etwas anderem zu beschäftigen, am besten über einen guten Kopfhörer und mit geschlossenen Augen. Lassen Sie Ihr ganzes Wesen und Ihren Körper von der Musik durchdringen. Wenn Sie anschließend die nun folgende Kontemplation beginnen, sind Sie bereits in der richtigen Stimmung.

Die Technik
1. Begeben Sie sich in einen meditativen Zustand.
2. Vergegenwärtigen Sie sich die Qualität, mit der Sie arbeiten möchten. Vertiefen Sie sich in die Betrachtung dieser Qualität und der mit ihr verbundenen Stimmung. Machen Sie sich bewußt, daß diese Qualität/Stimmung in ihrem reinen Zustand eine archetypische Realität ist. Sie existiert in Ihrer Psyche, ganz gleich, ob Sie ihr in Ihrer Persön-

Dritter Teil: Meditationen zu konkreten Problemen und Bedürfnissen

lichkeit und in Ihrem Handeln bereits Gestalt verliehen haben oder nicht.

3. Lassen Sie vor Ihrem geistigen Auge ein Bild entstehen, das diese Qualität und Stimmung verkörpert. Wenn es eine Landschaft oder eine Situation ist, begeben Sie sich ganz in diese Landschaft oder Situation hinein. Genießen Sie ihre Stimmung. Bewegen Sie sich darin.

4. Stellen Sie sich einen Menschen vor, der die betreffende Qualität in hohem Maße entwickelt hat. Setzen oder stellen Sie diesen Menschen im Geist vor sich hin. Fühlen Sie seine oder ihre Ausstrahlung.

Versetzen Sie sich dann in ihn oder sie hinein. Stellen Sie sich vor, dieses Wesen zu sein. Fühlen Sie, wie es ist, von dieser Qualität und Stimmung durchdrungen zu sein, sowie dieser andere es ist.

5. Erinnern Sie sich nun an das Problem, mit dem Sie zu tun haben. Sehen Sie sich im vollen Besitz der gewünschten Qualität – am besten, indem Sie weiterhin eins mit dem Vorbild bleiben. Wie würden Sie sich in der Situation verhalten, wenn Sie so wären? Wie würden Sie sich fühlen, sich bewegen, sprechen, denken, aussehen? Ihre Haltung und Ihr Gesichtsausdruck verändern sich, wenn Sie sich dies sehr lebhaft vorstellen.

Beobachten Sie weiter: Wie würden Ihre Mitmenschen auf Sie reagieren? Wie verändert sich Ihre Sicht der Probleme? Wie würde die Situation selbst sich verändern?

6. Verankern Sie diesen Eindruck und die Stimmung der

Probleme bewältigen

Qualität, um die es geht, gut in Ihrem Bewußtsein, bevor Sie die Sitzung beenden.

7. Arbeiten Sie von nun an täglich mit dieser Qualität, indem Sie diese Kontemplation wiederholen (am besten morgens oder abends). Nun nicht mehr unbedingt in aller Ausführlichkeit; für die tägliche Praxis reicht es aus, sich Bild, Stimmung und Vorbild kurz zu vergegenwärtigen und sich dann vorzustellen, wie der folgende Tag ablaufen würde, wenn man von dieser Qualität und Stimmung durchdrungen wäre.

Arbeiten Sie dann nicht weiter daran herum. Gehen Sie Ihren Beschäftigungen nach, ohne zu erwarten, daß Sie sich sofort drastisch verändern. Oft treten Veränderungen auf, ohne daß wir selbst es wahrnehmen. Irgendwann, wenn wir zurückschauen, merken wir plötzlich, daß sich ein Problem verflüchtigt, eine Qualität entwickelt hat.

Üben Sie mit dieser Qualität, solange Sie das Bedürfnis danach verspüren. Wählen Sie danach eine andere (bitte nur im Zustand der Meditation! Oberflächliches Vorgehen kann schaden), oder lassen Sie die Arbeit mit Qualitäten eine Zeitlang ruhen.

Widerstände

Wenn die Dinge sich, anstatt besser zu werden, verschlimmern; wenn Sie, statt mutiger, wie Sie es sich gewünscht ha-

Dritter Teil: Meditationen zu konkreten Problemen und Bedürfnissen

ben, von Tag zu Tag ängstlicher werden oder trauriger statt fröhlicher; wenn Sie, mit anderen Worten, nicht die gewünschte Qualität entwickeln, sondern ihr Gegenteil – dann gibt es folgende mögliche Gründe:

1. Sie waren zu aktiv. Qualitäten kann man nicht herbeizwingen; man kann nur Raum schaffen, in dem sie sich entfalten können, und man kann geeignete Bedingungen für ihre Entwicklung schaffen. Eine Blume braucht gute Erde, Wasser und Sonnenlicht, damit sie sich entfaltet. Man kann sie pflegen und nähren, aber man kann sie nicht entfalten: Das tut sie selbst, gemäß ihren eigenen Gesetzen. So ist es auch mit einer Qualität. Arbeiten Sie nicht an sich, um die Qualität zu entwickeln, sondern schenken Sie ihr einfach Aufmerksamkeit. Betrachten Sie sie einfach und lassen Sie dann locker.

2. Ihre Wahl ist nicht einer tiefen Kontemplation entsprungen, sondern einer oberflächlichen Überlegung Ihres rationalen Verstandes. Dies ist ein sehr wichtiger Punkt. Eine Blüte öffnet sich Blatt für Blatt, und das dritte kann sich nicht vor dem zweiten öffnen. Welches Blatt in Ihrem Innern sich gerade öffnen will, das finden Sie nicht durch Nachdenken heraus. Nachdenken kann nur die Vorarbeit leisten, eine Vorarbeit, die zur Selbsterkenntnis sicher nützlich und wichtig ist. Das Wissen aber kommt unmittelbar aus dem Innern – auf intuitivem, nicht rationalem Wege. Wenn dieser Grund auf Sie zutrifft, lesen Sie bitte den Abschnitt »Um welche Qualität geht es?« (Seite 107) noch

Probleme bewältigen

einmal durch und meditieren Sie entsprechend den gegebenen Empfehlungen.

3. Der Qualität, mit der Sie arbeiten, wird innerer Widerstand entgegengesetzt. (Meist ist dies dann der Fall, wenn auch Punkt 2 zutrifft.) Zum Beispiel: Sie möchten gern Mitgefühl entwickeln. Sie sind mit Ihrem Lebenspartner unzufrieden. Sie möchten etwas von ihm bekommen und leiden darunter, daß Sie es nicht erhalten. Nun haben Sie herausgefunden, daß es besser wäre, ihm Mitgefühl entgegenzubringen und auf Ihre Forderungen zu verzichten. Sie versuchen das und stellen fest, daß Sie dabei immer ärgerlicher, unzufriedener und letztlich noch fordernder werden. Sie versuchen tapfer, mitfühlend zu handeln, fühlen sich dann aber allein gelassen und erst recht frustriert. Wenn eine solche verquere Situation auftritt, dann entspricht wahrscheinlich die Wahl der Qualität einer zu oberflächlichen Betrachtung. Vielleicht ist hier nicht Mitgefühl der Schlüssel, sondern Wahrhaftigkeit und Direktheit: der Mut, zur eigenen Wahrheit, den eigenen Wünschen und Bedürfnissen zu stehen und diese ohne Umwege zu artikulieren. (Oftmals bringen wir unsere Wünsche nicht in einer Weise vor, die unser Partner verstehen kann.) Oder der Schlüssel ist Selbstliebe: sich selbst die Zuwendung oder die Wertschätzung geben, die man vom anderen erwartet. Wie auch immer: Man muß tiefer sehen, um die Qualität zu finden, die man gerade entwickeln kann.

Dritter Teil: Meditationen zu konkreten Problemen und Bedürfnissen

Wenn dieser letztgenannte Punkt auf Sie zutrifft, können Sie folgendes tun:

- mit dem Widerstand arbeiten (siehe unten),
- auf meditativem Wege eine geeignetere Qualität finden (siehe Abschnitt »Um welche Qualität geht es?«, Seite 107).

Mit dem Widerstand arbeiten

Wenn ein Widerstand auftaucht, arbeiten Sie am besten mit ihm, indem Sie ihn wahrnehmen, fühlen und akzeptieren. Nehmen Sie ihn an als etwas, das zu Ihnen gehört, anstatt ihn unwillig fortzuschieben, womit nichts gewonnen ist. Denn der Widerstand verschwindet dadurch nicht, sondern verzieht sich schmollend in dunkle Winkel der Psyche und manifestiert sich möglicherweise im Körper. Den Widerstand akzeptieren bedeutet nicht, daß man von nun an ewig in ihm steckenbleibt. Ihn akzeptieren heißt nur, seiner augenblicklichen Realität mitfühlend, wohlwollend und neugierig auf den Grund zu gehen. Meist schmilzt er unter dieser Zuwendung von selbst dahin.

Das sollte allerdings nicht die Absicht der Zuwendung sein, sonst ist sie nicht echt, sondern nur ein Trick, und das bewirkt gar nichts.

Probleme bewältigen

Wenn Ihnen etwas zur Entwicklung Ihrer Qualität fehlt

Die Qualität könnte sich zwar jetzt entwickeln, aber es fehlt etwas zu ihrer Entwicklung. Dem können Sie meditativ auf den Grund gehen.

Die Technik
1. Begeben Sie sich in einen meditativen Zustand.
2. Werden Sie der problematischen Situation inne. Erforschen und erleben Sie, was Sie in Ihrer Lage fühlen. Nehmen Sie die Situation als einen Teil Ihres eigenen Lebens an.
3. Konzentrieren Sie sich auf Ihr energetisches Herzzentrum in der Mitte Ihrer Brust. Fragen Sie Ihr Herz, was Ihnen fehlt, um die gewünschte Qualität manifestieren zu können.
4. Wenn Sie herausgefunden haben, was fehlt, arbeiten Sie damit. Wenn es beispielsweise, wie bereits weiter oben geschildert wurde, Zuwendung ist, so sorgen Sie dafür, daß Sie Zuwendung bekommen. Wenden Sie sich – sofort, während dieser Meditation und später im täglichen Leben – ganz und gar sich selbst zu. Schenken Sie sich Aufmerksamkeit. Handeln Sie dann Ihrem Partner gegenüber spontan, aufrichtig und nicht manipulierend. Wenn Sie den spontanen Wunsch haben, ihn zu umarmen, tun Sie das. Achten Sie darauf, daß Ihre Handlungen echten Originalimpulsen folgen, also einem wirklich in diesem Au-

Dritter Teil: Meditationen zu konkreten Problemen und Bedürfnissen

genblick entstandenen Wunsch und nicht Erinnerungen an frühere Situationen. Äußern Sie Ihre Wünsche sofort, wenn sie auftauchen (nach Möglichkeit), und zwar auf freundschaftliche und direkte Weise. Respektieren Sie die Freiheit des anderen, Ihnen etwas zu verweigern. Sobald Sie gelernt haben, sich selbst die Liebe und Zuwendung zu geben, die Sie brauchen, wird Ihnen das leichtfallen.

Die Techniken in Kurzform

Die Perspektive eines anderen Menschen einnehmen

1. Die Perspektive eines in das Problem verwickelten Menschen

Sich in einen meditativen Zustand begeben.
Die betreffende Person vor sich hinsetzen.
Sich im Herzen zentrieren.
Eine Lichtbrücke von Herz zu Herz herstellen.
Fühlen, was der andere fühlt.
Das Problem mit den Augen des anderen sehen.
Zum eigenen Herzen zurückkehren.
Nachspüren und nachdenken.

2. Die Perspektive eines Weisen
Einen Weisen wählen.
Sich in einen meditativen Zustand begeben.

Probleme bewältigen

Den Weisen vor sich hinsetzen.

Ihm/ihr das Problem vortragen.

Die Gegenwart, Aufmerksamkeit und Ausstrahlung des Weisen spüren.

Sich in den Weisen hineinversetzen und das Problem aus seiner Perspektive betrachten.

Verankern.

Qualitäten fördern

Sich in einen meditativen Zustand begeben.

Die archetypische Natur der gewählten Qualität betrachten.

Sich in eine Landschaft hineinversetzen, die die Qualität illustriert.

Sich einen Menschen vorstellen, der die Qualität verkörpert.

Sich in diesen Menschen hineinversetzen.

Die Qualität in die Problemsituation hineinprojizieren.

Verankern.

Wenn Ihnen etwas zu Ihrer Qualität fehlt

Sich in einen meditativen Zustand begeben.

Die Situation erfassen und akzeptieren.

Das Herz fragen, was fehlt.

Sich das gönnen, geben oder verschaffen, was fehlt.

Entwickeln Sie
ein positives Selbstbild

Wir tragen sämtliche Möglichkeiten in uns, doch nutzen wir nur sehr wenig davon. Unser Problem ist, daß wir alle in unserer Identifikation mit unserer eigenen Begrenztheit gefangen sind, und so ist es ganz natürlich, daß wir Minderwertigkeitsgefühle entwickeln. Doch sobald Sie Ihr Potential entdecken, verfügen Sie auch darüber.

PIR VILAYAT KHAN

Es ist erstaunlich, wie viele Menschen ein miserables Selbstbild haben. Dicht unter der Oberfläche des Bewußtseins halten sie sich für häßlich, schlecht oder in irgendeiner Weise ungenügend.

Das Bild, das Sie von sich selbst haben, ist von großer Wichtigkeit für Ihr gesamtes Leben. Es bestimmt, wie Sie auftreten und welche Ausstrahlung von Ihnen ausgeht. Es bestimmt zum großen Teil, wie andere Sie sehen. Und vor allem: Ihr Selbstbild – also das, wofür Sie sich halten – filtert, verzerrt und verfälscht Ihre Wahrnehmung von Ereignissen und begrenzt Ihre Möglichkeiten.

Entwickeln Sie ein positives Selbstbild

Halten Sie sich für unattraktiv, und Ihr Mann (Ihre Frau) weist Sie auf eine attraktive Frau (oder einen attraktiven Mann) hin, so betrachten Sie diese Äußerung Ihres Partners wahrscheinlich als Herabsetzung und Kränkung Ihrer Person. Halten Sie sich für attraktiv, werden Sie dieser Äußerung eher neutral und gleichgültig gegenüberstehen.

Beobachten Sie bitte einmal: Wie interpretieren und bewerten Sie Äußerungen anderer Menschen? Wie interpretieren Sie Probleme? Inwieweit spielt die Vorstellung, die Sie von sich selbst haben, dabei eine Rolle? Sind Sie in der Lage zu erkennen, daß diese Vorstellung nur eine Vorstellung ist und gar nicht die Wirklichkeit?

Das Selbstbild ist auch ein Schlüssel zu Ihrer persönlichen Entwicklung. Das, was Sie zu sein glauben, begrenzt Sie. Prüfen Sie, welche Eigenschaften Sie sich zuschreiben. Neigen Sie dazu, so etwas zu denken oder zu sagen wie »Ich bin ein pünktlicher Mensch, aber dafür nicht sehr fleißig«, »Ich bin zu weichherzig, jeder kann mich ausnutzen«, »Ich bin nicht sprachbegabt«, »Mit Technik habe ich meine Schwierigkeiten« und so fort? Diese Äußerungen mögen, als Sie diese Tatsachen zum erstenmal entdeckten, ihre Gültigkeit als momentane Feststellung gehabt haben. Leider aber neigen wir dazu, Feststellungen wie diese zu einem unwandelbaren Mosaikstein unseres Selbstbildes zu machen. Damit engen wir uns ein, verhindern Weiterentwicklung und Wandlung beziehungsweise verzögern sie.

Wenn dieses Kapitel Sie anspricht, betrachten Sie bitte als erstes Ihr Selbstbild. Versuchen Sie zu ergründen, wel-

Dritter Teil: Meditationen zu konkreten Problemen und Bedürfnissen

chen Eindruck und welche Meinung Sie von sich selbst haben. Erfassen Sie sich nicht so, wie Sie sich einem anderen Menschen schildern würden, sondern wie Sie selbst sich insgeheim sehen. Das ist nicht so einfach, weil uns unser Selbstbild so selbstverständlich ist, daß wir dazu neigen, es mit der tatsächlichen Wirklichkeit zu verwechseln. Und weil wir vieles von dem, was wir über uns selbst denken, aus dem Lichtkreis unserer Aufmerksamkeit verdrängt haben.

Es gibt Hinweise, die helfen können, das Selbstbild zu entdecken. Wenn Sie beispielsweise etwas über Ihre negativen Seiten erfahren möchten, achten Sie bitte darauf, auf welche Bemerkungen und Verhaltensweisen anderer Sie besonders gekränkt reagieren. Werden Sie böse, wenn Sie den Eindruck haben, daß man Sie für dumm verkauft? Dann überprüfen Sie bitte, ob Sie sich selbst insgeheim für dumm halten. Reagieren Sie überempfindlich, wenn Sie meinen, daß man Ihnen Schuld zuweist? Dann prüfen Sie bitte, ob Sie sich in irgendeiner Weise entweder in dieser Angelegenheit oder ganz allgemein für schuldig halten. Die wunden Punkte hängen mit Mängeln im Selbstbild zusammen.

Das Selbstbild ist reine Einbildung. Wir sind nicht flexibel genug, um zu erkennen, daß wir uns andauernd wandeln. Haben wir uns irgendwann einmal schuldig gefühlt, neigen wir dazu, das Attribut »schuldig« oder »schlecht« in das Bild einzubauen, das wir von uns selbst haben, und belassen es dort für immer, es sei denn, wir werden eines Tages darauf aufmerksam und stellen es in Frage. Hat sich irgendwann einmal jemand in einer Weise, die uns beeindruckt hat, ab-

Entwickeln Sie ein positives Selbstbild

fällig über unser Aussehen geäußert, dann halten wir uns fortan für häßlich; wobei dieses Urteil ins Unbewußte abgleiten kann, wenn die offensichtliche Realität dagegen spricht. So kann es vorkommen, daß jemand bildschön ist, seine Reaktionen und sein Verhalten jedoch auf der Annahme beruhen, er sei häßlich – was ihm (oder ihr – meistens trifft das Frauen) aber nicht bewußt ist. Sogar Krankheitszustände, die einmal diagnostiziert wurden, verewigen wir gern. Eine Verwandte von mir bemerkte einmal, sie hätte es an der Leber. Auf Nachfragen stellte sich heraus, daß ein Arzt ihr vor 20 Jahren gesagt hätte, sie müsse auf ihre Leber achten! Ärzte und Heilpraktiker sollten besser auf ihre Äußerungen aufpassen.

Die einzig vernünftige Schlußfolgerung auf all dies scheint zu sein: Das Selbstbild über Bord werfen! Das ist jedoch nicht so einfach möglich. Dieses Gespenst ist äußerst zäh. Immerhin ist unser Selbstbild ja das Einzige, an das wir uns halten können in bezug auf uns selbst. Wir definieren uns durch unser Selbstbild und durch die Eigenschaften und Mängel, die wir zu besitzen glauben. Tatsächlich kann sogar folgendes geschehen: Sie stellen eines Tages fest, daß Sie endlich willens sind, eine Eigenschaft aufzugeben, die Sie immer schon an sich selbst gestört hat. Wenn Sie aber darangehen, diese tatsächlich aufzulösen, schrecken Sie zurück. Sie fürchten, mit dieser Eigenschaft ein Stück von sich selbst wegzugeben.

Das ist natürlich eine Verwechslung. Sie sind nicht Ihre Eigenschaften. Aber was sind Sie? Stellen Sie sich diese Fra-

125

Dritter Teil: Meditationen zu konkreten Problemen und Bedürfnissen

ge. RAMANA MAHARSHI, ein großer indischer Weiser, empfahl als einzige Meditationstechnik, sich in die Frage zu versenken: »Wer bin ich?«

Meditierende aller Epochen und Kulturen kommen, wenn sie dieser Frage auf den Grund gehen, zu ähnlichen Ergebnissen und Erlebnissen. Diese lassen sich, wenn auch nur bruchstückhaft, weiterberichten. Aber davon, daß Sie solche Formulierungen lesen oder hören, entdecken Sie noch lange nicht Ihr wahres Selbst. Sie entdecken es, indem Sie der Frage selbst nachgehen und sich nicht an anderen Berichten orientieren.

Und nur hierdurch finden Sie den Schlüssel für eine wirksame Aufbesserung Ihres Selbstbildes. Am Selbstbild herumkorrigieren zu wollen, ohne sich auf eine höhere als die alltägliche Bewußtseinsebene zu begeben, nützt nicht viel. Jedoch anstelle der eingebildeten Vorstellung von sich selbst die Realität zu entdecken – das ist ein Erlebnis, das einschneidende Auswirkungen darauf hat, wie Sie sich selbst sehen. Man darf allerdings nicht erwarten, daß sich das Selbstbild anschließend von einem Tag auf den anderen radikal und durchschlagend verändert. Es braucht Zeit, bis der Blitz der Erkenntnis, den Sie in der Meditation erlebt haben, bis in die trägen Tiefen des alltäglichen Bewußtseins und Unterbewußtseins vordringt und Sie sich trauen, sich so zu sehen und so zu verhalten, wie Sie sich im Zustand intuitiver Erkenntnis entdeckt haben. Aber wenn Sie einmal einen Eindruck von der Wirklichkeit gewonnen haben – und wenn es nur der Hauch einer Ahnung war –, ist die Illusion nicht

Entwickeln Sie ein positives Selbstbild

mehr allmächtig. Sie beginnen, ihrer gewahr zu werden, und nehmen sie nicht mehr so ernst. Nach und nach erweitert sich das Selbstbild und damit auch das Spektrum der Verhaltensmöglichkeiten und Fähigkeiten, die einem zu Gebote stehen. Vorher konnten Sie sich nur soundso verhalten, weil Sie sich für soundso hielten. Jetzt entdecken Sie plötzlich, daß Sie auch anders sein können. Das Alte verblaßt langsam, während das Neue sich etabliert. Und dann – Achtung Falle! – sklerotisiert möglicherweise auch das einstmals Neue, und eines Tages entdecken Sie ein neues, festzementiertes und somit der sich ständig wandelnden Wirklichkeit nicht mehr gerecht werdendes Selbstbild auf dem Grunde Ihres Denkens.

Wenn Sie mit Ihrem Selbstbild arbeiten möchten, können Sie dies in drei Schritten tun, die separat, im Abstand von einigen Tagen, unternommen werden sollten:

1. Herausfinden, wie man sich unbewußt sieht.
2. Das wahre Selbst entdecken.
3. Ein neues Selbstbild schaffen.

Erster Schritt.
Herausfinden, wie man sich unbewußt sieht

1. Erforschen Sie, indem Sie sich erinnern und nachdenken, welche Vorstellungen Sie von sich selbst hegen. Formulieren Sie genau, wie Sie sich definieren. Notieren Sie (im

Dritter Teil: Meditationen zu konkreten Problemen und Bedürfnissen

Geist oder auf Papier) Sätze wie: »Ich bin fleißig, hübsch, unsportlich, für Technik nicht besonders begabt«, »Ich bin ein typischer ...« Erinnern Sie sich, bei welchen Anlässen Sie gekränkt zu reagieren pflegen. In welchem Bereich sitzen Ihre wunden Punkte? Lesen Sie dazu den vorstehenden Einleitungstext dieses Kapitels noch einmal, falls Sie ihn nicht in Erinnerung haben.

2. Lösen Sie sich von diesen Überlegungen mit einigen tiefen Atemzügen. Begeben Sie sich in einen meditativen Zustand. Beobachten Sie eine Zeitlang, wie sich Ihre Bauchdecke beim Atmen hebt und senkt, während Ihre Atmung und Ihr Denken ruhiger werden. Entspannen Sie sich.

3. Bitten Sie Ihr Unterbewußtsein, Ihnen ein Bild zu schicken, das zeigt, wie Sie sich selbst sehen. (Möglicherweise sehen Sie sich insgeheim und unbewußt nämlich ganz anders, als Sie im ersten Schritt festgestellt haben.)
Während Sie auf Empfang schalten, ziehen Sie Ihre Aufmerksamkeit in Ihrer Körpermitte zusammen. Warten Sie ruhig ab, was geschieht. Erzeugen Sie kein Bild, sondern lassen Sie es entstehen.

4. Wenn keinerlei Bild, Information oder Eindruck auftaucht, Sie aber das Gefühl haben, daß die Meditation beendet ist, schließen Sie ab. Stellen Sie sich darauf ein, in den nächsten Tagen und Nächten den gewünschten Eindruck von Ihrem Selbstbild zu erhalten. Wiederholen Sie die Übung am nächsten und übernächsten Tag. Sie werden mit allergrößter Wahrscheinlichkeit während oder außerhalb der Meditation einen Hinweis erhalten.

Entwickeln Sie ein positives Selbstbild

5. Sobald Sie einen Eindruck von Ihrem Selbstbild gewonnen haben, schauen Sie es sich gut an. Erforschen Sie es. Fühlen Sie seine Realität. »So also sehe ich mich? So habe ich mich in Wirklichkeit immer gefühlt?« Fühlen Sie, wie es ist, sich so zu fühlen. Das ist wichtiger als eine gedankliche Analyse. Nehmen Sie Ihr Selbstbild als Realität innerhalb Ihrer Psyche wahr. Verlieren Sie aber nicht aus den Augen, daß das Bild nicht Sie zeigt, sondern die Art, wie Sie sich sehen.

6. Belassen Sie es zunächst dabei. Wenn Sie etwas so Gravierendes wie Ihr Selbstbild verändern möchten, ist es notwendig, es zuerst als Realität anzunehmen und zu erfassen. Im Annehmen und Erfassen liegt der Keim zur Veränderung, nicht im Wegschieben und Nichthabenwollen.

7. Achten Sie in den nächsten Tagen auf Spuren dieses Selbstbildes in Ihrem Denken, in Ihren Reaktionen, Ihrem Verhalten und darauf, wie Ihr Selbstbild sich im Verhalten anderer Menschen Ihnen gegenüber spiegelt. Achten Sie auch darauf, wie die Vorstellung, die Sie von sich selbst haben, Ihre Interpretation von Situationen und Äußerungen anderer beeinflußt.

Wenn Sie das eine Zeitlang (mindestens einige Tage) beobachtet haben, können Sie den nächsten Schritt unternehmen. (Es sei denn, er hätte sich schon während der ersten Kontemplation von selbst ereignet. In diesem Fall können Sie natürlich die folgenden Vorschläge außer acht lassen.)

Dritter Teil: Meditationen zu konkreten Problemen und Bedürfnissen

Zweiter Schritt:
Das wahre Selbst entdecken

»Wenn das so leicht wäre …«, wird jetzt mancher sagen. Mystiker und Weise aller Zeiten haben Jahre, Jahrzehnte, ganze Lebensspannen dem Entdecken des wahren Selbst gewidmet. Und da sollen wir nach Feierabend ein wenig meditieren und es gleich finden?

Warum nicht? Wenn nun die großen Meditierer Pionierarbeit für die übrige Menschheit geleistet hätten? Haben sie nicht vielleicht geistige Loipen angelegt, auf denen wir uns wesentlich leichter und schneller voranbewegen können als im jungfräulichen Schnee?

Davon abgesehen aber ist hier mit dem »wahren Selbst« nicht das gemeint, was wir letztlich, letztlich, letztlich sind. Sondern zunächst nur das, was wir von uns wahrnehmen können, wenn wir

- die Maske ablegen (also das Bild von uns selbst, das wir den Mitmenschen absichtlich zeigen) und
- den Filter des Selbstbildes weglassen (also die Vorstellung, die wir insgeheim von uns selbst haben).

»Wahrnehmen« ist nicht ganz das richtige Wort. Denn das wahre Selbst ist man ja selbst; man kann es also nicht wahrnehmen, aber man kann es erleben.

Viele spirituell Suchende suchen in der falschen Richtung, wenn sie *die* Wahrheit suchen. Sie stellen sich etwas vor, das sie wahrnehmen können, suchen sozusagen von sich

Entwickeln Sie ein positives Selbstbild

weg. Dabei sind sie es selbst, diese Wahrheit, die sie suchen. Der Sufi-Mystiker ANSARI sagte: »Ich habe Gott gesucht und nur mich selbst gefunden. Dann habe ich mich selbst gesucht und Gott gefunden.«

Aber zurück zu unserem zweiten Schritt: Das entdecken, was wir sind, wenn wir Maske und Selbstbild weglassen.

Die Technik

1. Begeben Sie sich in einen meditativen Zustand.
2. Lassen Sie vor Ihrem geistigen Auge ein Bild Ihrer selbst entstehen. Es geht nicht darum, eine spiegelgetreue Abbildung Ihrer äußeren Erscheinung entstehen zu lassen, sondern ein Bild, das Sie so zeigt, wie Sie sich sehen.
3. Betrachten Sie dieses Bild. Versetzen Sie es in Bewegung. Sehen Sie sich handeln, gehen, sprechen, sehen Sie sich inmitten konkreter Lebenssituationen. Betrachten Sie, wie die Person auf Ihrem geistigen Bildschirm sich verhält, welche Eigenschaften sie aufweist, welche Fehler.
4. Machen Sie sich bewußt, daß dieses Bild eine Projektion Ihrer Gedanken ist, ein selbstproduzierter Film auf der Leinwand Ihres Bewußtseins.
5. Schalten Sie diesen Film aus und kommen Sie zu sich. Dies ist genauso, als wenn man einen spannenden Film brutal unterbricht, indem man den Fernseher abschaltet. Oder einen Roman zuklappt und in die eigene Wirklichkeit zurückkehrt. Es ist ein Moment des Erwachens. Plötzlich ist da nichts mehr – nur man selbst. Provozieren Sie

Dritter Teil: Meditationen zu konkreten Problemen und Bedürfnissen

genau dieses Erwachen, indem Sie sich von dem Bild Ihrer selbst im Film Ihres Lebens abwenden und zu sich kommen.

6. Wenn dieser Moment des Erwachens vorüber ist (es kann der Bruchteil eines Augenblicks oder eine lange Weile sein; vielleicht ist es auch nur eine Ahnung), bleiben Sie noch eine Weile still sitzen.

7. Erst danach beginnen Sie, sich selbst zu erforschen. Fragen Sie sich: Wer bin ich? Fühlen Sie den Kern Ihres Wesens. Ihr Körper verändert sich im Laufe der Zeit, Ihr Denken, Ihr Fühlen, Ihr Verhalten, Ihre Eigenschaften, Ihre Einsichten: Alles wandelt sich, aber Sie selbst sind immer Sie selbst. Fühlen Sie dieses »Ich selbst«, dieses »Ich bin«. Hat das, was Sie sind, irgend etwas mit Eigenschaften zu tun? Kontemplieren Sie das in aller Ruhe. Bleiben Sie sich Ihres Atems bewußt, und stellen Sie sich Fragen dieser Art, ohne die Antworten zu produzieren. Die Antwort ist eher ein fühlendes, erlebendes oder ahnendes Wissen als ein klarer Wortgedanke. Wortgedanken bilden sich erst nachträglich, um den wortlosen Originaleindruck festzuhalten und dem Verstand zum Einordnen zu übergeben. Durch das Formulieren wird das Wissen zwar dinghaft gemacht, aber auch eingeschränkt.

Diese Meditation müssen Sie möglicherweise einige Male wiederholen, bevor Sie einen Eindruck davon bekommen, wer oder was Sie in Wirklichkeit sind, jenseits von Maske und Selbstbild. Es ist deshalb nicht leicht, weil es so sehr auf der

Entwickeln Sie ein positives Selbstbild

Hand liegt, daß man blind dafür ist. Es ist uns näher als unsere Nasenspitze, denn wir sind es ja selbst.

Aber jede Meditation, das werden Sie beim Üben merken, hat ihren Sinn in sich. Auch wenn sie kein »Ergebnis« und kein umwerfendes Erlebnis bringt: Jede Meditation ist Berührung mit dem wahren Selbst, mit dem Leben. So paradox es klingt: Auch wenn Sie mit einer Zielsetzung arbeiten (zum Beispiel das wahre Selbst entdecken), so müssen Sie doch Ihre Absicht während der Meditation aufgeben. Es reicht, sich die Zielsetzung zu Beginn zu vergegenwärtigen und sich dann der Meditation zu überlassen. Nicht das persönliche Bewußtsein bringt die gewünschten Früchte hervor, sondern das innere Selbst, und zwar seinen eigenen Regeln und Bedürfnissen gemäß, in die wir im alltäglichen Bewußtseinszustand keinen Einblick haben. Wir können also nicht mit Absicht auf die Meditation einwirken, um Ergebnisse zu erzielen. Wir können nur einen Samen aussäen (Wunsch, Zielsetzung), den Boden bewässern (Aufmerksamkeit) und abwarten, was geschieht (Entspannung, Loslösung).

Wenn Sie einen Eindruck von Ihrem wahren Wesen jenseits von Maske und Selbstbild gewonnen haben (auch wenn er nur die Deutlichkeit einer Ahnung hat!), so können Sie mit diesem Eindruck arbeiten, indem Sie ihn sich regelmäßig ins Gedächtnis rufen. Allein diese Praxis des schlichten Erinnerns setzt einen Prozeß der Veränderung in Gang.

Möglicherweise reichen diese beiden Schritte (»Herausfinden, wie man sich sieht« und »Das wahre Selbst entdecken«) bereits aus, um die Begrenzung, die Sie sich durch

Dritter Teil: Meditationen zu konkreten Problemen und Bedürfnissen

Ihr verzerrtes Selbstbild auferlegt haben, zu lockern. Vielleicht aber ist die Diskrepanz zwischen Ihrem wahren Selbst, von dessen Souveränität und Unbegrenztheit Sie einen flüchtigen oder auch deutlichen Eindruck gewinnen konnten, und Ihrem trotzdem noch aktiven, miserablen Selbstbild so groß, daß Sie aktiv an ihrer Überbrückung arbeiten möchten.

In diesem Fall prüfen Sie bitte als erstes, ob Schuldgefühle dafür verantwortlich sind, daß Ihr Selbstbild so schlecht ist. Wenn ja, führen Sie bitte erst die im Kapitel über Schuldgefühle (ab Seite 145) empfohlenen Übungen durch, bevor Sie sich dem nächsten Schritt zuwenden.

Wenn Sie kreativ an Ihrem Selbstbild arbeiten, sich also ein erweitertes, verbessertes, aber nicht unrealistisches Selbstbild schaffen möchten, so können Sie dies nicht von der Ebene Ihres gewöhnlichen Alltagsbewußtseins aus. Sie müssen einen höheren Standpunkt einnehmen. Andernfalls bleibt die Veränderung oberflächlich und wenig dauerhaft.

Dritter Schritt: Ein neues Selbstbild schaffen

Die Technik
1. Begeben Sie sich in einen meditativen Zustand.
2. Vergegenwärtigen Sie sich Ihr aktuelles Selbstbild: Lassen Sie vor Ihrem geistigen Auge ein Bild Ihrer Person, wie Sie sie sehen, entstehen.
3. Schalten Sie dieses Bild aus, so wie man einen Fernseher ausschaltet, und kommen Sie zu sich.

Entwickeln Sie ein positives Selbstbild

4. Lehnen Sie sich innerhalb Ihres Körpers zurück wie in einem Sessel, mit dem Gefühl, aus dem Zeitstrom herauszutreten. Empfinden Sie sich als zeitlos. Genießen Sie dieses Gefühl, entspannen Sie sich.

5. Lassen Sie einen hochentwickelten, weisen Menschen in Ihr Bewußtsein treten (einen Menschen, den Sie persönlich kennen, oder einen Weisheitslehrer, Heiligen oder Meister, den Sie nur aus Büchern kennen, oder ein Wesen Ihrer Vorstellung). Wichtig ist, daß dieser Mensch die allerhöchsten menschlichen Qualitäten verkörpert, beispielsweise Liebe, Mitgefühl, Macht, Weisheit, tiefe Einsicht. Stellen Sie sich vor, in dieses Wesen einzutreten und durch seine beziehungsweise ihre Augen zu sehen.

6. Schauen Sie sich selbst mit den Augen dieses Wesens an. Richten Sie Ihre Aufmerksamkeit dabei auf das in Ihnen schlummernde Potential und auf denjenigen Teil dieses Potentials, der sich bereits manifestiert hat: Ihre Qualitäten.

   Wenn Sie dies wirklich tun, bekommen Sie ein Bild, das ungefähr so aussieht, wie ein Liebender oder ein in Sie Verliebter Sie sehen würde: strahlend, vollkommen, wunderbar in jeder Hinsicht. Selbst die Mängel offenbaren noch Qualitäten: diejenigen Qualitäten nämlich, deren Schatten sie sind.

7. Betrachten Sie dieses Bild ausgiebig. Prägen Sie es sich gut ein. Sagen Sie sich, daß Sie dieses Bild und das damit verbundene positive Gefühl jederzeit abrufen können, sobald Sie es wünschen oder brauchen.

Dritter Teil: Meditationen zu konkreten Problemen und Bedürfnissen

8. Verabschieden Sie sich von dem Wesen, dessen Augen Sie sich geliehen haben. Nehmen Sie das strahlende Bild Ihrer selbst in sich hinein. Werden Sie dieses Bild, seien Sie es. Fühlen Sie, wie es ist, so zu sein, wie diese liebenden und wissenden Augen Sie gesehen haben. Verankern Sie diesen Eindruck sorgfältig in Ihrem Bewußtsein. Sagen Sie sich, daß Sie dieses Gefühl jederzeit wieder abrufen können.

9. Beenden Sie die Meditation, indem Sie die Handflächen vor dem Solarplexus aneinanderlegen und sich verneigen.

Mit dem auf diese Weise gewonnenen Eindruck können Sie weiterarbeiten, indem Sie sich Bild, Stimmung und Gefühl regelmäßig vergegenwärtigen, am besten in einer täglichen Morgenmeditation und abends vor dem Einschlafen. So schaffen Sie die Bedingungen dafür, daß dieses neue, vollständigere Bild Ihrer selbst Einzug in die Tiefen Ihrer Psyche halten und Ihr Denken, Ihr Verhalten, Ihr Auftreten, Ihre Erscheinung, Ihre Ausstrahlung und in der Folge Ihr Leben verändern kann.

Die Techniken in Kurzform

Herausfinden, wie man sich unbewußt sieht

Erforschen, welche Vorstellungen man von sich hegt.
Sich in einen meditativen Zustand begeben.

Entwickeln Sie ein positives Selbstbild

Das Unterbewußtsein um ein Bild bitten, das zeigt, wie man selbst sich insgeheim sieht.
Das Selbstbild erforschen.

Das wahre Selbst entdecken

Sich in einen meditativen Zustand begeben.
Das Selbstbild visualisieren.
Sich in seinem Leben sehen wie in einem Film.
Erkennen, daß das nur Projektion ist und nicht Realität.
Den Film abschalten und zu sich kommen: erwachen.
In die Stille eintreten.
Fühlen und forschen: Wer bin ich?

Ein neues Selbstbild schaffen

Sich in einen meditativen Zustand begeben.
Das aktuelle Selbstbild vergegenwärtigen.
Das Bild abschalten und zu sich kommen.
Aus dem Zeitstrom heraustreten.
Einen Weisen ins Bewußtsein treten lassen.
Sich in ihn/sie hineinversetzen und sich selbst mit seinen/ ihren liebenden und wissenden Augen sehen.
Sich in das Bild vertiefen.
Das Bild in sich hineinnehmen.
Verankern und Abrufbarkeit suggerieren.
Hände zusammenlegen und sich verneigen.

137

Mit Krisen umgehen

> *Gott ausreden lassen heißt Vollkommenheit.*
>
> PRENTICE MULFORD

Das Leben sorgt dafür, daß alles sich ständig weiterentwickelt. Wenn etwas gut funktioniert, hat es die Tendenz, sich verewigen zu wollen: Wenn es uns gutgeht, warum sollten wir uns verändern? Aber das Leben sorgt für Bewegung. Durcheinander kommt auf, Störungen treten ein, Unzufriedenheit macht sich breit. Die Ordnung bröckelt. Und plötzlich ist die Krise da.

Etwas ist nicht in Ordnung. Unser übliches Denken ist mechanistisch: Was nicht in Ordnung ist, muß repariert werden. Reparieren heißt, den alten Zustand wiederherstellen. So sehnen wir uns oft, wenn wir uns in einer Krise befinden, nach der alten Harmonie zurück. Ach wenn doch wieder alles in Ordnung wäre! Genau dieses Zurücksehnen aber verlängert möglicherweise die Krise – denn diese ist ja gerade

Mit Krisen umgehen

dazu da, Ihnen zu einer neuen Ordnung, einer höherentwickelten, zu verhelfen.

Wenn Sie sich also inmitten einer scheußlichen Krise befinden, so ziehen Sie bitte wenigstens als Hypothese in Betracht, daß es sich um einen schöpferischen Umbruch handelt, der den Weg bereitet für etwas, das noch besser ist als das, was vorher war.

Meditation kann helfen, inmitten der Krise eine gewisse Stabilität in sich selbst zu bewahren und den Überblick zu behalten, auch wenn Sie keine Ahnung haben, wie es weitergehen soll.

Ausführliche Kontemplation der Krisensituation

Die Technik
1. Begeben Sie sich in einen meditativen Zustand.
2. Vergegenwärtigen Sie sich die Krisensituation. Denken Sie zwei bis drei Minuten lang über sie nach.
3. Beenden Sie das Nachdenken und schalten Sie zum Anfang Ihrer Überlegungen zurück. Betrachten Sie genau, was Sie soeben gedacht und was Sie dabei gefühlt haben. Lassen Sie Ihr eigenes Denken und Fühlen auf sich wirken. Wenn dabei neue Gedanken auftauchen, halten Sie wieder inne und betrachten die neuen Gedanken. Nehmen Sie sich für die Betrachtung der Situation, der Gedanken über die Situation und der Gedanken über die Gedanken insgesamt fünf bis sechs Minuten Zeit. Das reicht

Dritter Teil: Meditationen zu konkreten Problemen und Bedürfnissen

vollauf, um festzustellen, wie die Krise sich in Ihrem Bewußtsein darstellt.

4. Nehmen Sie Abstand, indem Sie diese Gedanken mit zwei oder drei tiefen Atemzügen, am besten mit hörbarem Seufzen verbunden, aus Ihrem Bewußtsein entlassen. Treten Sie im Geist zurück. Verlagern Sie Ihren Schwerpunkt innerhalb Ihres Körpers und Energiefeldes weiter nach hinten. Lehnen Sie sich in Ihrem Körper zurück wie in einem Sessel. Das ermöglicht es Ihrem Bewußtsein, ein wenig aus dem Zeitstrom herauszutreten und in ein Gefühl von Zeitlosigkeit einzutauchen. Spüren Sie dieses Gefühl auf, indem Sie sich in Ihrem Körper zurücklehnen und entspannen. Lassen Sie den Atem natürlich kommen und gehen und folgen Sie seinem Rhythmus, bis Atem und Gedanken sich beruhigt haben.

5. Stellen Sie sich vor, daß Ihr Leben vor Ihnen vorbeifließt wie ein Strom oder ein Film. Lassen Sie ein Bild auftauchen, das Ihnen zeigt, wie die gegenwärtige Krise in Ihre Vergangenheit und Zukunft eingebettet ist.

6. Stellen Sie sich vor oder nehmen Sie wahr, daß vor der Krise eine alte, vormals stabile, nun brüchig gewordene Ordnung existierte und daß nach der Krise eine neue Ordnung sich bilden wird. Ein Zustand, der in irgendeiner Weise einen Fortschritt oder eine Erweiterung gegenüber dem vorangegangenen darstellt. Lassen Sie diese Bilder und Vorstellungen auf sich wirken, ohne über sie nachzudenken.

7. Entfernen Sie Ihre Aufmerksamkeit von der Krisensitua-

Mit Krisen umgehen

tion und richten Sie sie auf den vorbeiziehenden Strom
Ihres Lebens im ganzen. Lassen Sie ein Bild auftauchen,
das zeigt, wie dieser Strom eingebettet ist in ein größeres
Ganzes.

8. Stellen Sie sich vor, daß Sie sich diesem großen Fluß vertrauensvoll überlassen. Entspannen Sie sich.

9. Gleiten Sie mit Ihrer Aufmerksamkeit nach und nach zu
dem ruhigen Fluß Ihres Atems hinüber. Folgen Sie der
Ebbe und Flut Ihres Atems.

10. Beenden Sie die Meditation, indem Sie das erlebte Gefühl von Vertrauen und Fließen in sich verankern.

Welche Qualitäten sind jetzt gefordert?

Möglicherweise fördert die gegenwärtige Krise das Entstehen beziehungsweise die Entfaltung einer neuen Qualität in
Ihnen. Es kann nützlich sein herauszufinden, um welche
Qualität es sich handelt, und mit dieser zu arbeiten. Suchen
Sie diese Qualität nicht, indem Sie darüber nachdenken, sondern indem Sie sich in meditativem Zustand folgende Fragen
stellen – und die Antwort in Ihrem Bewußtsein aufsteigen
lassen:

1. Welche Qualität ist es, die die Krisensituation in mir her-
ausfordert? Wie würde sich die Situation verändern, wenn
ich diese Qualität entwickelte?

2. Nach welcher Qualität sehne ich mich im tiefsten Innern,
wenn ich einmal völlig von den Lebensumständen abse-

Dritter Teil: Meditationen zu konkreten Problemen und Bedürfnissen

he? Wie würden sich die Umstände verändern, wenn ich diese Qualität entwickelte?

Wenn Sie sich entschieden haben, welche Qualität jetzt am wichtigsten für Sie ist, arbeiten Sie täglich mit ihr, indem Sie nichts weiter tun, als sich diese Qualität und die mit ihr verbundene Stimmung zu vergegenwärtigen. Wählen Sie menschliche Vorbilder und symbolische Bilder, die diese Qualität illustrieren und Ihnen helfen, sich auf sie einzustellen. Die ausführlichen Techniken zu diesem Punkt finden Sie im Kapitel »Probleme bewältigen« (ab Seite 99).

Während der Krise: Jeden Tag kurz meditieren

Während einer Krise ist Meditation besonders wichtig. Oft fällt es einem aber gerade inmitten einer Krisensituation sehr schwer zu meditieren.

Es lohnt sich jedoch, sich zu überwinden. Setzen Sie sich wenigstens einmal täglich an Ihren Meditationsplatz. Sagen Sie sich zuvor, daß Sie, wenn Sie es wünschen, gleich wieder aufstehen können – aber setzen Sie sich auf jeden Fall hin.

Sehr hilfreich ist – wenn man nicht genügend Zeit oder Ruhe für ausführliche Kontemplationen hat – die folgende Kurzmeditation:

Die Technik
1. Begeben Sie sich in einen meditativen Zustand.

Mit Krisen umgehen

2. Erforschen Sie Ihren körperlichen Zustand. Wandern Sie mit Ihrem Bewußtsein kurz durch die verschiedenen Bereiche Ihres Körpers.

3. Erfassen Sie Ihren psychischen Zustand. Wie fühlen Sie sich?

4. Vergegenwärtigen Sie sich die Krisensituation. Nehmen Sie wahr, welche Gedanken und Gefühle diesbezüglich in Ihnen auftauchen. Beurteilen Sie sie nicht, sondern spüren Sie ihnen nach.

5. Vergegenwärtigen Sie sich die Intelligenz, die durch Sie und Ihr Leben wirkt. Sie wirkt in den Atomen, Zellen und Organen Ihres Körpers, sie wirkt in Ihrer Psyche, in Ihrem Verstand und in Ihrem Leben. Sie strebt nach Fortentwicklung, Ausdehnung, Höherentwicklung.

6. Betrachten Sie den Fluß Ihres Atems, den Fluß Ihrer Gedanken, den Fluß Ihres Lebens und das Wirken der Intelligenz im Lauf der Dinge.

7. Beenden Sie die Meditation, indem Sie die Handflächen vor dem Herzen aneinanderlegen.

Die Techniken in Kurzform

Ausführliche Kontemplation der Krisensituation

Sich in einen meditativen Zustand begeben.
Zwei bis drei Minuten über die Krise nachdenken.
Das Gedachte rekapitulieren.

Dritter Teil: Meditationen zu konkreten Problemen und Bedürfnissen

Die gedanklichen Kommentare zum Gedachten rekapitulieren.

Die Gedanken entlassen.

Sich zurücklehnen und entspannen.

Atem und Gedanken sich beruhigen lassen.

Das Leben vorbeifließen sehen.

Sehen, wie die Krise in Vergangenheit und Zukunft eingebettet ist.

Die alte und die neue Ordnung (nach der Krise) sehen.

Den Strom des Lebens eingebettet sehen.

Sich dem großen Fluß vertrauensvoll überlassen.

Entspannen.

Dem Fluß des Atems folgen.

Vertrauen und Fließen verankern.

Tägliche Kurzmeditation während der Krise

Sich in einen meditativen Zustand begeben.

Sich dem Körper zuwenden.

Sich der Psyche zuwenden.

Die Krise vergegenwärtigen.

Denken und Fühlen beobachten.

Sich die Intelligenz vergegenwärtigen, die durch Ihr Leben wirkt.

Den Fluß des Atems, den Fluß der Gedanken, den Fluß des Lebens und das Wirken der Intelligenz im Lauf der Dinge betrachten.

Die Hände vor dem Herzen aneinanderlegen.

So lösen Sie
Ihre Schuldgefühle auf

Wenn ihr euch selbst Vorwürfe macht wegen etwas, das ihr gestern oder vor zehn Jahren getan habt, so ist das noch keine Tugend. Dann habt ihr es höchstwahrscheinlich mit künstlicher Schuld zu tun. Selbst wenn euch eine Gewalttätigkeit unterlaufen ist, so verlangt das natürliche Schuldgefühl keine Buße; es war vielmehr (ursprünglich) als eine Vorsichtsmaßregel gedacht, als Mahnung v o r dem Ereignis. »Tu das nicht wieder!« ist nur seine nachträgliche Botschaft.

JANE ROBERTS (Zitat von *Seth*)

Die eigentliche Sünde, wenn es so etwas wie Sünde überhaupt gibt, ist nicht die Übeltat, die wir begangen haben, sondern das Schuldgefühl, das wir ihretwegen hegen und nicht loslassen mögen. Das gilt jedenfalls für die Mehrzahl aller Schuldgefühle; möglicherweise kann man echte Übeltaten

Dritter Teil: Meditationen zu konkreten Problemen und Bedürfnissen

wie etwa Mord hiervon ausnehmen. Darauf wollen wir nicht näher eingehen, denn es steht zu vermuten, daß die wenigsten Leser irgend jemanden ermordet haben.

Hier ist die Rede von den ganz gewöhnlichen Schuldgefühlen, die wir mit uns herumzuschleppen pflegen. Es gibt Menschen, die bereits ihre Geburt unbewußt als Schandtat betrachten, die sie begangen haben. Oder sie haben als Kind ihrer Mutter eine Mark aus dem Portemonnaie geklaut und fühlen sich deswegen bis ins hohe Alter schuldig, ohne sich dessen bewußt zu sein. Sollten Sie zu diesen Schuldbeladenen gehören, bedenken Sie bitte: Sie sind ein Zipfel des Universums; Ihr Bewußtsein ist ein Teil des allgemeinen Bewußtseins; wenn es in Ihrem Gemüt dunkel ist, so gibt es im kosmischen Bewußtsein ein dunkles Fleckchen mehr. Deshalb: Wenn Sie sich nicht Ihnen selbst zuliebe von Ihren Schuldgefühlen befreien möchten (weil Sie sich nicht genügend lieben), dann können Sie es vielleicht um der Allgemeinheit willen tun.

Ich weiß, wovon ich spreche, denn ich habe Schuldgefühle von zwei Seiten erleben dürfen, als »Täter« und als »Opfer«. Beides schildere ich kurz, um zu illustrieren, was gemeint ist.

Viele Jahre lang plagte ich mich mit einem allgemeinen Schuldgefühl herum. Nicht daß ich etwas besonders Schlimmes angestellt hätte. Ich hatte lediglich einige der ganz gewöhnlichen Schandtaten, wie sie praktisch jeder wohlerzogene Mensch auf sich lädt, begangen. Mein Schuldgefühl war in keiner Weise gerechtfertigt. Ich wußte das, hatte es

So lösen Sie Ihre Schuldgefühle auf

auch von vielen spirituellen Lehrern gehört und gelesen, aber das nützte nichts.

Eines Tages beschloß ich, der Sache auf den Grund zu gehen. Ich machte Inventur. Ich ließ mein Leben, soweit ich mich zurückerinnern konnte, im Geist vorbeidefilieren und griff alle Ereignisse heraus, in denen ich mich mit Schuld beladen hatte. Ich erlebte sie wieder, versetzte mich in mein jeweiliges Opfer hinein, fühlte seinen Schmerz, schärfte mir ein, dergleichen nie wieder zu tun, bat um Verzeihung und versuchte dann, mir selbst zu vergeben. Danach meditierte ich eine Weile, bis ich den Eindruck hatte, Generalabsolution erhalten zu haben, und legte mir eine symbolische Buße auf, die ich befolgte.

Aber die Schuldgefühle waren so leicht nicht kleinzukriegen. Bald darauf hatte ich ein wunderbares Erlebnis während einer Rebirthing-Sitzung, das mein Schuldgefühl und die damit verbundene Traurigkeit ins Bewußtsein brachte und in ein tiefes Erleben von Liebe und Verzeihung mündete. Dennoch fühlte ich mich weiter schuldig.

Der wirkliche Durchbruch kam erst, als ich die Medaille »Schuldgefühl« von der anderen Seite zu sehen bekam: als »Opfer«.

Wir sprechen hier nicht von wirklichen Verbrechen, sondern von den kleinen Vergehen, mit denen skrupelbehaftete Menschen wie Sie und ich ihr Gewissen zu belasten pflegen. Es ist unglaublich, welch gewaltigen Elefanten ein schuldgefühlsüchtiges Gewissen aus einer Mücke machen kann, die noch nicht einmal eine Stechmücke ist.

Dritter Teil: Meditationen zu konkreten Problemen und Bedürfnissen

Ein Mensch, den ich sehr gern habe, klingelte eines Nachts Sturm bei mir. Ich war sehr müde und sollte am nächsten Morgen früh aufstehen. Mein Besucher hatte ziemlich viel getrunken und verfiel, sobald er vor mir stand, in tiefste Schuldgefühle, weil er mich herausgeklingelt hatte. Das Aufstehen war in der Tat unangenehm gewesen, aber es war nun einmal geschehen. Man hätte ein wenig plaudern und sich dann leichten Herzens voneinander verabschieden können. Mein Freund aber wälzte sich in seinen (aufgrund des alkoholisierten Zustandes ins Unermeßliche gesteigerten) Schuldgefühlen und mochte gar nicht mehr davon ablassen, mir zu schildern, wie widerlich, wie unerträglich und schlecht er sei und wie gänzlich meiner unwürdig.

Nicht nur, daß es lästig und peinlich war und daß es weh tat zu sehen, wie dieser Mensch seine Würde zertrat; das Schlimmste war, daß ich gerne mit ihm geredet hätte. Es war jedoch hoffnungslos, irgend etwas mit ihm anzufangen, weil er sich so schuldig fühlte. Kommunikation war unmöglich.

Durch dieses Ereignis begriff ich, wie überflüssig und hinderlich Schuldgefühle sind. Ich meine damit nicht, daß man rücksichts- und skrupellos sein sollte. Wie das obige Beispiel zeigt, kann es jedoch weit rücksichtsloser sein, an seinen Schuldgefühlen festzuhalten. Ein vernünftiges Szenario ohne Schuldgefühle könnte so aussehen:

- Man hat etwas getan, das einem anderen Schaden zugefügt hat.

So lösen Sie Ihre Schuldgefühle auf

- Durch eigene Erkenntnis oder die Reaktion des anderen erkennt man, daß man Schaden angerichtet hat.
- Man gesteht es sich, vielleicht auch dem anderen, ein.
- Wenn möglich, unternimmt man etwas zur Wiedergutmachung. Wenn das nicht möglich ist, kann man, um mit sich selbst ins reine zu kommen, vielleicht ersatzweise jemand anderem etwas Gutes tun.
- Man nimmt sich vor, dergleichen nie wieder zu tun.
- Man gesteht sich zu, ebenso fehlbar zu sein wie jeder andere Mensch, und vergibt sich.

Und Ende. Damit kann man den Fall getrost als abgeschlossen betrachten. Wenn man an einen Gott glaubt, der jemand anders ist als man selbst, kann man sich denken, daß dieser (liebende!) Gott vor dem mit Schuldgefühlen begossenen Pudel genauso verzweifelt und ratlos steht wie seinerzeit ich vor meinem betrunkenen Freund. Wie soll Gott Ihnen verzeihen können, wenn Sie sich selbst nicht verzeihen? Wie soll Gott irgend etwas mit Ihnen anfangen können, wenn Sie sich seiner für unwürdig halten?

Wenn Sie nicht an einen persönlichen Gott glauben, der jemand anders ist als Sie selbst, dann können Sie jedenfalls doch fühlen, daß Schuldgefühle die Beziehung zwischen Ihnen selbst und Ihnen selbst ganz empfindlich stören. Sie hindern Sie am Vorwärtsschreiten, am Erleben von Freude und Liebe und daran, sich froh und frei im Leben zu engagieren. Und Ihr Opfer: Nützt es diesem Menschen in irgendeiner Weise, daß Sie sich schuldig fühlen? Was ihm nützen kann,

Dritter Teil: Meditationen zu konkreten Problemen und Bedürfnissen

ist eine erklärende Aussprache und eine liebevolle Geste, aber ganz bestimmt nicht Ihr Schuldgefühl. Es sei denn, Ihr Opfer gehört zu jenen Menschen, die daraus, daß sich jemand an ihnen vergangen hat, genüßlich Kapital schlagen, um denjenigen an sich zu fesseln. Dann ist es erst recht Zeit, mit dem Schuldgefühl aufzuräumen.

Wie das oben geschilderte Beispiel zeigt, kann man Schuldgefühle nicht hinwegzwingen, auch nicht fortmeditieren. Der auflösende Prozeß wird jedoch in Gang gesetzt, wenn man sich mit der ernsthaften Absicht in die Meditation begibt, sich mit der Sache zu konfrontieren und die Schuld zu überwinden.

Ich empfehle, in zwei getrennten Teilschritten vorzugehen.

Erster Teil

Die Technik

1. Nehmen Sie Ihre Meditationshaltung ein.
2. Vergegenwärtigen Sie sich die Situation, in der Sie sich schuldig gemacht haben. Erinnern Sie sich deutlich an das Ereignis, an Ihre Gedanken, an Ihr Verhalten, an die Reaktionen des Opfers. Urteilen Sie nicht über sich oder die Situation, sondern nehmen Sie wahr, objektiv und wahrheitsgetreu wie ein gewissenhafter Historiker.
3. Begeben Sie sich in einen meditativen Zustand.
4. Richten Sie Ihre Aufmerksamkeit auf Ihr energetisches

So lösen Sie Ihre Schuldgefühle auf

Herzzentrum in der Mitte der Brust. Atmen Sie mit dem Herzen. Fühlen Sie das Licht des Herzens – und wenn Sie keines wahrnehmen, schalten Sie es ein, wie man eine Lampe einschaltet: Lassen Sie es ganz hell werden in Ihrem Herzen.

5. Setzen Sie im Geist Ihr Opfer vor sich hin.

6. Senden Sie einen Strahl aus dem Licht Ihres Herzens in das Herz des anderen. Halten Sie diese Einstellung, während Sie eine Zeitlang einfach still bleiben und Ihr Gefühl wahrnehmen.

7. Immer noch im Herzen zentriert, versetzen Sie sich in den anderen hinein.

8. Erleben Sie die betreffende Situation aus seiner Perspektive. Fühlen Sie, was er oder sie erlebt hat. Fühlen Sie seinen Schmerz, seine Enttäuschung, seine Wut beziehungsweise seine Trauer.

9. Kehren Sie in Ihr eigenes Herzzentrum zurück. Bitten Sie den anderen um Vergebung, und senden Sie ihm von neuem Licht aus Ihrem Herzen.

10. Vergeben Sie sich selbst. Vergegenwärtigen Sie sich Ihre Unschuld. Selbst wenn Sie tatsächlich sehr böse gehandelt haben, so hatten Sie entweder einen guten Grund dafür (Enttäuschung, Wut, Eifersucht, Angst) oder waren unachtsam oder unwissend. Nun sind Sie klüger. Der Mensch, der Sie jetzt sind, ist nicht derselbe wie der, der Sie zum Zeitpunkt des Geschehens waren. Wenn Sie religiös sind, bitten Sie Gott oder die höhere Macht, an die Sie glauben, um Vergebung. Bedenken Sie aber, daß Ih-

Dritter Teil: Meditationen zu konkreten Problemen und Bedürfnissen

nen Ihr Gott nicht vergeben kann, wenn Sie sich selbst nicht verzeihen.

11. Prüfen Sie, ob es etwas gibt, was Sie für Ihr Opfer tun können. Vielleicht können Sie einen Brief schreiben und so dazu beitragen, daß es seinen Groll überwinden kann. Vielleicht können Sie etwas anderes tun. Wenn nicht, möchten Sie vielleicht eine Gabe in den kosmischen Topf werfen. Vielleicht schenken Sie einem Bettler Geld.

12. Nehmen Sie sich ernsthaft vor, den gleichen Fehler nicht zu wiederholen.

13. Tilgen Sie das Ganze mit einer symbolischen Geste, die Ihr Unterbewußtsein beeindruckt, aus Ihrem Bewußtsein. (Beispielsweise indem Sie alles aufschreiben oder -malen und dann das Papier verbrennen.)

Zweiter Teil

Wenn Ihre Schuldgefühle weiterhin bestehen, so können Sie doch sicher sein, daß die ehrliche Konfrontation, die Reue und der Beschluß, den betreffenden Fehler nicht zu wiederholen, den Prozeß der Schuldauflösung in Gang gesetzt haben. Wahrscheinlich fehlt noch ein eindrückliches Erleben auf emotionaler Ebene. Hierfür eignet sich ganz hervorragend die Atemtechnik des sogenannten Rebirthing. Hier geht es nicht um einen kompletten Rebirthing-Zyklus, sondern um eine von einem geschulten Helfer überwachte

So lösen Sie Ihre Schuldgefühle auf

Atemsitzung mit der Technik des verbundenen Atems (bei der Rebirthing-Atmung wird die Pause nach dem Ausatmen weggelassen). Vor der Sitzung bitten Sie Ihr Unterbewußtsein, mit dem Atem Ihre Schuldgefühle hochzubringen, und Ihr höheres Selbst, die Auflösung der Schuldgefühle einzuleiten und den Prozeß zu überwachen. Es kann hilfreich sein, daß der Therapeut oder Helfer diese Zielsetzung zu Beginn der Sitzung noch einmal wiederholt. Alles weitere macht der Atem.

Bitte wagen Sie sich an diese Technik nicht ohne die Hilfe einer geschulten Person heran. Der Atem bringt das Verdrängte wirklich herauf, und er kann in wunderbarer Weise die Auflösung bewirken, aber nur, wenn der Atemprozeß von einem Kundigen überwacht wird. (Nur wenn Sie bereits ausreichend Erfahrung mit Rebirthing haben, können Sie diese Sitzung alleine machen.)

Wer nicht die Möglichkeit oder den Wunsch nach einer Sitzung mit einem Therapeuten oder Helfer hat, kann etwas Ähnliches allein und auf sanftere Weise unternehmen.

Die Technik

1. Begeben Sie sich in einen meditativen Zustand.
2. Konzentrieren Sie sich auf Ihren Solarplexus.
3. Spüren Sie Ihr Schuldgefühl auf. Provozieren Sie es absichtlich durch entsprechende Erinnerungen. Sobald das Gefühl, schuldig zu sein, in Ihnen auftaucht, wenden Sie diesem Gefühl Ihre volle Aufmerksamkeit zu. Fühlen Sie sich von Kopf bis Fuß schuldig. Denken Sie nicht darüber

Dritter Teil: Meditationen zu konkreten Problemen und Bedürfnissen

nach, sondern fühlen Sie. Lassen Sie sich ganz von diesem Gefühl durchdringen. (Keine Angst! Das Schlimmste, was passieren kann, ist, daß es sich auflöst.) Fühlen Sie Ihre Schuld, Ihre Trauer, Ihren Jammer, und bleiben Sie sich dabei ununterbrochen Ihres Atems bewußt.

4. Heben Sie Ihre Aufmerksamkeit in Ihr energetisches Herzzentrum in der Mitte der Brust. Was fühlen Sie jetzt? Lassen Sie Ihre Aufmerksamkeit im Herzzentrum ruhen. Durchleben Sie die Sinfonie der Gefühle, während Sie sich Ihres Atems bewußt sind (der nun im Herzen zentriert ist), und bleiben Sie so lange konzentriert dabei, bis der strahlende Schlußakkord erklingt, bis Liebe, Vergebung und Freude auftauchen.

5. Im allgemeinen tauchen diese positiven Emotionen von selbst auf. Wenn nicht, prüfen Sie bitte, ob Sie den ersten Teil (Konfrontation, Reue und Einsicht) wirklich durchlebt haben. Fragen Sie Ihr inneres Selbst, was Sie noch tun können.

Wenn Sie alles getan haben, was Ihnen möglich ist, und sich immer noch schuldig fühlen, empfehle ich, die oben angesprochene Rebirthing-Technik anzuwenden oder sich im Zustand tiefer Entspannung von einem freundlichen Therapeuten zu jenem Ereignis, das für Ihr Schuldgefühl verantwortlich ist, zurückführen zu lassen.

Als warnender Hinweis vor der Tat oder vor einer Wiederholung der Tat hat das Schuldgefühl eine gesunde und wichtige Funktion. Wird es aber eine bleibende Last, ist

So lösen Sie Ihre Schuldgefühle auf

es eine ungesunde Verzerrung dieses ursprünglichen Instinkts.

Es kommt vor, daß man Schuldgefühle unbewußt absichtlich festhält, um sich vor etwas zu drücken. Beispielsweise vor Strafe. Unser kindliches Unterbewußtsein hat Angst vor Strafe. Um einer Bestrafung vorzubeugen, hält es sein Schuldgefühl fest. Es ist, als wollten wir sagen: »Schau, ich fühle mich ja schon so schuldig und so elend! Du brauchst mich nicht noch obendrein zu bestrafen.«

Möglicherweise aber drücken wir uns auch durch die Konzentration darauf, wie schlecht und schuldig wir uns fühlen, vor der Konfrontation mit dem, was wirklich geschehen ist. Oder aber wir haben festgestellt, daß es ganz bequem ist, sich schuldig und demzufolge schlecht und unwürdig zu fühlen, weil es uns erspart, uns tatkräftig, verantwortungsbewußt und liebevoll in der Welt zu engagieren.

Wenn dies der Fall ist – und Sie es ändern möchten –, müssen Sie Ihr eigenes Denken und Fühlen genauestens untersuchen. Nicht kritisch prüfen, sondern mit wohlwollender Neugier. Nur so können Sie Klarheit gewinnen. Und nur wenn Sie Klarheit besitzen, können Sie frei entscheiden. Vielleicht lohnt es sich, einmal diese beiden Möglichkeiten nebeneinanderzustellen:

- Sich schuldig und schlecht fühlen und demzufolge nicht voll handlungsfähg sein, was möglicherweise gewisse Vorteile mit sich bringt.
- Frei von Schuldgefühl sein, voll handlungs- und zurechnungsfähig und eigenverantwortlich.

Dritter Teil: Meditationen zu konkreten Problemen und Bedürfnissen

Welche Gefühle bringt die eine, welche die andere Möglichkeit mit sich? Es lohnt sich, das eingehend zu kontemplieren.

Die Technik in Kurzform

Erster Teil

Sich die Schuldgefühl auslösende(n) Situation(en) vergegenwärtigen.

Sich in einen meditativen Zustand begeben.

Im Herzen zentrieren.

Das Licht im Herzen einschalten.

Das Opfer vor sich hinsetzen.

Eine Lichtbrücke von Herz zu Herz herstellen.

Sich in den anderen hineinversetzen.

Die Situation aus seiner/ihrer Perspektive erleben.

Ins eigene Herz zurückkehren.

Um Vergebung bitten und Licht aus dem Herzen schicken.

Sich selbst vergeben.

Prüfen, ob Sie etwas tun können.

Sich vornehmen, den gleichen Fehler nicht zu wiederholen.

Die Schuld löschen.

So lösen Sie Ihre Schuldgefühle auf

Zweiter Teil

Sich in einen meditativen Zustand begeben.
Sich im Solarplexus zentrieren.
Das Schuldgefühl aufspüren und erleben.
Sich im Herzen zentrieren.
Die Sinfonie der Gefühle bis zum strahlenden Schlußakkord
erleben.

Überwinden Sie Ihren Groll

Wut ist eine Schutzvorrichtung. Es ist genug, wenn ihr eure Wut erlebt. Mehr braucht ihr nicht mit ihr zu tun. Unter der Wut sitzt immer Angst und unter der Angst ist Sehnsucht verborgen.

PAT RODEGAST & JUDITH STANTON
(Zitat von *Emanuel*)

Jemand hat Ihnen unrecht getan, Sie gekränkt oder verletzt, und Sie grollen ihm oder ihr. Der Übeltäter hat sein Unrecht nicht oder nicht genügend eingesehen und sich nie entschuldigt; Sie hatten vielleicht nie den Mut oder die Gelegenheit, Ihren Groll auszudrücken und durch eine Auseinandersetzung die Luft zu reinigen.

Von dieser Art von persönlichem Groll soll hier die Rede sein, nicht von heiligem Zorn. Sie kennen den Unterschied.

Groll kann sich in die Eingeweide fressen wie ein ätzendes Geschwür. Wenn auf dem Grunde unseres Denkens und Fühlens ein tiefer Groll sitzt, womöglich unerkannt, werden

Überwinden Sie Ihren Groll

wir niemals wirklichen Frieden erleben, niemals frei und souverän agieren können; immer hält der versteckte Groll die Zügel in der Hand und zwingt uns zu den merkwürdigsten Reaktionen auch in Situationen, die mit der Person des ursprünglichen Übeltäters nichts zu tun haben.

Graben wir den Groll also aus. Nicht auf der Couch des Psychoanalytikers (was Ihnen natürlich unbenommen bleibt), sondern an unserem Meditationsplatz, unter dem unerbittlichen, aber heilenden Scheinwerferlicht aufrichtiger Aufmerksamkeit.

Zunächst einmal: *Groll darf sein.* Vermutlich haben auch Sie irgendwann in Ihrer Kindheit und Jugend gelernt, daß man nicht böse sein darf. Vielleicht haben Sie damals gelernt, Ihren Groll zu verstecken, und sich, anstatt ihn auszudrücken, gewünscht, eines Morgens tot aufzuwachen und die erschrockenen Eltern oder Erzieher zutiefst betroffen an Ihrem Bett stehen zu sehen. Endlich würden sie erkennen, was sie angerichtet haben!

Niemand wird je an unserem Totenbett stehen und sich die Haare raufen, so sehr wir auch grollen. Und selbst wenn einer das täte, hätten wir nichts davon. Vielleicht verschwände unser Groll, wenn wir den Zerknirschten von »drüben« her beobachteten, aber dafür würden wir uns schuldig fühlen, und das ist genauso schlimm.

Noch einmal: Groll darf sein. Sonst gäbe es ihn nicht. Groll nimmt seinen Anfang immer in spontanen, ursprünglich harmlosen Emotionen wie Ärger oder Wut. Ärger und Wut sind Schutzmechanismen. Sie sollen uns vor Übergriffen

159

Dritter Teil: Meditationen zu konkreten Problemen und Bedürfnissen

anderer schützen. Wenn sie spontan aus akutem Anlaß entstehen, möchten diese Gefühle geäußert werden, um dem
betreffenden anderen Menschen zu sagen: »Halt, tu das
nicht, es tut mir weh« oder »Tu das nicht wieder!« Wut und
Ärger, die berechtigt aus akutem Anlaß entstehen, möchten
sofort geäußert werden und nicht zwanzig Jahre später, nach
der hundertsten Wiederholung jenes Übergriffs, der uns auf
die Palme bringt.

Das wissen wir natürlich alle. Dennoch bringen nur die
wenigsten von uns es fertig, frei und spontan zu kommuni-
zieren und ihren Ärger offen und rechtzeitig auszudrücken.
Therapeuten raten, zunächst einmal zu üben, von sich selbst
zu sprechen und nicht vom anderen. Also statt »Du ärgerst
mich« eher zu sagen: »Ich ärgere mich, wenn du das tust«
oder etwas in der Art. Sicher ist das ein guter Anfang, aber
Ihr Gesprächspartner könnte darauf genauso ungehalten
reagieren und sich ebenso angegriffen fühlen, wie wenn Sie
gesagt hätten »Du ärgerst mich«. Trotzdem: Das Grundprinzip, »nicht zurückzuschlagen, sondern seinen eigenen Ärger
auszudrücken«, nicht Rache zu nehmen, sondern dafür zu
sorgen, daß der andere versteht, warum Sie sich ärgern und
was er demnächst besser unterlassen sollte – das ist bestimmt die bessere Reaktion.

Um seinen Ärger sofort und frei äußern zu können, bevor
er zum Groll wird, braucht man Mut und Unabhängigkeit (zu-
sammengenommen: Gleichmut), Geistesgegenwart und vor
allem eine freundschaftliche und liebevolle Grundhaltung seinen Mitmenschen gegenüber. Wenn ich jemandem wohlge-

Überwinden Sie Ihren Groll

sonnen bin, halte ich ihm mein Herz offen, lasse immer Raum für die Möglichkeit, daß es eine unschuldige Erklärung für sein Verhalten gibt, und weiß überdies, daß ich ihm mein Feedback bezüglich der Folgen seiner Verhaltensweise nicht vorenthalten darf.

Soweit zu akutem Ärger. Womit wir uns im Zusammenhang mit Meditation jedoch beschäftigen wollen, ist bereits bestehender Groll, den Sie auch bei allerbestem Willen auszurotten nicht in der Lage waren. Hier kann Meditation helfen.

Solcher Groll braucht vor allem eines: Er will gefühlt werden. Damit ist es meist schon genug. Das ist aber gar nicht so leicht, denn anstatt ihn zu fühlen, denken wir um ihn herum wie um einen heißen Brei. CHARLOTTE JOKO BECK beschreibt diese Zusammenhänge ausführlich in *Zen im Alltag,* und auf ihre Lehre geht auch der erste Teil der Technik zurück, die ich nun schildere.

Die Technik
1. Begeben Sie sich in einen meditativen Zustand.
2. Wenden Sie sich Ihrem Körper, Ihren Emotionen, Ihrer Stimmung zu. Erleben Sie Ihren augenblicklichen Zustand. Bleiben Sie mit dem Schwerpunkt Ihrer Bewußtheit beim Atem.
3. Vergegenwärtigen Sie sich Ihren Groll. Denken Sie an Anlaß und Objekt Ihres Ärgers. Beobachten Sie Ihre Gedanken genau, ohne sich jedoch von ihnen davontragen zu lassen. Beobachten Sie, in welchen Kreisen die Gedanken

161

Dritter Teil: Meditationen zu konkreten Problemen und Bedürfnissen

sich bewegen. Greifen Sie nicht ein, werten Sie nicht, sondern beobachten Sie nur. Üben Sie das so lange (möglicherweise brauchen Sie dafür mehrere Sitzungen), bis der Aufruhr sich legt und Ihre Gedanken keine Lust mehr haben, sich immer wieder in den gleichen Kreisen zu bewegen. Man erreicht das durch geduldiges Beobachten, während man sich des Atems bewußt bleibt.

4. Unter den Gedanken kommt nun das Gefühl, um das es eigentlich geht, zum Vorschein. Erleben Sie dieses Gefühl. Seien Sie Ihr Groll. Fühlen Sie ihn ganz und gar, ohne ihn jedoch auszuagieren. Bleiben Sie Ihres Atems bewußt und seien Sie eins mit Ihrem Groll.

Wenn Sie diese Technik anwenden, kann es geschehen, daß der Groll sich von selbst auflöst und sich in ein anderes Gefühl verwandelt (zum Beispiel Frieden, Mitgefühl, Gleichmut, Liebe, Heiterkeit) beziehungsweise daß Sie ein neues Verhältnis zu der Situation gewinnen. Je nach Bedarf können Sie es hierbei bewenden lassen oder einen Schritt weitergehen:

5. Konzentrieren Sie Ihre Aufmerksamkeit im Herzen (im energetischen Herzzentrum in der Mitte Ihrer Brust).

6. Setzen Sie den Verursacher Ihres Grolls im Geist vor sich hin.

7. Lassen Sie es in Ihrem Herzen hell werden (schalten Sie Licht ein) und stellen Sie eine Lichtbrücke von Herz zu Herz her. Fühlen und beobachten Sie eine Weile.

8. Versetzen Sie sich dann in Ihr Gegenüber hinein. Erleben

Überwinden Sie Ihren Groll

Sie den Vorfall (oder die Vorfälle) aus seiner/ihrer Perspektive. Fühlen Sie, wie es ist, dieser andere zu sein und die Situation als er oder sie zu erleben. Nehmen Sie Ihr eigenes Verhalten aus der Perspektive des anderen Menschen wahr.

9. Hiernach können Sie die Meditation beenden (indem Sie den anderen in Ihr Herz aufnehmen und aus Ihrem Bewußtsein entlassen) oder, je nach Wunsch, noch einen Schritt tun.

Wenn Sie weitergehen möchten:

10. Fragen Sie Ihr Herz, was es braucht, damit der Groll überwunden werden kann. Atmen Sie ruhig in Ihr Herzzentrum hinein, entspannen Sie sich und werden Sie still. Wenn eine Antwort – in welcher Form auch immer – in Ihrem Innern auftaucht, prüfen Sie, ob Sie das Gewünschte verwirklichen können beziehungsweise was Sie zu seiner Verwirklichung beitragen können. Finden Sie eine geeignete Möglichkeit, dem Wunsch Ihres Herzens zu entsprechen, und nehmen Sie sich vor, sie zu realisieren. Beenden Sie die Meditation, indem Sie den anderen Menschen in Ihr Herz aufnehmen und aus Ihrem Bewußtsein entlassen.

Taucht keine Antwort auf, und Sie haben dennoch das Gefühl, daß die Meditation abgeschlossen ist, so beenden Sie sie auf die gleiche Weise.

Dritter Teil: Meditationen zu konkreten Problemen und Bedürfnissen

11. Fühlen Sie immer noch Groll und haben keine Antwort erhalten, bitten Sie Ihr höheres Selbst, Ihnen zu helfen, den Groll zu überwinden. Das kann sofort geschehen oder einige Zeit in Anspruch nehmen; mit diesem Akt haben Sie jedenfalls den Prozeß der Auflösung in Gang gesetzt.

12. Nachdem Sie den anderen in Ihr Herz aufgenommen und aus Ihrem Bewußtsein entlassen haben, kommen Sie ganz zu sich. Werden Sie sich Ihres Körpers, Ihres Atems, Ihrer Liebe und Verantwortung für sich selbst bewußt, bevor Sie die Augen öffnen.

Manchmal ist es notwendig, vor der Meditation oder zwischen zwei Etappen der Meditation dem Groll Ausdruck zu verleihen. Schreiben Sie einen Brief, den Sie nicht abschicken werden, in dem Sie Ihren Groll ungehemmt ausdrücken. Zerreißen Sie den Brief nach der Meditation oder verbrennen Sie ihn feierlich. Sie können Ihre Wut auch in Form einer Zeichnung auf Papier bringen. Eine Freundin von mir nimmt zu diesem Zweck zwei Kohlenstifte in die Fäuste und kritzelt wild drauflos. Das soll Wunder wirken. Meditieren Sie anschließend oder setzen Sie die Meditation fort, die Sie unterbrochen haben.

Während Sie Ihren Groll ausdrücken, bleiben Sie sich bitte Ihres Atems bewußt. Geraten Sie auf keinen Fall außer sich, sondern bleiben Sie bei sich! Andernfalls kann es geschehen, daß die Emotionen aller grollenden Menschen in Ihnen ein willkommenes Ventil finden und Sie immer neue

Überwinden Sie Ihren Groll

Ausbrüche von Wut, Ärger und Haß erleben, die erst enden, wenn Sie erschöpft sind. Wann immer es gefährlich zu werden droht, konzentrieren Sie sich ganz auf Ihren Atem.

Wenn Sie noch einen Schritt weitergehen möchten, können Sie sich zum Abschluß Ihrer Groll-Auflösungszeremonie vorstellen, daß die betreffende Person sich freut. Stellen Sie sich vor, sie erhält ein wunderbares Geschenk, über das sie sich von Herzen freut. Das ist eine hervorragende Methode, um Ihr Herz zu öffnen und den Groll hinwegschmelzen zu lassen.

Die Techniken in Kurzform

Groll überwinden

Sich in einen meditativen Zustand begeben.
Körper, Emotionen, Stimmung wahrnehmen.
Sich den Groll vergegenwärtigen.
Die Gedanken wahrnehmen, die damit verbunden sind.
Das Gefühl erleben, um das die Gedanken kreisen: ganz Groll sein.
Die Meditation beenden oder fortfahren:
Sich im Herzen zentrieren.
Den Übeltäter vor sich hinsetzen.
Das Licht im Herzen einschalten und eine Lichtbrücke von Herz zu Herz herstellen.
Sich in das Gegenüber hineinversetzen.

Dritter Teil: Meditationen zu konkreten Problemen und Bedürfnissen

Die Situation und sich selbst aus seiner Perspektive wahrnehmen.

Die Meditation beenden oder fortfahren:

Ihr Herz fragen, was es braucht.

Entspannen und auf Empfang schalten.

Das höhere Selbst bitten, Ihnen zu helfen, den Groll zu überwinden.

Den Übeltäter in Ihr Herz aufnehmen und aus Ihrem Kopf entlassen.

Sich Ihres Körpers, Ihres Atems, Ihrer Liebe und Verantwortung für sich selbst bewußt werden.

Meisterschaft erlangen

> *Du wirst nur für eine kurze Weile hier sein, zu kurz, um alle Wunder dieser Welt zu erleben. Unser Tod wartet, und gerade die Handlung, die wir jetzt tun, kann unsere letzte sein. Ein Jäger zollt seiner letzten Schlacht die Achtung, die er ihr schuldet. Es ist natürlich, daß er mit seiner letzten Handlung auf Erden sein Bestes geben will … Laß jede deiner Handlungen deine letzte Schlacht auf Erden sein.*
>
> CARLOS CASTANEDA
> (Zitat von *Don Juan*)

Meisterschaft mag ein altmodischer Begriff sein. Und doch: Es gibt Zeiten in unserem Leben, in denen offenbar genau das von uns gefordert ist – etwas meistern zu lernen. Sei es etwas Bestimmtes, sei es das Leben ganz allgemein, sei es sich selbst. Es gibt andere Phasen, in denen es im Gegenteil darum geht, ein gesundes Laisser-faire zu entwickeln, einen gewissen Grad an Sichgehenlassen. Wenn Sie sich in einer

Dritter Teil: Meditationen zu konkreten Problemen und Bedürfnissen

Lebensphase befinden, in der sich Meisterschaft in Ihrer Persönlichkeit entfalten will, dann wissen Sie das, wenn Sie diese Zeilen lesen. Es existiert eine Sehnsucht in Ihnen, sich selbst und die Dinge des Lebens zu meistern. Wenn die Worte »Meisterschaft«, »Beherrschung« oder »Selbstbeherrschung« in Ihnen jedoch Ablehnung hervorrufen, dann ist es wohl nicht die richtige Zeit für die Übungen dieses Kapitels. Allerdings kann es gerade dann für Sie interessant sein, den nachstehenden Gedankengängen zu folgen. Oft haben wir nämlich völlig falsche Vorstellungen davon, was Meisterschaft bedeutet.

Infolge dieser falschen Vorstellungen neigen wir bei dem Versuch, diese Qualität zu entwickeln, dazu, uns zu verkrampfen und zu versteifen. So wird es eine nicht nur unerfreuliche, sondern auch wirkungslose Angelegenheit. Unter Umständen bewirkt es sogar das Gegenteil dessen, was beabsichtigt ist, und man gerät in Exzesse von Schlampigkeit oder wird besonders hilflos und abhängig.

Es gibt mit Sicherheit Bereiche in Ihrem Leben, in denen Sie bereits Meisterschaft entwickelt haben. Vielleicht sind Sie ein Meister oder eine Meisterin des Kochlöffels, des Autofahrens, des Maschinenschreibens oder der Erotik; vielleicht besitzen Sie Meisterschaft im Erfinden von Ausreden oder im Manipulieren. Vielleicht kennen Sie sogar die Ekstase der Meisterschaft. Ein Orchester dirigieren, wobei nicht die kleinste Note einem entgeht, bis in die Zehenspitzen durchdrungen sein von Stimmung und Absicht des Komponisten und gleichzeitig der Musiker, der Instrumente, der Partitur, des

168

Meisterschaft erlangen

Publikums, des Raumes und der Zeit bewußt; ein perfektes Rennen auf dem Nürburgring fahren; bei kurzfristiger Ankündigung von wichtigem Besuch eine unordentliche Vier-Zimmer-Wohnung in einen Hort von Harmonie und Schönheit verwandeln, während man ein fünfgängiges Essen zubereitet, seine Haare wäscht, sein Kostüm bügelt, den Hund kämmt und den Tisch deckt, und das alles innerhalb von anderthalb Stunden – nicht seufzend und hastend, sondern im Rausch der Vorfreude: Das sind Beispiele für die »Ekstase der Meisterschaft«. Wie jede Qualität ist Meisterschaft mit einer spezifischen Stimmung verbunden, und jede Stimmung gipfelt in Ekstase.

Wenn Sie die Qualität »Meisterschaft« in sich fördern möchten, tun Sie gut daran, sich Erlebnisse dieser Art zu vergegenwärtigen oder auszumalen. Wenn Sie selbst noch nichts Derartiges erlebt haben (was höchst unwahrscheinlich ist, durchforsten Sie Ihre Erinnerung noch einmal!), so haben Sie doch mit Sicherheit schon jemand anderen im Rausch der Meisterschaft handeln sehen, und sei es nur in einem Film. Ein Held inmitten einer Aktion, von deren Gelingen das Leben vieler Unschuldiger abhängt, blitzschnell, geistesgegenwärtig, mit vollkommener Selbstbeherrschung handelnd, viele Details zugleich im Auge habend … Bilder dieser Art sind es, die uns motivieren können; nicht eine verbissene Vorstellung von Disziplin und Sich-alles-verkneifen-Müssen.

Damit sind wir beim ersten Schritt der Kontemplation, die Ihnen helfen kann, diese Qualität zu entwickeln, und können in die Praxis einsteigen.

Dritter Teil: Meditationen zu konkreten Problemen und Bedürfnissen

Die Technik

1. Begeben Sie sich in einen meditativen Zustand.

2. Vergegenwärtigen Sie sich eine Szene aus Ihrem oder dem Leben eines anderen Menschen, oder malen Sie sich eine Szene aus, in der Sie im »Rausch der Meisterschaft« handeln. (Wenn es sich um einen anderen Menschen handelt, versetzen Sie sich in diesen hinein, anstatt Beobachter zu bleiben.) Fühlen Sie die hochgespannte Stimmung, die absolute Wachsamkeit, das Gefühl von Macht und Kraft, die Ekstase.

   Lassen Sie auch Ihren Körper an dieser Vorstellung teilhaben. Nehmen Sie eine entsprechende Haltung ein und lassen Sie Ihren Gesichtsausdruck sich (unmerklich, aber für Sie spürbar) verändern.

3. Projizieren Sie diese Stimmung auf reale Gegebenheiten Ihres Alltagslebens. Wählen Sie konkrete Situationen, wie sie in Ihrem täglichen Leben vorkommen, und sehen Sie sich meisterhaft handeln – als wäre genau diese Handlung Ihre »letzte Schlacht auf Erden« (Castaneda). Stellen Sie sich das konkret und lebhaft vor. Seien Sie dabei mitten im Geschehen, nicht außerhalb als Beobachter.

4. Vergegenwärtigen Sie sich Ihr Gefühl und Ihre Stimmung. Schaffen Sie sich einen Kode, der Sie im Alltag an dieses Erlebnis erinnern wird. Zum Beispiel ein Wort, einen Namen, ein Bild, eine Geste. Prägen Sie sich diesen Kode ein und suggerieren Sie sich, daß, wann immer Sie ihn im Alltag benutzen, die »Meisterstimmung« in Ihnen geweckt wird.

5. Noch in der Meisterstimmung öffnen Sie Ihre Augen, legen die Hände vor dem Herzen zusammen, atmen kräftig durch die Nase und schauen der Welt hellwach und freudig ins Gesicht.

Benutzen Sie Ihren Kode fortan, sooft es Ihnen einfällt. Er soll Sie nicht zu einer bestimmten Handlungsweise zwingen, sondern einfach eine Stimmung in Ihnen wachrufen, die Ihnen den notwendigen Schwung gibt, um meisterlich zu handeln.

Machen Sie auch weiterhin regelmäßig oder von Zeit zu Zeit die Qualität »Meisterschaft« mit ihrer besonderen Stimmung zum Gegenstand Ihrer Kontemplation. Versetzen Sie sich in die Stimmung hinein, sehen Sie sich entsprechend handeln, träumen Sie sich in Meisterschaft hinein, stellen Sie sich als Meister vor. Aber kontemplieren Sie die Qualität nur. Üben Sie keinerlei Druck auf sich aus. Es geht nicht darum, die Qualität herbeizuzwingen; es geht darum, sie zu betrachten, sich mit ihr zu beschäftigen, ihr Aufmerksamkeit zu schenken. Nicht Sie sind es, der die Qualität entwickelt, sondern die Qualität entwickelt sich durch Sie, und zwar dann, wenn es Zeit dafür ist. Sie können ihr Wachstum fördern, indem Sie ihr Anreiz und Raum zur Entfaltung geben – mehr nicht.

Wie alle Qualitäten entstammt Meisterschaft nicht unserem persönlichen Bewußtsein, sondern einer tieferen Schicht unseres Wesens. Es kann hilfreich sein, während der Zeit, in der Sie sich auf Meisterschaft konzentrieren, gleichzeitig zu

Dritter Teil: Meditationen zu konkreten Problemen und Bedürfnissen

üben, auf Ihre innere Stimme zu hören. Denn dies sind zwei Qualitäten, die einander sinnvoll ergänzen:

- Aktiv Meisterschaft ausüben und
- sich passiv führen lassen (von der inneren Stimme).

Beides zusammen ergibt müheloses und makelloses Handeln.

Die in diesem Kapitel geschilderte Technik zur Entwicklung von Meisterschaft läßt sich, sinngemäß abgewandelt, auf jede andere Qualität, deren Entwicklung Sie in sich fördern möchten, anwenden. Beispiele für Qualitäten, an denen wir auf diese Weise arbeiten können, sind Lebensfreude, Mitgefühl, Wahrhaftigkeit, Gelassenheit, Macht, Spontaneität – welche Eigenschaft auch immer Sie sich wünschen. Dieser Wunsch sollte jedoch nicht oberflächlichen, zweckgebundenen Überlegungen entspringen, sondern aus Ihrem tiefsten Innern aufsteigen. Wie Sie die Qualität herausfinden, für deren Entwicklung es gerade an der Zeit ist, wird ausführlich im Kapitel »Probleme bewältigen« (ab Seite 99) geschildert.

Die Techniken in Kurzform

Meisterschaft kontemplieren

Begeben Sie sich in einen meditativen Zustand.

Versetzen Sie sich in eine Szene hinein, in der Sie oder jemand anders im »Rausch der Meisterschaft« handeln.

Projizieren Sie die »Meisterstimmung« auf Situationen Ihres Alltags.

Schaffen Sie sich einen Kode.

Beenden Sie die Sitzung in »Meisterstimmung«.

Finden Sie Harmonie

*Unter allen Inkarnationen die unsere zu
wählen. Uns dorthin zu sehnen, wo wir
sind, und uns nach dem zu sehnen, der
wir sind – und zwar in dem Moment,
wenn wir es sind ... Und die gefährli-
chen Pfade unseres Erwachsenenalters
werden sich in Königsalleen verwandeln.*

CHRISTIANE SINGER

Leben ist Schwingung. Form, Farbe, Klang: Jede Le-
bensäußerung ist Schwingung. Man kann auch sagen: Leben
ist Musik. Wie steht es um die Sinfonie Ihres Lebens? Können Sie ihre Grundstimmung erkennen? In welcher Phase
befinden Sie sich gerade? Sind Rhythmus und Stimmung
schnell und heiter oder langsam und getragen? Herrscht im
großen und ganzen Harmonie oder Disharmonie? Empfinden Sie Mißklang? Dissonanzen, also Mißklänge, können Teil
eines insgesamt harmonischen Musikstückes sein. Ohne Dissonanzen wird ein Stück nicht nur glatt und möglicherweise

Finden Sie Harmonie

langweilig, sondern Dissonanzen ermöglichen auch den Übergang in eine neue musikalische Ebene. Mißklang ist also keineswegs grundsätzlich etwas Schlechtes oder Schädliches. Wenn Sie einigen Abstand von Ihrer derzeitigen Situation nehmen, können Sie einen Eindruck davon bekommen, wie der gegenwärtige Mißklang sich in einen harmonischen, also wohlklingenden Akkord (Zusammenklang) auflösen wird.

Mißklang kann aber auch zu einem bleibenden Zustand werden und krank machen. Dann nämlich, wenn etwas in Ihnen und in Ihrer Beziehung zu Ihrem Leben, Ihrer Umwelt, Ihren Mitmenschen oder zu Ihnen selbst aus der Ordnung geraten ist und sich beharrlich einem neuen harmonischen Zusammenfügen widersetzt. Dann wird man verquer, bockig und gereizt oder, bei entsprechend geartetem Temperament, schlapp und traurig. Oder aber man überfällt seine Mitwelt mit überraschenden Wutausbrüchen. Vielleicht stellt sich auch eine Krankheit ein: Man verrenkt sich, bekommt Magenschmerzen oder eine Blasenentzündung. Die Palette möglicher Erkrankungen ist groß, und offenbar wählt das innere Selbst jeweils diejenige aus, die am zweckdienlichsten ist: Sei es, indem der Körper es mit Hilfe der Erkrankung übernimmt, Ruhe und Ordnung wiederherzustellen; sei es, indem das Symptom Ihnen zum Erkennen und Begreifen Ihres Verhaltens dient oder dazu, daß die Mitmenschen anders mit Ihnen umgehen.

In diesem Kapitel geht es nicht um den ganz normalen, gesunden Mißklang, der sich, wenn man das Leben ge-

175

Dritter Teil: Meditationen zu konkreten Problemen und Bedürfnissen

währen läßt, von selbst in Wohlgefallen auflöst, sondern hier geht es um anhaltenden, krank machenden Mißklang.

Dieses Kapitel interessiert Sie, wenn eine der folgenden Aussagen auf Sie zutrifft:

- Sie haben das Gefühl, daß etwas mit Ihnen nicht stimmt.
- Sie sind gereizt und überempfindlich.
- Sie erwachen morgens mit schlechter Laune und haben keine Lust, dem Tag ins Gesicht zu sehen.
- Sie sind nicht in der Lage, Ihren Mitmenschen ein offenes, herzliches Lächeln zu schenken; wenn Sie es versuchen, kommt eine Grimasse dabei heraus.
- Sie geraten leicht in Streit.
- Sie sind auf Gott und die Welt böse und wissen nicht, warum … oder ähnliches.

Ich empfehle drei Schritte, die Ihnen helfen können, die Harmonie wiederzufinden:

1. Innewerden.
2. Den Wurm finden.
3. Einklang finden.

1. Innewerden

Dies sollte – wie zu Anfang dieses Buches erwähnt – bei jeder Meditation der erste Schritt sein. Hier aber ist er ganz besonders wichtig. Warum?

Finden Sie Harmonie

Wenn Sie etwas von Musik verstehen, dann wissen Sie, daß jeder Akkord (Zusammenklang) etwas ausdrückt. Auch jede unharmonische Dissonanz (Mißklang). Ein Klang hat ein Wesen, eine Essenz, drückt eine Stimmung aus, beinhaltet eine Botschaft. Nicht eine Botschaft, die sich in Worte übersetzen läßt – Sie verstehen sie unmittelbar.

Fühlen Sie den Mißklang in Ihrem Innern. Stellen Sie sich ihm. Erleben Sie ihn mit allen Fasern Ihres Seins. Versetzen Sie sich in Einklang mit Ihrer Mißstimmung. Ohne diesen ersten Schritt sind der zweite und der dritte wirkungslos. Hingegen erübrigen sich weitere Schritte möglicherweise, wenn Sie den ersten getan haben.

Es ist keine besondere Technik dazu erforderlich. Wenden Sie sich einfach nach innen und spüren Sie das Unbehagen, den Mißklang, die Mißstimmung auf. Hier geht es nicht darum, die Ursache zu finden (das kommt später). Sondern darum, das Unbehagen ganz zu erleben, intensiv und konzentriert.

2. Den Wurm finden

Um es wieder mit Musik zu vergleichen: An einem Mißklang ist nicht eine einzelne Note schuld, sondern mehrere oder alle beteiligten Noten. Denn die Dissonanz besteht darin, daß die Schwingungen der verschiedenen Noten unserem Empfinden nach nicht zusammenpassen.

Es geht also bei der Ursachenfindung nicht darum, die

Dritter Teil: Meditationen zu konkreten Problemen und Bedürfnissen

einzelne Person oder die Angelegenheit zu finden, welche der Übeltäter ist. Das Ganze muß erfaßt werden, um zu verstehen, zwischen welchen Komponenten die Dissonanz besteht. Vielleicht ist die Beziehung zu Ihrem Lebenspartner angeknackst; es kann aber auch grundsätzlich die Beziehung zum anderen Geschlecht gestört sein oder Ihre Beziehung zur gesamten Umwelt. Der Mißklang kann zwischen Ihnen und den Umständen Ihres Lebens ganz allgemein oder einem besonderen Lebensumstand bestehen. Oder aber er betrifft das Verhältnis, das Sie zu sich selbst haben: Sie mögen sich insgesamt nicht leiden; Sie mögen Ihr Verhalten in einer bestimmten Angelegenheit nicht; Sie mögen bestimmte Eigenschaften nicht, die Sie besitzen oder sich zuschreiben; Sie nehmen sich etwas übel. Vielleicht besteht die Dissonanz auch zwischen Ihnen und dem Leben selbst (Sie meinen, Sie hätten niemals inkarnieren sollen).

Nachdem Sie den Mißklang zunächst als Gefühlszustand gründlich erlebt, wahrgenommen und erforscht haben, ohne ihn gedanklich zu analysieren oder auch nur zu hinterfragen, kommt nun die Diagnose.

Die Technik
1. Begeben Sie sich in einen meditativen Zustand.
2. Vergegenwärtigen Sie sich noch einmal Ihre Mißstimmung oder Ihr Unbehagen. Versetzen Sie sich ganz in den Mißklang hinein. Fühlen Sie ihn.
3. Vertiefen und verstärken Sie Ihre Atmung, ziehen Sie Ihre Aufmerksamkeit im Solarplexusbereich oder in der

Finden Sie Harmonie

Körperzone, in der der Mißklang spürbar ist, zusammen und konzentrieren Sie sich weiterhin auf die Mißstimmung.

4. Während Sie auf diese Weise weiter fühlen und atmen, fragen Sie sich: »Was stört mich?« oder »Warum fühle ich mich so gereizt?« oder »Was macht mich wütend, verrückt, traurig, was ist es, das mich verwirrt?« und so fort. Produzieren Sie die Antwort nicht, sondern warten Sie ab, ob eine Antwort in Ihnen aufsteigt. Wenn Sie nicht auf Anhieb eine Reaktion erhalten, wiederholen Sie die Frage. Atmen Sie dann weiter in die gestörte Zone hinein und entspannen Sie sich. Wenn sich keine erkennbare Antwort einstellt, wiederholen Sie die Frage und beobachten, wie Sie auf das jeweilige Stichwort reagieren. Bei welchem Wort registrieren Sie eine Reaktion? Bei »wütend«? Lassen Sie Ihre Wut in sich aufsteigen. Fühlen Sie die Wut. Atmen Sie kräftig in sie hinein. Achten Sie darauf, welche Bilder und Gedanken im Zusammenhang mit der Wut (oder mit einem anderen Gefühl, auf das Sie stark reagiert haben) aufsteigen.

Achtung: Hier geht es nicht um Ausagieren! Wenn Ihnen nach Weinen, Schreien oder Toben ist, so tun Sie das bitte nur kurz und ganz bewußt, um sich Erleichterung zu verschaffen, kehren Sie aber gleich wieder zum Atmen und Fühlen zurück. Es geht darum, das jeweilige Gefühl einmal ganz wahrzunehmen und zu erleben, anstatt es mit Worten, Gesten oder Geräuschen gleich wieder von sich entfernen zu wollen. In den allermeisten Fällen steckt

Dritter Teil: Meditationen zu konkreten Problemen und Bedürfnissen

nämlich genau in diesem ganzen Erleben der gesuchte Schlüssel.

5. Wenn Sie Ihre Gefühle durchlebt und erkannt haben, worin der Mißklang besteht, atmen Sie noch eine Weile in Ihre Körpermitte hinein. Wenn Gedanken und Gefühle sich beruhigt haben, heben Sie Ihre Aufmerksamkeit in Ihr energetisches Herzzentrum in der Mitte der Brust. Lassen Sie dort den Atem in seinem natürlichen Rhythmus ein- und ausströmen, bis Sie sich ganz beruhigt haben.

6. Legen Sie die Handflächen vor der Körpermitte zusammen, bevor Sie die Sitzung beenden.

3. Einklang finden

Möglicherweise hat sich der Mißklang schon nach Schritt eins oder zwei in Wohlklang aufgelöst. Wenn das nicht der Fall ist, können Sie mit diesem Schritt aktiv dazu beitragen, daß Harmonie einkehrt. (Aber bitte nicht, ohne zuvor die beiden ersten Schritte unternommen zu haben.)

Diese Übung kann auch durchgeführt werden, wenn man sich nicht in einer Mißstimmung befindet, sondern sich ganz allgemein auf Harmonie einstimmen möchte. Sie ist auch für Paare und Gruppen geeignet.

Die Technik

1. Begeben Sie sich in einen meditativen Zustand.

2. Seufzen Sie tief und hörbar, je nach Bedarf drei- bis (höch-

Finden Sie Harmonie

stens!) fünfmal. Lassen Sie Kummer, Ärger, Wut, Sorgen mit den Seufzern gehen. Lösen Sie Ihre Aufmerksamkeit von allen ärgerlichen, ängstlichen und traurigen Gedanken.

3. Konzentrieren Sie Ihre Aufmerksamkeit in Ihrem energetischen Herzzentrum in der Mitte der Brust. Atmen Sie mit dem Herzen. Fühlen Sie Ihr Herz. Fühlen Sie seine Sehnsucht nach Harmonie, nach Schönheit, nach Frieden und Einklang.

4. Lassen Sie in Ihrem Geist eine Szenerie (eine Landschaft, ein symbolisches Bild, eine Szene) auftauchen, die Harmonie, Schönheit, Frieden und Einklang verkörpert. Vertiefen Sie sich in diese Szene. Seien Sie Teil dieses Bildes. Atmen Sie seine Stimmung. Entspannen Sie sich, lassen Sie sich von dieser Stimmung tragen und besänftigen, heilen und trösten.

5. Entspannen Sie sich noch tiefer. Stellen Sie sich vor, wie sich in Ihnen ein neuer, voller und schöner Wohlklang entwickelt, wie alle Zellen Ihres Körpers, alle Gefühle, alle Gedanken sich so einschwingen, daß sie harmonisch zusammenklingen. Stellen Sie sich vor, wie diese harmonische Schwingung Ihr ganzes Leben erfaßt.

6. Stellen Sie sich vor, wie die Harmonie Ihres Lebens in Einklang kommt mit der Harmonie des Lebens überhaupt.

7. Kehren Sie mit Ihrer Aufmerksamkeit in Ihr Herzzentrum zurück. Werden Sie still und passiv. Lassen Sie die Eindrücke verklingen. Genießen Sie Stille und Frieden.

8. Stellen Sie sich vor, wie der Einklang und der Frieden, den

Dritter Teil: Meditationen zu konkreten Problemen und Bedürfnissen

Sie jetzt im Innern gefunden haben, sich nach außen hin ausbreitet und Ihr ganzes Leben erfaßt. Strahlen Sie aktiv Harmonie und Frieden aus. Stellen Sie sich vor, wie die Umstände Ihres Lebens und Ihre Beziehungen sich zu einer neuen, harmonischen Ordnung gestalten. Sie müssen nicht erkennen, welche Art von Ordnung sich anbahnt, nur *daß* sich neue Ordnung anbahnt.

9. Fragen Sie sich, welche Art von Handlung notwendig ist, damit Harmonie und Frieden tatsächlich einkehren können.

10. Legen Sie Ihre Handflächen vor dem Solarplexus zusammen, bevor Sie die Sitzung beenden.

Den Bund mit dem Leben erneuern

Kontemplieren Sie den Ausspruch von CHRISTIANE SINGER, den ich diesem Kapitel vorangestellt habe:

»Unter allen Inkarnationen die unsere zu wählen. Uns dorthin zu sehnen, wo wir sind, und uns nach dem zu sehnen, der wir sind – und zwar in dem Moment, wenn wir es sind ...«

Schließen Sie einen neuen Bund mit Ihrem Leben.

Finden Sie Harmonie

Ergänzende Vorschläge

Tanzen

Tanzen Sie Ihre Gefühle. Vielleicht gibt es ein Musikstück, das Ihre Emotionen widerspiegelt. Lassen Sie die Musik erst auf sich einwirken, bevor Sie langsam beginnen, sich zu bewegen. Lassen Sie Ihren Körper Ärger, Mißmut, Trauer oder Wut in Bewegung umsetzen.

Lassen Sie Ihren Tanz rhythmisch werden.

Steigern Sie Intensität und Heftigkeit der Bewegungen, aber behalten Sie die Beherrschung. Vermeiden Sie es unter allen Umständen, in Raserei zu geraten oder Ihre Bewußtheit zu verlieren.

Lassen Sie Ihre Bewegungen nach und nach friedlicher und gleichzeitig raumgreifender und runder werden. Wählen Sie dazu eine harmonische, getragene Musik.

Lassen Sie die Bewegungen immer kleiner werden, bis sie ganz zum Stillstand kommen. Bleiben Sie still und gesammelt stehen.

Beenden Sie den Tanz, indem Sie die Handflächen vor der Brust aneinanderlegen.

Musik hören

Musik hat (jeder weiß das, und viele wissenschaftliche Untersuchungen belegen es) eine mächtige Wirkung auf Psyche und Körper. Sie kann jede Stimmung in eine andere um-

Dritter Teil: Meditationen zu konkreten Problemen und Bedürfnissen

wandeln. Für unsere Zwecke eignen sich die Orchesterwerke großer Komponisten wie BACH, BEETHOVEN, MOZART, SCHUBERT, MENDELSSOHN BARTHOLDY und so weiter.

Wählen Sie ein Orchesterwerk und hören Sie es von Anfang an bis zum Ende. Wenden Sie sich der Musik ganz zu. Tun Sie nichts anderes dabei, weder essen noch bügeln noch tanzen oder lesen. Schließen Sie die Augen, entspannen Sie sich und lassen Sie die Musik auf sich einwirken. Geben Sie sich ganz Ihrem inneren Erleben hin, den Klängen, dem Strom der Emotionen, dem Wandel der Stimmungen, den auftauchenden Bildern. Wenn die Musik zu Ende ist, bleiben Sie noch eine Weile still sitzen.

Wenn Sie diese Therapie mehrere Male anwenden möchten, bedenken Sie bitte: Innere Erlebnisse lassen sich nicht reproduzieren. Wenn Sie beim nächsten Mal dasselbe Musikstück wählen, so hören Sie es bitte mit neuen Ohren und vergessen Sie, was Sie beim ersten Mal erlebt haben. Oder wählen Sie ein anderes Stück, das Ihren momentanen Bedürfnissen mehr entspricht. Es eignen sich fast alle Sinfonien der großen Komponisten. Das Umwandeln von einer Stimmung, einer Emotion in eine andere, die Auflösung von Mißklang in Harmonie und der Übergang von einer Harmonie in eine neue über eine Dissonanz sind Elemente, die in all diesen Werken vorkommen, und die Emotionen und Stimmungen, die sie ausdrücken, sind von grundlegender, archetypischer Natur.

Das Tönen

Mit Tönen, die man selber erzeugt, kann man jede nur erdenkliche Wirkung auf den eigenen körperlich-seelischen Organismus erzielen. Ich kann Ihnen hier kein System übermitteln – das ginge über meine Kenntnis hinaus und würde außerdem den Rahmen dieses Buches sprengen. Vielmehr schlage ich Ihnen vor, einfach Ihren Impulsen zu folgen. Wenn Sie sich in einen meditativen Zustand begeben, öffnen Sie die Verbindungstüren zu Ihrem Unterbewußtsein und Ihrem wissenden höheren Selbst, und es werden ganz von selbst diejenigen Töne und Vokale in Ihnen auftauchen, die Sie im jeweiligen Augenblick brauchen, um Harmonie zu finden.

Die Technik
1. Nehmen Sie Ihre Meditationshaltung ein.
2. Vergegenwärtigen Sie sich Ihr Unbehagen, Ihre Mißstimmung. Verleihen Sie ihr stimmlichen Ausdruck. Wenn niemand zuhört – und das sollte der Fall sein –, spielt es keine Rolle, wie das klingt. Schimpfen Sie, singen Sie schrill, jammern, klagen oder seufzen Sie. Bleiben Sie aber gesammelt, geraten Sie auf keinen Fall außer sich.
3. Beenden Sie diese Phase mit zwei bis drei tiefen Seufzern.
4. Begeben Sie sich in einen meditativen Zustand.
5. Stellen Sie sich darauf ein, daß harmonisierende und heilende Töne aus Ihrem Innern aufsteigen.
6. Beginnen Sie, einen Vokal zu singen, denjenigen, der jetzt

Dritter Teil: Meditationen zu konkreten Problemen und Bedürfnissen

in Ihrem Innern aufsteigt. Wenn kein bestimmter Vokal und keine bestimmte Tonhöhe auftaucht, wählen Sie irgendeinen Ton mit irgendeinem Vokal. Singen Sie ihn. Spüren Sie, ob er Ihnen guttut. Wählen Sie einen anderen, sobald Sie fühlen, daß er Ihnen nicht oder nicht mehr guttut. Folgen Sie ganz Ihrer Eingebung. Es ist gleichgültig, wie Ihr Gesang klingt; er ist für Sie, nicht für andere gemacht. Er soll Ihnen guttun, nicht unbedingt schön klingen. Sie können alle Vokale benutzen, aber auch weiche Konsonanten wie m, n, w oder s.

7. Enden Sie, indem Sie »om« (oooommmm) singen und anschließend eine Weile still sitzen bleiben.

Malen

Ich war verstimmt. Ich hatte eine heftige Meinungsverschiedenheit mit meiner besten Freundin gehabt. Ein ansonsten liebenswerter Freund hatte überraschenderweise rassistische Bemerkungen geäußert. Als ich am selben Tag obendrein noch auf ein in der Tageszeitung veröffentlichtes Foto von Auschwitz stieß, war alles aus. Eine Verfinsterung, wie ich sie noch nie erlebt hatte, bemächtigte sich meiner. Mit einem Schlag war jeglicher Glauben an das Gute und Schöne, an Gott und die Menschheit aus meinem Gemüt verschwunden, und ich kündigte der Welt und ihrem Schöpfer meinen Dienst auf. Immerhin war ich noch in der Lage zu denken, daß man mit solch bodenlos negativer Stimmung erst recht nichts Gutes bewirken könne, aber das war mir gleichgültig.

Finden Sie Harmonie

Da stieß ich auf vier dicke Filzstifte, die ich für irgendeine Arbeit gekauft hatte: einen roten, einen blauen, einen gelben und einen grünen. Ich riß ein großes Poster von der Wand, drehte es um und begann die Rückseite mit diesen Filzstiften vollzumalen. Ich hatte noch nie zuvor gemalt oder gezeichnet. Ich malte, zeichnete und kritzelte viele Stunden lang, füllte dieses große Papier mit kleinen Figuren, Formen, Gestalten, Szenen, Landschaften und Buchstaben einer unbekannten Schrift.

Als das ganze riesige Blatt vollgemalt war, ging ich erschöpft schlafen. Im Traum belehrte mich jemand, daß das Malen mit diesen vier Grundfarben mich geheilt hätte. Tatsächlich: Als ich am nächsten Morgen erwachte, war ich voller Optimismus. Mein Glaube an die Menschheit und mein guter Wille waren wiederhergestellt.

Seitdem habe ich viele Bilder gemalt, und es sind sehr schöne darunter. Immer wieder gab das Malen mir Trost, Frieden und Freude und führte mich zu mir selbst zurück.

Es gibt Seminare für Maltherapie. Eine der verwendeten Methoden arbeitet mit der Zeit: Den Teilnehmern wird Papier und Farbe in großen Mengen zur Verfügung gestellt, und sie müssen in atemberaubend kurzer Zeit (zum Beispiel fünfzehn Minuten) atemberaubend viele Bilder malen. Durch diesen Zeitdruck werden sie daran gehindert, ihren Verstand einzuschalten und zu planen und zu zensieren.

Wie auch immer: Wenn es Ihnen sympathisch ist, Farben und Formen auf Papier oder Leinwand zu bringen, um zu einer neuen Harmonie zu finden, dann tun Sie es. Es ist eine

Dritter Teil: Meditationen zu konkreten Problemen und Bedürfnissen

ausgezeichnete Methode. Möglicherweise kommen sogar interessante Bilder dabei heraus. Aber auf die Produkte kommt es nicht an, sondern auf den Prozeß. Alle Produkte sind ja im Grunde genommen nichts als eingefrorene Momentaufnahmen von Prozessen. Malen Sie also bitte nicht um des Produkts willen; dabei käme weder ein interessanter Prozeß noch ein interessantes Produkt heraus. Sondern geben Sie sich der Tätigkeit des Malens, Kritzelns oder Zeichnens hin, ganz kindlich und ohne Rücksicht darauf, ob Sie malen können oder nicht. Jeder kann mit Stift oder Pinsel hantieren.

Vielleicht reicht es, wenn Sie Ihre Wut mit heftigen Strichen aufs Papier kritzeln; vielleicht möchten Sie den gesamten Mißklang in ein Bild verwandeln; vielleicht malen Sie eine ganze Reihe von Bildern, um am Schluß festzustellen, daß der Prozeß des Malens Sie von Mißklang zu Einklang geführt hat, ohne daß Sie dabei überhaupt an Ihre Lebenssituation gedacht haben.

Die Techniken in Kurzform

Den Wurm finden

Sich in einen meditativen Zustand begeben.
Den Mißklang fühlen.
Sich im Solarplexus zentrieren und den Atem verstärken.
Sich fragen: »Was stört mich?«

Finden Sie Harmonie

In den Solarplexus atmen, entspannen und auf Empfang schalten.
Das negative Gefühl aufspüren und erleben.
In die Körpermitte atmen, Gedanken und Gefühle sich beruhigen lassen.
Sich im Herzen zentrieren.
Mit dem Herzen atmen, bis Ruhe einkehrt.
Die Handflächen zusammenlegen.

Einklang finden

Sich in einen meditativen Zustand begeben.
Negative Gedanken und Gefühle fortseufzen.
Sich im Herzen zentrieren.
Die Sehnsucht des Herzens nach Harmonie, Schönheit, Frieden und Einklang fühlen.
Ein Bild entstehen lassen, das Harmonie verkörpert.
Sich in das Bild vertiefen.
Sich entspannen.
Sich vorstellen, wie sich neuer Wohlklang entwickelt und alles erfaßt.
Sich im Herzen zentrieren.
Stille und Frieden genießen.
Aktiv Harmonie und Frieden ausstrahlen.
Die neue, harmonische Ordnung erfühlen oder visualisieren.
Sich fragen, welche Handlung notwendig ist.
Die Handflächen vor dem Solarplexus zusammenlegen.

Dritter Teil: Meditationen zu konkreten Problemen und Bedürfnissen

Das Tönen

Sich das Unbehagen vergegenwärtigen.
Dem Unbehagen stimmlichen Ausdruck geben.
Seufzen.
Sich in einen meditativen Zustand begeben.
Sich darauf einstellen, daß harmonisierende Töne aufsteigen.
Töne mit Vokalen oder weichen Konsonanten singen, der Eingebung folgend.
Mit »om« enden.
In die Stille eintreten.

Wenn Sie unter Mangel an Zuwendung leiden

> *Wenn ihr darunter leidet, zuwenig Liebe zu bekommen, dann habt ihr das Gefäß, in dem ihr Liebe empfangen könnt zu klein gemacht. Ihr vergrößert es, indem ihr euch verschenkt. Es schrumpft, wenn ihr geizig seid.*
>
> Zitat aus *Liebe ist mehr als ein Gefühl*
> (SAFI NIDIAYE)

Sind Sie einsam und sehnen sich nach Zuwendung? Oder sind Sie mit einem Partner zusammen, der Ihnen nur wenig Zuwendung gönnt oder jedenfalls nicht soviel, wie Sie sich wünschen? Auch in einer äußerlich glücklichen und liebevollen Verbindung kann man unter Mangel an Zuwendung leiden.

Der Mangel liegt in uns selbst. Und niemand anders kann ihn beheben als wir selbst.

Gelesen und gehört hatte ich dies und ähnliches schon oft; aber ich litt trotzdem. Ich brachte es fertig, an der Seite

Dritter Teil: Meditationen zu konkreten Problemen und Bedürfnissen

eines mich hingebungsvoll liebenden und verwöhnenden Mannes an einem Mangel an Zuwendung zu leiden. Als mir das bewußt wurde, setzte ich mich hin und meditierte darüber. Dabei entdeckte ich in meiner Mitte ein gewaltiges Loch. Glücklicherweise war ich so klug, dieses Loch nicht gleich vernichten (sprich füllen) zu wollen; sondern ich nahm es erst einmal ausgiebig wahr. Ich fühlte und forschte, wie es ist, so leer und hungrig zu sein. Ich tat nichts weiter, als mich dem Mangel zuzuwenden. Nach einer Weile spürte ich, daß das Loch sich füllte. Es war, als ob aus einem überpersönlichen Reservoir, dem göttlichen Honigtopf, warme, goldene Liebe in meine Mitte floß. Danach war ich rundum zufrieden.

Nach diesem Erlebnis war ich nicht sofort vollständig kuriert. Aber etwas hatte sich verändert. Ich hatte tief in mir begriffen, was es bedeutet, sich sich selbst zuzuwenden, und was Zuwendung überhaupt heißen kann. Nach und nach verlor der Hunger nach Zuwendung von außen an Macht. Er war zunächst noch vorhanden, erwies sich aber bei näherem Hinsehen nicht mehr als aktuelle Wirklichkeit, sondern als das Echo einer früheren Realität. Ich lernte, mich immer wieder mir selbst zuzuwenden, und ich übte auch, mich anderen vollständiger zuzuwenden. Das Gefühl des Mangels ließ immer mehr nach, und gleichzeitig erhielt ich wieder mehr Zuwendung von außen.

Selbstliebe ist für viele Menschen eine der schwierigsten Angelegenheiten überhaupt. Wäre es nicht so, unsere Welt wäre freundlicher und freudvoller. Selbstliebe hat nichts mit Egoismus zu tun. Im Gegenteil – egoistischen Menschen

Wenn Sie unter Mangel an Zuwendung leiden

mangelt es an wahrer Selbstliebe. Wer sich selbst liebt, ist erfüllt und zufrieden, hat viel zu geben und braucht weder gierig noch habsüchtig zu sein.

Wie lernen Sie, sich selbst zu lieben?

Es hat nichts damit zu tun, daß Sie sich mögen. Ebenso sind jemanden mögen und jemanden lieben zwei verschiedene Dinge. Sie können sehr wohl einem Menschen, den Sie nicht mögen, mit einer Haltung der Liebe begegnen. Sie können sich sogar in einem Zustand von Liebe finden, in dem Vorlieben und Abneigungen keine Rolle spielen. Das ist nicht nur Heiligen möglich. Ich habe es selbst erlebt, wenn auch nur für kurze Zeit. Ich kann Ihnen aber versichern, daß diese kurze Zeit, während der ich mich in einem Zustand alles umschließender Liebe befand, die einzige war, in der ich mich durch und durch glücklich fühlte.

Liebe beginnt mit Selbstliebe. Wenn man sich selbst nicht liebt, kann man schwerlich jemand anderen lieben. Noch einmal: Wie lernen Sie, sich selbst zu lieben? Ich würde sagen: Indem Sie sich Ihre Wünsche erfüllen und indem Sie Ihre eigenen Gefühle und Bedürfnisse respektieren. Zum Thema »Wünsche« gehören vor allem die Wünsche aus der Tiefe, die die Triebkräfte für unsere Existenz in dieser Zeit, in dieser Welt, in diesen Körper sind. Wünsche, die die Art unserer Beschäftigungen, unsere Lebensweise, unser Engagement, unsere Ideale betreffen.

Was die Zuwendung betrifft, so meine ich damit nicht, viel Aufhebens um seine eigene Person zu machen und egozentrisch zu werden. Selbstzuwendung ist eine ganz intime An-

193

Dritter Teil: Meditationen zu konkreten Problemen und Bedürfnissen

gelegenheit, eine aufmerksame und liebevolle Haltung sich selbst gegenüber. Um einen rituellen Anfang zu machen, nehmen Sie sich reichlich Zeit, schotten Sie sich von der Mitwelt ab, schaffen Sie sich einen schönen und angenehmen Platz nach eigenem Geschmack, einen Festplatz (oder einen Altar) ganz für sich allein. An diesen Platz setzen Sie sich hin und tun nichts weiter, als sich liebevoll sich selbst zuzuwenden. Wie geht es mir? Wie fühle ich mich? Was fehlt mir? Wenn Sie bisher an einen Mangel an Zuwendung gelitten haben, wird bereits dieser erste Beginn von Selbstzuwendung Ihnen einen tiefen Seufzer, womöglich Tränen entlocken.

Und nun seien Sie für sich da. Achten Sie auf Ihre Gefühle, Bedürfnisse, Impulse. Stellen Sie sich vor, von Ihrer eigenen Gegenwart umarmt zu werden. Ruhen Sie in Ihrer eigenen Präsenz. Genießen Sie die Intimität mit sich selbst.

Das ist die ganze Übung. Alles weitere bleibt Ihnen überlassen. Vielleicht summen oder singen Sie leise vor sich hin. Vielleicht stehen Sie auf und beginnen zu tanzen, oder Sie rollen auf dem Boden herum. Vielleicht malen Sie ein Bild oder schreiben sich einen Brief. Wie auch immer: Seien Sie ganz bei sich, ganz für sich allein und ganz für sich selbst da.

In einem Erlebnis tiefer Selbstliebe lernen Sie die vollständige Liebe kennen: Lieben und Geliebtwerden zugleich, untrennbar verbunden. Sie können sich nicht in zwei Hälften spalten und sagen: Das ist die liebende Hälfte und das die geliebte. Nein, Liebende/r und Geliebte/r sind eins. Genauso verhält es sich den Mystikern zufolge mit aller Liebe.

Wer sich selbst nicht liebt, kann auch die Liebe eines an-

Wenn Sie unter Mangel an Zuwendung leiden

deren nicht wirklich empfangen. Überprüfen Sie das bitte anhand Ihrer eigenen Erfahrung, wenn Sie sich angesprochen fühlen. Ein geliebter Mensch kann uns sagen und zeigen, daß er uns liebt, oft und oft in immer neuen Ausdrucksformen, und wir können gar nicht genug davon bekommen – aber fühlen wir seine Liebe wirklich? Nehmen wir sie an? Um sie empfangen zu können, müssen wir uns selbst lieben. Sonst können wir die Liebe des anderen gar nicht in uns eindringen lassen, weil wir uns im tiefsten Innern nicht für liebenswürdig halten. Nur wenn ich mich liebe, kann ich mir auch zugestehen, geliebt zu werden.

Wie bringen Sie es nun fertig, sich selbst zu lieben, wenn Sie sich eben nicht lieben?

Mit Mögen oder Nichtmögen, das wurde schon erwähnt, hat das nichts zu tun. Auch nicht mit Nettsein. Die Vogelmutter, die ihre Jungen aus dem Nest stößt, damit sie fliegen lernen, ist nicht nett. Ihre Grausamkeit ist gleichwohl ein Akt der Liebe – der größtmögliche vielleicht.

Womit hat es also zu tun?

Liebe ist etwas, das aus Zuwendung entsteht. Je vollkommener die Zuwendung, desto größer der Raum, der für die Liebe geschaffen wird. Auf die vollständige Zuwendung sollte vollständiges Loslassen folgen. In bezug auf Ihr Selbstlieberitual: Sobald das unmittelbare, echte Erleben abgeschlossen ist, lösen Sie sich bitte davon. Beenden Sie die Zeremonie. Spüren Sie nicht nach, versuchen Sie nicht, das Erlebte festzuhalten, zu verlängern oder zu wiederholen. Das gleiche gilt übrigens für Begegnungen mit Ihrem Partner oder mit

Dritter Teil: Meditationen zu konkreten Problemen und Bedürfnissen

anderen Menschen. Wenden Sie sich dem anderen so vollkommen wie nur möglich zu, wenn es Zeit dafür ist.

Lösen Sie sich ebenso vollkommen von dem anderen Menschen und wenden Sie sich Ihren eigenen Angelegenheiten zu, wenn hierfür die Zeit gekommen ist.

Wiederholen Sie die Übung der Selbstzuwendung zu Anfang möglichst oft. Nehmen Sie sich jeden Tag, später mindestens einmal pro Woche, Zeit für sich selbst. Teilen Sie diese Zeit nur mit sich selbst und nicht mit irgendeiner Freizeitaktivität, einem Buch oder einer Schachtel Pralinen. Machen Sie es zu einem Rendezvous mit sich selbst. Erlauben Sie nicht, daß irgend etwas anderes dieses Rendezvous stört.

Apropos Buch und Pralinen: Wenn man unter einem Mangel an Zuwendung leidet, neigt man dazu, aus dem Bedürfnis heraus, sich etwas Gutes zu tun, zu Mitteln zu greifen, die das eigentliche Problem nicht lösen, aber Ersatzfunktion haben: Bücher, Pralinen, Fernsehen, Zigaretten, Alkohol – alles Dinge, die leicht süchtig machen. Anstatt sich diese Vergnügen zu verbieten, ist es wirkungsvoller, die Praxis der Selbstzuwendung zu üben. Dann findet man leichter wieder das richtige Maß.

Zum Schluß möchte ich auf einen Zusammenhang hinweisen, der mit Meditation nichts zu tun hat, aber in diesem Kapitel nicht fehlen darf: Anstatt Liebe zu erwarten, geben Sie Liebe! Nicht mit der Einstellung eines Kaufmanns, der für alles, was er gibt, den Gegenwert verlangt, sondern: Überwinden Sie den inneren Kaufmann und lieben Sie einfach. Das ist natürlich der Generalschlüssel für die Probleme, die

Wenn Sie unter Mangel an Zuwendung leiden

hier angesprochen sind. HAZRAT INAYAT KHAN schreibt dazu: »Wenn die Menschen nicht wissen, was sie wollen, so klagen sie unablässig andere an, sie nicht geliebt zu haben … Sie werden nicht gewahr, daß der Schlüssel in ihnen selbst liegt, daß in ihrem Herzen die Macht ruht, jedes andere Herz zu erschließen und zu schmelzen … Die Kraft der Güte ist in einer Kruste von Kälte eingekerkert, und diese Kruste gestattet dem Strom der Liebe nicht, aus dem Herzen hervorzubrechen. Indem man nämlich die Sympathie und das Wohlwollen *sucht* verhüllt man sein Herz und hält es davon ab. Dabei ist es unsere eigene Macht (die Macht der Liebe), die einen anderen zu unseren Füßen bringen kann.«

Liebeskummer:
Wie Meditation helfen kann

*Leben und Tod sind zwei Seiten dersel-
ben Realität. Immer wenn etwas stirbt,
wird etwas neu geboren. Wenn wichtige
Beziehungen in unserem Leben zu Ende gehen, ist es nur natürlich, daß ein
schmerzvolles Gefühl von Verlust entsteht. Gerade dann aber müssen wir unser Herz offenhalten für das Neue, das
aus der Asche des Vergangenen wachsen will.*

ATUM O' KANE

Liebeskummer ist von allen in diesem Buch angesprochenen
Problemen dasjenige, das sich am allerwenigsten für Patent-
rezepte eignet. Gäbe es eines – irgendeinen Trick, der Ihren
Liebeskummer wegzaubert –, Sie würden es womöglich gar
nicht haben wollen. Ist nicht vielleicht Ihr Kummer das einzige, das Sie mit dem/der entschwundenen Geliebten verbindet? Und ist er nicht kostbar?

Liebeskummer kann uns schwach, krank, verrückt, lebens- und arbeitsunfähig machen. Wie bei jedem Problem und Leiden kann Meditation helfen, indem sie den Prozeß der Klärung, Loslösung und Heilung in Gang setzt.

Sollten Sie jede Hoffnung verloren haben, den geliebten Menschen je wiederzusehen: In meinem Buch *Liebe ist mehr als ein Gefühl* finden Sie Botschaften aus höheren Dimensionen des Bewußtseins, in denen erklärt wird, daß letztlich kein Mensch im Universum uns je verlorengehen kann. Diese Tatsache können Sie in der Meditation erleben (auch, wenn der geliebte Mensch das Leben im physischen Körper schon beendet hat). Ich habe die Gegenwart meines Vaters und meiner Großmutter deutlich erlebt, nachdem diese gestorben waren, und viele andere Menschen hatten solche Erlebnisse. Wenn Sie sich in der Meditation darauf einstellen, können Sie Kontakt mit einem nahestehenden »Verstorbenen« aufnehmen und zumindest einen Eindruck davon bekommen, wie es ihm oder ihr geht. Sie können ihm oder ihr auch etwas mitteilen, wenn Ihnen das wichtig ist.

Dieses Kapitel ist für Menschen gedacht, die unglücklich lieben, verlassen wurden oder mit dem oder der Geliebten aus welchem Grund auch immer nicht zusammensein können oder dürfen.

Meditation kann Klarheit, Trost, Gelassenheit und ein Gefühl von Liebe und Verbundenheit schenken. Sei es, daß diese Gefühle sich sofort während der Meditation einstellen, sei es, daß ein Prozeß in Gang gesetzt wird, der dazu führt. Etwas wird immer in Gang gesetzt, wenn Sie meditieren – etwas Gutes. Denn Sie erlauben einer tiefen Schicht Ihres ei-

Dritter Teil: Meditationen zu konkreten Problemen und Bedürfnissen

genen Wesens, einer, die weiser ist als Ihr persönliches Bewußtsein, die Führung zu übernehmen.

Leiden und Probleme sind nicht einfach lästige Störungen, sondern Katalysatoren für schöpferische Entwicklungen. Überdies können sich genau die Umstände, unter denen wir gegenwärtig leiden, später als glückbringend erweisen. Und: Gefühle wandeln sich. Aus mancher rasenden Verliebtheit ist schon eine heitere Freundschaft geworden.

Worunter wir leiden, wenn unsere Liebe kein Echo findet (sei es, weil wir nicht wiedergeliebt werden, sei es, weil der Geliebte aus unserem Blickfeld verschwunden ist), ist nicht die Liebe, sondern das Begehren, das Habenwollen. Man kann sich nicht zwingen, nicht haben zu wollen, was man haben will. Aber man kann sich hinsetzen und sich zur Wahrheit seines Lebens bekennen. Man kann Freundschaft schließen mit dem, was ist, und beschließen, dem Leben trotz allem zu vertrauen. Schließlich ist es mein Leben – warum sollte es sich gegen mich richten?

Vertrauen hilft. Setzen Sie Ihr Vertrauen nicht in etwas Bestimmtes – etwa: Ich vertraue ganz fest darauf, daß er/sie wiederkommt –, sondern vertrauen Sie *überhaupt*. So schaffen Sie Raum dafür, daß die Dinge sich optimal entwickeln.

Und dann, was mehr als alles andere hilft – ist Liebe. Drei Jahre lang versuchte ich vergeblich, mich von einer unglücklichen Verliebtheit zu befreien. Erst als mich eines Tages wirkliche, also selbstlose Liebe überfiel und ich begriff, daß ich dem Objekt meiner Anbetung schwerlastend im Nacken saß

– erst da geschah der Durchbruch, der zur Befreiung führte. Ein Lied hatte mir dazu verholfen, das mir morgens beim Aufwachen eingefallen war (ich bin auch Sängerin und Liedermacherin). Sein Refrain lautet: »*Out of love to him I stopped loving him.*« (Aus Liebe zu ihm hörte ich auf, ihn zu lieben.)

Was die Meditation zu diesem Kapitel betrifft: Eigentlich gibt es keine Technik. Setzen Sie sich hin und schauen Sie, was geschieht. Wenn Sie traurig sind, klagen Sie Ihr Leid. Und dann beruhigen Sie sich und warten Sie ab.

Einige Anhaltspunkte für so etwas wie eine Technik kann ich Ihnen nachfolgend geben:

Akzeptieren

Das ist immer der erste Schritt, ohne ihn geht es nicht.

Die Technik
1. Begeben Sie sich in einen meditativen Zustand.
2. Vergegenwärtigen Sie sich die Situation. Fühlen Sie Ihren Kummer, Ihre Sehnsucht, Ihre Trauer, Ihre Enttäuschung. Erlauben Sie Ihren Gefühlen zu sein. Schieben Sie sie nicht weg, aber lassen Sie sich auch nicht von ihnen davontragen. Nehmen Sie sie wahr und erleben Sie sie. Kehren Sie mit Ihrer Aufmerksamkeit immer wieder zu Ihrem Atem zurück. Schwimmen Sie nicht auf Erinnerungen oder Zukunftsprojektionen davon; dies ist nicht der richti-

Dritter Teil: Meditationen zu konkreten Problemen und Bedürfnissen

ge Zeitpunkt dafür. Seien Sie ganz gegenwärtig und fühlen Sie, was Sie fühlen.

3. Akzeptieren Sie Ihr Leid als Ihr eigenes. Sie können sich gewissermaßen in Ihrem Leid zurücklehnen wie in einem Lehnstuhl. Entspannen Sie sich, nehmen Sie es an. Es gehört Ihnen. Ihr Leben ist Ihr Königreich; jetzt ist es Nacht in diesem Reich. Es ist Ihre Nacht. Erleben Sie sie. Wenn Sie das wirklich fertigbringen, können Sie mitten in der dunkelsten Nacht Trost und Frieden finden.

4. Damit können Sie es erst einmal genug sein lassen.

Beenden Sie die Meditation und versuchen Sie, das Thema ruhen zu lassen. Vieles wandelt sich ganz von selbst. Vertrauen Sie sich dem Fluß Ihres Lebens an. Lassen Sie Gott ausreden, wie PRENTICE MULFORD sagte.

Klarheit schaffen

Vielleicht hat sich schon durch das Hineinfühlen und Annehmen Klarheit in bezug auf die innere und äußere Situation eingestellt. Klarheit bedeutet, daß Sie wissen, ob Sie die Beziehung als abgeschlossen betrachten können oder, im Gegenteil, sich bewußt dazu bekennen, sie (und sei es nur innerlich) aufrechtzuerhalten, so leidvoll das auch sein mag; daß Sie fühlen, wie es um den anderen steht; daß Sie Sinn und Hintergründe der Situation erkennen oder zumindest ahnen.

Wenn Sie aktiv dazu beitragen möchten, mehr Klarheit zu schaffen, empfehle ich nachfolgende Techniken.

Wenn Sie sich über Ihre eigenen Gefühle klarwerden wollen

Die Technik
1. Begeben Sie sich in einen meditativen Zustand.
2. Konzentrieren Sie Ihre Wahrnehmung im Solarplexusbereich in Ihrer Körpermitte. Atmen Sie dort hinein und fühlen Sie Ihren emotionalen Zustand und Ihre Stimmung. Denken Sie an die geliebte Person und fühlen Sie weiter.
3. Heben Sie Ihre Aufmerksamkeit ins Herzzentrum. Fühlen Sie, beobachten Sie, nehmen Sie wahr, was geschieht, während Sie mit dem Herzen atmen.
4. Fragen Sie sich: Möchte ich frei sein und diese Beziehung loslassen? Stellen Sie sich vor, Sie wären frei; befreit von den Emotionen, die Sie an die andere Person binden; befreit von Erinnerung und Leid; befreit von banger Hoffnung. Sie sind frei, um zu neuen Ufern aufzubrechen. Ein neues Leben liegt vor Ihnen, das Ihnen ganz allein gehört. Neuschnee. Stellen Sie sich das bitte in aller Deutlichkeit vor. Sehen Sie es nicht als Film vor Ihren Augen ablaufen, sondern seien Sie mittendrin. Erleben Sie sich als frei.
5. Stellen Sie sich als nächstes vor, durch Ihre Gefühle und Erinnerungen weiterhin an diese Person gebunden zu

Dritter Teil: Meditationen zu konkreten Problemen und Bedürfnissen

sein. Stellen Sie sich eine Zukunft unter dieser Bedingung vor und erleben Sie sich darin. Wie fühlen Sie sich?

6. Bei welcher Vorstellung haben Sie sich erleichtert gefühlt? Lassen Sie Ihren Verstand, Ihre Urteile, Ihre Vorstellung von dem, was richtig wäre, aus dem Spiel. Fühlen Sie nur. Bei welcher Vorstellung kommt Freude und Erleichterung auf?

Wie immer das Ergebnis aussieht: Es ist Ihre augenblickliche Wahrheit. Machen Sie sich diese Wahrheit bewußt, akzeptieren Sie und beschließen Sie, dazu zu stehen, mit allen Konsequenzen.

Wenn Sie sich über Hintergründe und Sinn der Situation klarwerden wollen

Die Technik

1. Begeben Sie sich in einen meditativen Zustand.
2. Vergegenwärtigen Sie sich die Situation. Vergegenwärtigen Sie sich Ihre Emotionen. Fühlen Sie, was Sie fühlen.
3. Setzen Sie im Geist den/die Geliebte/n vor sich hin. Nehmen Sie wahr, was Sie fühlen.
4. Wenn Sie den Wunsch danach verspüren, drücken Sie Ihre Gefühle aus. Sie können beispielsweise zu Papier und Stift greifen (wobei die Sitzung nicht beendet, sondern nur unterbrochen wird) und einen Brief schreiben, der nicht zum Abschicken gedacht ist. Teilen Sie dem betreffenden Menschen alles mit, was Sie ihm immer schon mitteilen

Liebeskummer: Wie Meditation helfen kann

wollten, frei von Zensur, ohne Rücksicht auf Wirkung, weil Sie den Brief ja nicht abschicken werden. (Vernichten Sie ihn nach der Meditation.)

5. Legen Sie das Papier zur Seite, schließen Sie die Augen und entspannen Sie sich.

6. Lösen Sie sich von der Situation, indem Sie sich erheben und im Geist ins Freie fliegen. Werfen Sie mit jedem Ausatmen Ballast ab – Trauer; Schwere, Erinnerungen – und richten Sie sich mit jedem Einatmen mehr auf, mit der Vorstellung, sich aus alledem zu erheben. Fliegen Sie ins Freie. Entschweben Sie der Situation. Gewinnen Sie ein Gefühl von Höhe, Abstand, Leichtigkeit, Freiheit. Genießen Sie es.

7. Erst wenn Sie dieses Gefühl ausgiebig genossen haben, blicken Sie auf Ihre Lebenssituation zurück, auf den gegenwärtigen Stand Ihrer Beziehung zu dem betreffenden Menschen. Lassen Sie nicht zu, von der Schwerkraft in die Situation hinuntergezogen zu werden; beobachten Sie sie aus der Höhe, mit großem Abstand. Bleiben Sie Ihres Atems bewußt und beobachten Sie, was geschieht. Stellen Sie sich darauf ein, einen Eindruck von der Situation zu bekommen, von ihren Hintergründen, ihrem Sinn. Vielleicht entdecken Sie auch so etwas wie einen Zweck. Vielleicht entdecken Sie aber auch nichts weiter als Ihre Unabhängigkeit von der Situation – was vielleicht das Wertvollste ist, das Sie entdecken können.

8. Verankern Sie Ihr Erlebnis gut in Ihrem Bewußtsein, bevor Sie die Meditation beenden. Erwarten Sie nicht von sich,

Dritter Teil: Meditationen zu konkreten Problemen und Bedürfnissen

fortan ständig im Zustand dieser Erkenntnis zu bleiben und völlig frei von Leid und Kummer zu sein. Das kann geschehen, ist aber nicht die Regel. Was Sie jedoch mit Recht erwarten können, ist, daß die gewonnene Erkenntnis sich von nun an in Ihrer Psyche und Ihrem Leben auszuwirken beginnt und Früchte trägt.

Mit den Augen des Herzens sehen

Dies ist eine Alternative zur soeben geschilderten Methode. Sie können beide ausprobieren oder diejenige Technik wählen, die Ihnen sympathischer ist.

Die Technik
1. Begeben Sie sich in einen meditativen Zustand.
2. Konzentrieren Sie Ihre Aufmerksamkeit im Solarplexusbereich. Fühlen Sie in Ihre Körpermitte hinein: Ihre Emotionen, Ihre Empfindungen, Ihre Stimmung, Ihren körperlichen Zustand.
3. Denken Sie an die Situation, um die es geht. Vergegenwärtigen Sie sich die Lage und Ihre Gefühle sehr deutlich und ohne in Beurteilung, Erinnerung und Zukunftsprojektion auszuweichen. Es geht um die Gegenwart, um das, was jetzt ist. Wie fühlt es sich an? Denken Sie nicht darüber nach, sondern fühlen Sie.
4. Ziehen Sie Ihre Aufmerksamkeit nun ein Stück höher im Herzzentrum in der Mitte Ihrer Brust zusammen. Fühlen Sie Ihr Herz. Schalten Sie im Geist darin das Licht ein.

Lassen Sie es in Ihrem Herzen ganz hell werden. Fühlen Sie Wärme und Licht.

5. Richten Sie nun einen Lichtstrahl aus dem Herzen wie einen Scheinwerfer auf die Situation, um die es geht. Stellen Sie sich vor, daß das Herz Augen hat (das ist mehr als ein bloßes Sinnbild!). Schauen Sie mit den Augen des Herzens auf die Situation. Beobachten Sie, was geschieht. Wahrscheinlich gewinnen Sie nun einen Eindruck, der überraschend anders ist als Ihre gewöhnliche Wahrnehmung, und Ihnen wird etwas sehr Bedeutsames und Erleichterndes oder Tröstliches offenbar.

6. Verankern Sie diesen Eindruck gut in Ihrem Bewußtsein, bevor Sie die Meditation beenden.

7. Legen Sie die Handflächen vor dem Herzen aneinander.

Die Verbindung spüren

Ob eine Beziehung rund und abgeschlossen ist oder noch nicht vollendet; ob sie aktiv ist oder schlummert; ob sie nur eine Fiktion ist, genährt aus Erinnerungen und Vorstellungen, oder eine aktuelle Realität: Das läßt sich fühlen. Dieses intuitive Wissen ist eigentlich immer vorhanden. Es kann aber verborgen sein. Meditation hilft Ihnen, es aufzudecken.

Wenn Sie also aus der Entfernung Verbindung mit dem geliebten Menschen aufnehmen möchten und fühlen, wie es um die Beziehung steht und wie es ihm oder ihr geht, dann empfehle ich folgende Meditation:

Dritter Teil: Meditationen zu konkreten Problemen und Bedürfnissen

Die Technik

1. Begeben Sie sich in einen meditativen Zustand.
2. Konzentrieren Sie Ihre gesamte Aufmerksamkeit im Herzen, das heißt, im energetischen Herzzentrum in der Mitte Ihrer Brust. Fühlen Sie Ihr Herz. Schalten Sie im Geist das Licht im Herzen ein. Lassen Sie es warm und hell werden.
3. Vergegenwärtigen Sie sich die andere Person. Lassen Sie ein Bild oder einen klaren gefühlsmäßigen Eindruck von ihr in Ihrem Bewußtsein auftauchen.
4. Stellen Sie eine Brücke von Ihrem Herzen zum Herzen des anderen her, am besten in Gestalt eines Lichtstrahls.
5. Entspannen Sie sich. Halten Sie Ihr Herzzentrum, den Lichtstrahl und die Präsenz des anderen Menschen im Bewußtsein, und machen Sie sich passiv. Atmen Sie ruhig und entspannt. Machen Sie Ihren Geist leer und empfänglich, wenn Sie Informationen erhalten möchten – einen Eindruck von dem, was der andere fühlt, einen Eindruck vom Zustand der Beziehung.

   Machen Sie sich jedoch aktiv; wenn Sie dem anderen Liebe und gute Wünsche schicken möchten (auf dem Lichtstrahl, der vom Herzen ausgeht).
6. Beenden Sie die Meditation, indem Sie den anderen in Ihr Herz aufnehmen und aus Ihrem Kopf entlassen. Kommen Sie ganz zu sich, bevor Sie die Augen öffnen.

Der Kontakt kann auf Anhieb stattfinden; es kann aber auch sein, daß Sie einige Übung in Meditation brauchen, um ihn fühlen zu können. Es funktioniert nicht, wenn Sie es nicht schaffen, sich wirklich auf die Ebene des Herzens (wo reine Liebe herrscht) zu begeben, sondern im schmerzhaften Krampf des Unbedingt-haben-Wollens gefangen sind. Wenn dies der Fall ist, wiederholen Sie bitte die zuvor geschilderten Schritte, bevor Sie den Herz-zu-Herz-Kontakt erneut aufnehmen.

Befreiung durch Liebe

Liebe befreit von Liebeskummer. Liebe ist eher ein Zustand als eine Emotion. Wenn Sie in diesen Zustand eintauchen, sind Sie frei von Begehren. Sie möchten den anderen nicht besitzen, sondern Sie lieben ihn; Sie fühlen mit ihm und wünschen ihm das Allerbeste, was auch immer es sei. Das ist natürlich nur eine blasse Beschreibung von Liebe, aber sie gibt Anhaltspunkte für das, was hier gemeint ist.

Natürlich können Sie diesen Zustand nicht herbeizwingen und auch nicht herbeimeditieren. Sie können aber durch Meditation Raum für ihn schaffen, sich auf ihn einstellen und sich von dem lösen, was ihm im Wege steht. Liebe ist auf dem Grunde unseres Fühlens immer vorhanden; man muß sie nicht erzeugen. Sie ist der eigentliche Hintergrund all unserer Emotionen – einschließlich der negativen.

Bevor Sie mit der nun folgenden Meditation beginnen, sollten Sie sich mit Musik einstimmen. Wählen Sie ein Musikstück, das Ihr Herz und Ihre Seele tief berührt; nicht eines, das Sie sentimental macht, sondern eines, das die allerhöch-

Dritter Teil: Meditationen zu konkreten Problemen und Bedürfnissen

sten und besten Gefühle in Ihnen mobilisiert. Für mich ist dafür FELIX MENDELSSOHN BARTHOLDYS *Violinkonzert in e-Moll,* op. 64, 1. und 2. Satz, ein gutes Beispiel; ferner der 3. Satz von LUDWIG VAN BEETHOVENS *Neunter Sinfonie;* einige *Klarinettenkonzerte* von WOLFGANG AMADEUS MOZART und das »Kyrie« aus der *h-Moll-Messe* von JOHANN SEBASTIAN BACH.

Es geht auf jeden Fall um eine Musik, die in Ihnen die schönsten und besten Gefühle weckt, Sie berührt und inspiriert. Hören Sie diese Musik nicht nur mit den Ohren, sondern mit dem Herzen und mit dem Körper.

Die Technik

1. Lassen Sie die Musik nachwirken. Begeben Sie sich in einen meditativen Zustand. Konzentrieren Sie Ihre Aufmerksamkeit dabei im Herzzentrum in der Mitte Ihrer Brust und werden Sie ganz still.
2. Setzen Sie Ihre/n Geliebte/n im Geist vor sich hin und nehmen Sie Kontakt von Herz zu Herz auf, indem Sie aus Ihrem Herzen einen Lichtstrahl zum Herzen des anderen schicken.
3. Fühlen Sie die Stimmung, die Gefühle, den Zustand des anderen. Fühlen Sie sein Herz.
4. Lösen Sie sich von der Stimmung des Herzens und lassen Sie sich in die Stimmung der Seele hinauftragen, in eine höhere Dimension Ihres Wesens. Stellen Sie sich vor, daß durch Sie beide, durch Ihre Herzen und Ihr ganzes Sein, eine kosmische Emotion wirkt. Das Universum hat in Ih-

Liebeskummer: Wie Meditation helfen kann

nen und in dem anderen individuelle Gestalt angenommen. Fühlen Sie die Sehnsucht, die dazu geführt hat. Sehnsucht nach Ausdruck, Sehnsucht nach Manifestation, Sehnsucht, etwas Schönes und Einmaliges zu schaffen. Es ist die Emotion hinter der persönlichen Emotion. Man kann sie »kosmisch« oder auch »transpersonal« nennen. Mystiker sprechen von der göttlichen Sehnsucht nach Manifestation. Sie können sie fühlen. Sie können ihre Spuren erkennen in der Schönheit der Natur, in der Stimmung eines Sonnenuntergangs, im Anblick des Sternenhimmels, in großer Musik und anderen inspirierten Kunstwerken, in jedem Menschen, den man liebt, in Ihnen selbst. Kontemplieren Sie diese Gedanken und Bilder. Lassen Sie Landschaften in Ihrem Geist auftauchen, die Sie durch ihre Schönheit berühren, Menschen, die Sie zum Besten und Schönsten inspirieren.

5. Kehren Sie inspiriert, berührt und voller Liebe zum Gewahrsein Ihres/Ihrer Geliebten zurück. Sehen Sie ihn oder sie sich in Freiheit entfalten gemäß seinen/ihren eigenen inneren Gesetzen. Freuen Sie sich daran, daß dieses Leben auf seinen eigenen Pfaden voranschreitet. Freuen Sie sich an seiner Einmaligkeit und Freiheit.

6. Beenden Sie die Meditation, indem Sie den anderen in Ihr Herz aufnehmen und aus Ihrem Kopf entlassen. Wünschen Sie ihm und sich selbst das Allerbeste und kommen Sie wieder zu sich.

Dritter Teil: Meditationen zu konkreten Problemen und Bedürfnissen

Die Ernte einfahren

Es ist schwer, sich von einer Erfahrung zu lösen, wenn man nicht ganz bewußt ihre Essenz in sich aufgenommen hat. Das ist das, was von allen Begegnungen, Ereignissen und Erlebnissen bleibt: die Essenz. Die Essenz einer Sache in sich aufnehmen heißt, sie zu verewigen. Haben Sie ihr Wesen in Ihrem Innern verewigt, können Sie die äußere Form leichter loslassen.

Die Technik

1. Begeben Sie sich in einen meditativen Zustand.
2. Vergegenwärtigen Sie sich Ihre Begegnung(en) oder Beziehung mit dem Menschen, den Sie unglücklich lieben. Betrachten Sie, was Sie von diesem Menschen oder durch diese Begegnung gelernt haben, was Sie inspiriert hat und in welcher Weise Ihre Persönlichkeit bereichert wurde. Nehmen Sie die Essenz dieser Lektionen, Erfahrungen und Qualitäten tief in Ihr Wesen auf (das können Sie mit dem Einatmen verbinden).
3. Konzentrieren Sie Ihre Aufmerksamkeit in Ihrem energetischen Herzzentrum in der Mitte Ihrer Brust. Vergegenwärtigen Sie sich von neuem Ihre Begegnung oder Beziehung mit dem geliebten Wesen. Sehen Sie sie diesmal als Ganzes, etwa wie eine Blume, und nehmen Sie die Essenz dieses Ganzen wie den Duft einer Blüte in Ihr Herz auf (das können Sie mit dem Einatmen verbinden). Wenn Sie die Essenz tief in sich eingesogen haben, entlassen Sie die

Liebeskummer: Wie Meditation helfen kann

Erinnerung an die Begegnung oder Beziehung aus Ihrem Kopf.

4. Immer noch im Herzen zentriert, vergegenwärtigen Sie sich den Menschen, den Sie lieben, und nehmen sein Wesen in Ihr Herz auf. Entlassen Sie ihn anschließend aus Ihrem Kopf.

5. Kommen Sie ganz zu sich selbst zurück, bevor Sie die Meditation beenden.

Die Techniken in Kurzform

Akzeptieren

Sich in einen meditativen Zustand begeben.
Sich die Situation vergegenwärtigen und fühlen, was man fühlt.
Das Leid akzeptieren.
Entspannen.

Klarheit schaffen

Die eigenen Gefühle klären
Sich in einen meditativen Zustand begeben.
Sich im Solarplexus zentrieren.
An die geliebte Person denken und die damit verbundenen Emotionen wahrnehmen.
Sich im Herzen zentrieren. Wahrnehmen.

213

Dritter Teil: Meditationen zu konkreten Problemen und Bedürfnissen

Sich vorstellen, frei zu sein.

Sich vorstellen, gebunden zu bleiben.

Bei welcher Vorstellung taucht Freude und Erleichterung auf?

Die Wahrheit akzeptieren.

Hintergründe und Sinn der Situation klären

Sich in meditativen Zustand begeben.

Sich die Situation vergegenwärtigen und fühlen, was man fühlt.

Den anderen vor sich hinsetzen und Gefühle wahrnehmen.

Gefühle ausdrücken.

Sich entspannen.

Ballast abwerfen und Höhe gewinnen.

Höhe, Abstand, Leichtigkeit und Freiheit genießen.

Auf die Situation zurückblicken.

Einen Eindruck von ihren Hintergründen und ihrem Sinn erhalten.

Verankern.

Mit den Augen des Herzens sehen

Sich in einen meditativen Zustand begeben.

Sich im Solarplexus zentrieren. Fühlen, was man fühlt.

Sich die Situation vergegenwärtigen. Fühlen, was man fühlt.

Sich im Herzen zentrieren und dort das Licht einschalten.

Einen Scheinwerfer aus dem Herzen auf die Situation richten.

Beobachten, was geschieht.

Liebeskummer: Wie Meditation helfen kann

Verankern.

Die Handflächen vor dem Herzen aneinanderlegen.

Die Verbindung spüren

Sich in einen meditativen Zustand begeben.

Sich im Herzen zentrieren. Das Licht einschalten.

Sich die andere Person vergegenwärtigen.

Eine Lichtbrücke von Herz zu Herz herstellen.

Sich entspannen und passiv machen: auf Empfang schalten.

Oder: Sich aktiv machen, um Gutes zu schicken (auf Sendung schalten).

Den anderen ins Herz aufnehmen und aus dem Kopf entlassen.

Zu sich kommen.

Befreiung durch Liebe

Sich mit Musik einstimmen.

Die Musik in der Stille nachwirken lassen.

Sich in einen meditativen Zustand begeben.

Sich im Herzen zentrieren.

Den anderen vor sich hinsetzen.

Lichtbrücke von Herz zu Herz.

Das Herz des anderen fühlen.

Sich in die Stimmung der Seele hinauftragen lassen.

Die kosmische Sehnsucht fühlen, die Sie beide und das ganze Universum geschaffen hat.

Dritter Teil: Meditationen zu konkreten Problemen und Bedürfnissen

Ihre Spuren kontemplieren.

Inspiriert und voller Liebe zum Gewahrsein der geliebten Person zurückkehren.

Sich an der Einmaligkeit und Freiheit des anderen freuen.

Den anderen in Ihr Herz aufnehmen und aus Ihrem Kopf entlassen.

Ihm und Ihnen das Beste wünschen.

Die Ernte einfahren

Sich in einen meditativen Zustand begeben.

Sich die Beziehung oder Begegnung(en) vergegenwärtigen.

Kontemplieren, was man erhalten und gelernt hat.

Die Essenz des Empfangenen in sich aufnehmen.

Sich im Herzen zentrieren.

Die Essenz der Beziehung ins Herz aufnehmen.

Die Erinnerung an die Vergangenheit aus dem Kopf entlassen.

Das Wesen des geliebten Menschen ins Herz aufnehmen.

Den anderen aus dem Kopf entlassen.

Zu sich kommen.

Beziehungen verbessern

Eine Beziehung ist wie ein Garten. Wenn der Garten erblühen soll, muß er regelmäßig bewässert werden. Besondere Sorgfalt erfordert der Wechsel der Jahreszeiten und die Unbilden des Wetters. Neue Saat muß in die Erde gebracht und unerwünschte Kräuter und Pflanzen gejätet werden ...

JOHN GRAY

Vieles von dem, was in anderen Kapiteln gesagt wurde, bezieht sich auf menschliche Beziehungen. Wenn Sie den Wunsch haben, Ihre Beziehung zu Ihrem Partner oder einem anderen nahestehenden Menschen zu verbessern oder zu heilen, so prüfen Sie bitte erst, welche der übrigen Kapitel auf Ihre Situation zutreffen, bevor Sie sich diesem Kapitel zuwenden. Was an anderer Stelle gesagt wird (zum Beispiel in bezug auf Schuldgefühle und Groll), wird hier nicht wiederholt.

Wenn Sie alleine mit Hilfe der Meditation an der Verbes-

Dritter Teil: Meditationen zu konkreten Problemen und Bedürfnissen

serung Ihrer Beziehung arbeiten möchten, ist das natürlich etwas anderes, als wenn Sie die Möglichkeit haben, es gemeinsam mit Ihrem Partner zu tun. Gemeinsam lassen sich umfassendere Veränderungen einleiten als alleine. Dennoch: Auch alleine können Sie viel bewegen. Wenn Sie selbst sich verändern, verändert sich die ganze Lage. Ihr Partner muß sich auf die gewandelte Situation in irgendeiner Weise einstellen, auch wenn Sie Ihre Meditation geheimhalten. Ohnehin ist es nicht ratsam, einen Menschen, der nicht meditiert, mit den Erlebnissen und Ergebnissen eigener Meditation und Kontemplation zu konfrontieren. Man läuft Gefahr, die Kraft, die man durch die Meditation gewonnen hat, wieder zu verlieren, wenn man davon erzählt; man setzt seine intimsten, heiligsten Erlebnisse der Kritik aus, möglicherweise werden sie sogar lächerlich gemacht. Und vor allem kann man das, was man erlebt oder erkannt hat, so gut wie überhaupt nicht in zufriedenstellender Weise mitteilen.

Ihr Partner hat also nicht nur nichts von Ihren Erzählungen, sondern fühlt sich möglicherweise sogar herabgesetzt, minderwertig oder ist eifersüchtig, weil er keine solche wunderbaren Erlebnisse hat. Bitte überreden Sie Ihren Partner auch nicht dazu, gemeinsam zu meditieren. Wenn es Ihnen sinnvoll erscheint, schlagen Sie es vor, lassen Sie ihn aber jedenfalls frei entscheiden. Es muß keineswegs jeder Mensch von den Segnungen der Meditation überzeugt werden. Es gibt Menschen, für die Meditation nicht geeignet ist; manche verfolgen ganz andere Zwecke im Leben. Es gibt auch Menschen, die von allein und auf ganz natürliche Weise meditie-

Beziehungen verbessern

ren, ohne die Beine zu kreuzen und zu sagen: »Ich meditiere.« Und es gibt Menschen, die keine Meditation brauchen. Mancher verwirklicht das, was wir mühsam durch disziplinierte Meditationsübungen zu erreichen suchen, ganz mühelos auf anderen Wegen. Schließlich geht es nicht um die Technik der Meditation an sich; es geht um Wahrheit, Liebe, Leben, Erkenntnis, um Erfüllung, Entfaltung und Verwirklichung; es geht darum, ein vollständigerer, glücklicherer und besserer Mensch zu werden, mit anderen Worten: mehr Sie selbst zu sein. Es geht um das Abenteuer des Lebens und darum, daran mitzuwirken, »eine wunderbare Welt mit wunderbaren Menschen zu schaffen«, wie der Meditationslehrer PIR VILAYAT KHAN schreibt.

Die Techniken der Meditation und Kontemplation sind wunderbare Mittel, um all dies zu erreichen; aber nur für Menschen, denen diese Mittel sympathisch sind.

Wenn Sie und Ihr Partner beide meditieren und an einer Verbesserung der Beziehung auf diesem Wege interessiert sind, empfehle ich, daß jeder täglich alleine meditiert und daß Sie darüber hinaus regelmäßig (in einem Rhythmus, den Sie gemeinsam festlegen) gemeinsam meditieren; und zwar nicht nebeneinander, sondern einander gegenübersitzend und aufeinander bezogen (»Face-to-face-Meditation«).

Der nun folgende Vorschlag für die Meditation alleine ist sowohl geeignet, wenn Sie als einzige(r) auf diese Weise an der Verbesserung der Beziehung arbeiten, als auch für den Fall, daß beide Partner meditieren.

Dritter Teil: Meditationen zu konkreten Problemen und Bedürfnissen

Allein meditieren

Wenn es ein konkretes Beziehungsproblem gibt, betrachten Sie bitte zunächst dieses (siehe Kapitel »Probleme bewältigen«, ab Seite 99). Wenn es sich um eine Frage von Schuld oder Groll handelt, wenden Sie bitte zuerst die Techniken an, die in den Kapiteln über Schuldgefühle (ab Seite 145) und Groll (ab Seite 158) geschildert sind. Anschließend oder ansonsten:

Die Technik
1. Begeben Sie sich in einen meditativen Zustand.
2. Fühlen Sie sich, Ihren Körper, Ihre Emotionen, Ihre Stimmung.
3. Konzentrieren Sie Ihre Aufmerksamkeit in Ihrer Körpermitte, im Solarplexusbereich. Atmen Sie in diese Zone hinein. Beobachten Sie, was dort geschieht, während Sie dort hineinatmen und an Ihren Partner denken. Was auch immer nun in Ihren Gedanken und Gefühlen und in Ihrem Körper passiert: Nehmen Sie es wahr, bleiben Sie aber auf Ihren Atem konzentriert. Lassen Sie mit dem Atem alle Gefühle, die Sie in der gegenwärtigen Situation in bezug auf Ihren Partner hegen, aufsteigen. Beobachten Sie die damit verbundenen Gedanken.
4. Konzentrieren Sie Ihre Aufmerksamkeit in Ihrem energetischen Herzzentrum in der Mitte der Brust. Fühlen Sie Ihr Herz. Schalten Sie im Geist das Licht darin ein, lassen Sie es hell und warm werden.

Beziehungen verbessern

5. Setzen Sie in Ihrer Vorstellung Ihren Partner vor sich hin. Stellen Sie eine Lichtbrücke von Herz zu Herz her.
6. Halten Sie diese Brücke. Atmen Sie, fühlen Sie, beobachten Sie, was geschieht. Halten Sie nach nichts Bestimmten Ausschau, sondern erleben Sie das, was ist.
7. Von diesem Punkt an überlassen Sie es Ihrer Eingebung, wie Sie fortfahren. Halten Sie lediglich den Kontakt von Herz zu Herz und bleiben Sie Ihres Atems gewahr, während Sie dem Fluß des inneren Geschehens folgen.
8. Beenden Sie die Meditation, indem Sie Ihre Beziehung segnen und Ihr höheres Selbst bitten, sie zu harmonisieren, zu heilen, zu erneuern, zu verbessern oder zu vertiefen – je nachdem, was not tut.
9. Nehmen Sie Ihren Partner in Ihr Herz auf und entlassen Sie ihn aus Ihrem Kopf. Kommen Sie ganz zu sich. Legen Sie die Handflächen vor dem Herzen zusammen, bevor Sie die Augen wieder öffnen.

Gemeinsam meditieren

Die Technik
1. Setzen Sie sich einander gegenüber. Finden Sie den richtigen Abstand: so dicht, daß Sie die Gegenwart des Partners fühlen, und soweit entfernt, daß keiner von Ihnen sich bedrängt oder eingeengt fühlt.
2. Nehmen Sie Ihre Meditationshaltung ein und schließen

Dritter Teil: Meditationen zu konkreten Problemen und Bedürfnissen

Sie die Augen. Entspannen Sie sich. Versetzen Sie sich in einen meditativen Zustand.

3. Fühlen Sie Ihre eigene Stimmung, Ihren Körper, Ihre Emotion. Begnügen Sie sich nicht damit, Ihre Gefühle und Empfindungen gedanklich zu benennen, sondern erleben Sie sie.

4. Wenden Sie sich Ihrem Herzen zu. Stellen Sie eine Lichtbrücke von Herz zu Herz her. Halten Sie diese Brücke während der gesamten folgenden Meditation.

5. Werden Sie sich mit geschlossenen Augen der Präsenz Ihres Gegenübers bewußt. Fühlen Sie seine/ihre Stimmung und Emotion. (Das geschieht von selbst, wenn Sie sich darauf einstellen und die Lichtbrücke halten.) Fühlen und erfassen Sie die Realität des anderen, ohne sie irgendwie zu analysieren oder zu bewerten.

6. Geben Sie einander ein vorher verabredetes Zeichen, wenn Sie an dieser Stelle angelangt sind.

7. Stellen Sie sich nun beide darauf ein, zwischen dem eigenen Zustand und dem des Partners Resonanz und Harmonie entstehen zu lassen. Es geht hier nicht darum, daß einer sich dem Zustand des anderen anpaßt. Treten Sie in Resonanz, ohne Ihre eigene Stimmung und Präsenz zu verlassen. Das geschieht von selbst, wenn sich beide darauf einstellen und dann still werden, die Verbindung halten und sich ihres eigenen Atems bewußt bleiben.

8. Wenn dieser Vorgang abgeschlossen ist, stellt sich von selbst das Bedürfnis ein, die Meditation zu beenden. Im allgemeinen taucht dieser Impuls bei beiden Partnern zur

Beziehungen verbessern

gleichen Zeit auf. Öffnen Sie dann die Augen. Warten Sie, ohne den anderen direkt anzuschauen, ruhig ab, bis er/sie die Augen ebenfalls öffnet.

9. Verneigen Sie sich, während Sie die Handflächen aneinanderlegen, bevor Sie die Sitzung beenden. Auch wenn Ihnen das seltsam oder albern vorkommt – tun Sie es einfach. Es ist eine schöne und wohltuende Geste.

Nach dieser gemeinsamen Meditation halten Sie bitte nicht nach Resultaten Ausschau. Wiederholen Sie die Übung regelmäßig. Sie werden mit der Zeit feststellen, daß Sie sich besser verstehen. Es kann geschehen, daß Sie einander während einer solchen Meditation auf überwältigende Weise ganz neu begegnen; es kann aber auch sein, daß gar nichts Besonderes geschieht. Erwarten Sie nichts. Sitzen Sie einfach gemeinsam still und genießen Sie diese nichtverbale und nichtkörperliche Kommunikation.

Ergänzende Vorschläge

Meditatives Spazierengehen

Gehen Sie miteinander in einem Park oder in der freien Natur spazieren. Schweigen Sie dabei, halten Sie aber Kontakt. Beschränken Sie sich darauf, die Gegenwart Ihres Partners, der Bäume und Pflanzen, die Atmosphäre, die Luft, den Boden unter Ihren Füßen, Ihren Atem, Ihren Körper zu fühlen.

Dritter Teil: Meditationen zu konkreten Problemen und Bedürfnissen

Genießen Sie miteinander einen Sonnenuntergang, ein Gewitter, eine verzauberte Parkstimmung oder eine herrliche Landschaft, ohne zu reden.

Meditative Massage

Massieren Sie einander. Bevor Sie beginnen, sollte der Massierende sich einen Augenblick Zeit nehmen, um sich auf seinen Partner einzustimmen. Legen Sie Ihrem »Klienten« die Hände auf, sammeln Sie Ihre Aufmerksamkeit erst in Ihrem Unterbauch, dann im energetischen Herzzentrum in der Mitte Ihrer Brust. Lassen Sie Energie vom Herzen aus in Ihre Hände fließen, bevor Sie mit der Massage beginnen. Folgen Sie in Ihren Bewegungen der Eingebung, achten Sie aber genau auf Reaktionen Ihres Partners. Tun Sie nicht das, wovon Sie denken, daß es gut für ihn/sie sei (vielleicht weil es für Sie selber gut ist oder weil Sie es so gelernt haben), sondern das, was ihm/ihr wirklich guttut. Lassen Sie sich vom Körper Ihres Partners führen. Wenn Sie der passive Partner sind, schalten Sie Ihren mißtrauischen Verstand aus, entspannen Sie sich und überlassen Sie sich vertrauensvoll dem Geschehen.

Meditatives Musikhören

Hören Sie miteinander Musik. Musik ist ein gutes Mittel, um sich gemeinsam auf hohe und harmonische Emotionen einzustimmen und zu neuem Einverständnis zu gelangen. Hier eignet sich vor allem Musik der großen klassischen und romantischen Komponisten. Nicht gemeint ist Musik, die Sie in sentimentalen Erinnerungen schwelgen läßt. Im Geist zu dem zurückzukehren, was früher einmal schön war, kann die gegenwärtige Beziehung unerfreulich oder ungenügend erscheinen lassen, sobald man in die Gegenwart zurückkehrt. Schaffen Sie sich neuen Zauber, anstatt sich an den alten zu erinnern. »Auch Glück wird ranzig«, schreibt PRENTICE MULFORD, »auch der Standard der Freude sollte von Jahr zu Jahr wachsen dürfen und das Morgen immer reizvoller als das Gestern wirken ...«

Eine strittige Frage gemeinsam klären

Schweigendes Zusammensein kann manchmal die Harmonie besser wiederherstellen, als eine Aussprache es könnte. Es gibt aber Fälle, in denen etwas ausgesprochen werden muß, bevor wir meditieren. Behielten wir es für uns, so wären wir nicht in der Lage, wirklich gemeinsam zu meditieren. Wir wären statt dessen damit beschäftigt, das Nichtgesagte in Gedanken wiederzukäuen.

Wenn es sich um ein strittiges oder schwieriges Beziehungsthema handelt, empfehle ich eine sehr einfache Methode des kooperativen Gesprächs zur Vorbereitung der gemeinsamen Meditation.

Dritter Teil: Meditationen zu konkreten Problemen und Bedürfnissen

Gesprächstechnik

Setzen Sie sich einander gegenüber, nicht soweit entfernt, daß Sie einander nicht mehr fühlen könnten, und nicht so dicht beieinander. daß Sie sich gegenseitig beengten. Verabreden Sie, daß Sie im Anschluß an das Gespräch gemeinsam meditieren werden, um Klarheit, Frieden und Übereinstimmung auf einer neuen Basis entstehen zu lassen.

Vereinbaren Sie eine Zeitdauer für das Gespräch. Sie sollte sehr kurz sein. Zum Beispiel acht Minuten, die wie folgt aufgeteilt werden: Zwei Minuten spricht A, zwei Minuten B, dann wieder zwei Minuten A und zwei Minuten B. Die jeweiligen Minuten können, müssen aber nicht zur Gänze mit Reden ausgefüllt werden. Wenn jemand seine Rede nach 30 Sekunden beendet, weil er alles gesagt hat, was er auf dem Herzen hatte, können die restlichen 90 Sekunden seiner Zeit mit Schweigen verbracht werden, bevor der andere beginnt.

Schaffen Sie zunächst einen »heiligen Raum«. Das ist ein Raum ähnlich einer Kirche oder einem Tempel, der Ihnen beiden Asyl gewährt. Hier sind Sie geschützt vor Angriff, Verletzung und Herabsetzung, hier dürfen Sie sein, wie immer Sie sind. Diesen geistigen »heiligen Raum« schaffen Sie allein dadurch, daß Sie sich gemeinsam darauf einstellen. Wenn Sie religiös sind, können Sie natürlich beten, sich auf die göttliche Gegenwart, auf ein religiöses Vorbild oder auf die Gemeinschaft der Meister und Heiligen einstellen.

Beschließen Sie durch Konsens oder Los, wer zuerst spricht. Während seiner ersten Redezeit äußert jeder das,

Beziehungen verbessern

was er in bezug auf die Angelegenheit, um die es geht, auf dem Herzen hat. Er/sie sollte dabei möglichst von sich sprechen, anstatt den anderen zu kritisieren oder anzugreifen. Wenn er Forderungen an seinen Partner hat, sollte er sie als Wünsche formulieren, und zwar klar und eindeutig. Wenn er etwas zu beklagen hat, soll er seinem Kummer Ausdruck verleihen. Wenn er wütend ist, soll er sagen, daß er wütend ist und warum er wütend ist – und so fort.

Während A redet, muß B schweigen, und umgekehrt. Und – mehr als das – das Gehörte nicht abwehrend aufnehmen (und im Innern Verteidigungsargumente zurechtlegend), sondern mitfühlend. Er sollte versuchen, genau zu fühlen, worum es dem Partner geht. Nicht jeder kann sich klar ausdrücken; außerdem haben Frauen eine andere Art, sich klar auszudrücken, als Männer. (Der amerikanische Therapeut JOHN GRAY hat das in seinem hervorragenden Beziehungshandbuch *Männer sind anders – Frauen auch* erklärt.) Wenn man jedoch nicht nur mit dem Kopf, sondern vor allem mit dem Herzen zuhört, versteht man, was gemeint ist. Seien Sie unter allen Umständen *mit* Ihrem Partner, während er spricht – selbst wenn er Sie, die Regeln verletzend, angreift. Fühlen Sie seine Wut, seinen Schmerz, seinen Kummer, seine Angst.

Wenn beide einmal gesprochen haben, ist unter Umständen eine zweite Gesprächsrunde notwendig – vielleicht aber nicht. Aber Vorsicht: Geraten Sie bei der zweiten Runde nicht ins Diskutieren. Es geht nicht darum, daß Sie einander von Ihrem Standpunkt überzeugen; es geht auch nicht um Rechtfertigung: sondern es geht darum, daß jeder den Stand-

Dritter Teil: Meditationen zu konkreten Problemen und Bedürfnissen

punkt und die Gefühle des anderen kennenlernt, um seine eigene Sichtweise zu erweitern und den Partner besser verstehen zu lernen.

Alternativ zu dieser Gesprächsmethode gibt es die Liebesbriefmethode, die John Gray empfiehlt: Anstatt miteinander zu reden, schreiben Sie einander einen Brief, in dem jeder seine Gefühle ausdrückt, und zwar in dieser Reihenfolge: Ärger (»Ich bin wütend, weil …«), Traurigkeit, Angst, Reue (»es tut mir leid …«), Liebe.

Eine weitere Technik der verbalen Kommunikation haben mein Mann und ich für uns gefunden. Wir nennen es das »Therapeutenspiel«.

Es kann Paaren helfen, denen eine offene Aussprache nach dem bereits vorgestellten Muster schwerfällt, aus welchem Grund auch immer. Es erfordert allerdings, daß Sie, auch wenn Sie gravierende Vorwürfe gegeneinander hegen oder sehr zerstritten sind, doch einen hohen Grad an gutem Willen, sprich Liebe, aufbringen.

Das Therapeutenspiel

Derjenige Partner, der Beschwerden vorzubringen hat, spielt den Patienten, der andere den Therapeuten. Wenn Sie es sind, der Vorwürfe erheben möchte, unerfüllte Forderungen oder Wünsche hat oder sich vom Verhalten des Partners verletzt oder enttäuscht fühlt, dann stellen Sie sich bitte vor, Ihr Partner sei ein Therapeut, den Sie wegen Ihrer Beziehungsprobleme aufsuchen. Sie tragen Ihrem Therapeuten vertrau-

Beziehungen verbessern

ensvoll alles vor, was Sie bedrückt. Fühlen Sie sich ganz wie ein hilfesuchender Klient oder Patient, wenn Sie in diese Rolle schlüpfen. Und fühlen Sie sich völlig in die Rolle des Therapeuten ein, wenn Sie der Partner sind, dem die Beschwerden gelten. Hören Sie sich die Beschwerde ebenso wohlwollend, interessiert und neutral an wie ein Therapeut, und versuchen Sie dann, Ihrem Klienten oder Ihrer Klientin das Beste zu raten, was Sie als außenstehender, wohlwollender und weiser Mensch raten können.

Wenn notwendig, tauschen Sie anschließend die Rollen.

Auf diesen Austausch von Gedanken und Gefühlen folgt die gemeinsame Meditation.

Wenn es dabei nur noch darum geht, die Übereinstimmung zu vertiefen und sich auf eine neue Ebene der Harmonie einzuschwingen, dann sitzen Sie einfach eine Weile still mit geschlossenen Augen zusammen und halten Kontakt von Herz zu Herz, so wie es zuvor beschrieben wurde.

Gibt es jedoch in der fraglichen Angelegenheit immer noch verschiedene Standpunkte, und Sie möchten auf meditativem Wege herausfinden, welches die beste Sichtweise ist (wobei es sich um eine interne Beziehungsangelegenheit handeln kann oder um eine gemeinsam zu treffende Entscheidung in bezug auf äußere Angelegenheiten), schlage ich folgende Meditation vor.

Die Technik
1. Einander gegenübersitzend, nehmen Sie Ihre Meditationshaltung ein und schließen die Augen.

Dritter Teil: Meditationen zu konkreten Problemen und Bedürfnissen

2. Begeben Sie sich in einen meditativen Zustand.

3. Nehmen Sie Fühlung mit Ihrem Körper, Ihrem Atem, Ihrer Stimmung auf.

4. Konzentrieren Sie sich auf Ihr energetisches Herzzentrum in der Mitte der Brust. Schalten Sie im Geist das Licht im Herzen ein, lassen Sie es hell und warm werden. Bilden Sie eine Lichtbrücke von Ihrem Herzen zum Herzen des Partners.

5. Ohne diese Verbindung aufzugeben, heben Sie Ihre Aufmerksamkeit nun in die Mitte des Kopfes. Fühlen Sie eine Öffnung, die nach oben durch den Scheitel ins Freie führt.

6. Halten Sie die Aufmerksamkeit in der Mitte des Kopfes zentriert und nehmen Sie in Ihrer Vorstellung einen erhöhten Standpunkt ein: Fliegen oder schweben Sie in die Höhe, erklimmen Sie einen hohen Berg.

7. Halten Sie inne, wenn Sie einen erhöhten Standpunkt gefunden haben, bei dem Sie verharren können. Genießen Sie die Atmosphäre von Höhe und Freiheit.

8. Ohne Ihre Höhe zu verlieren, schauen Sie nun auf die Erde oder die Ebene zurück. Bitten Sie Ihr höheres Selbst, Ihnen Klarheit zu geben. Lassen Sie dort unten, in großer Entfernung, ein Bild der Angelegenheit, um die es geht, vor Ihrem geistigen Auge entstehen. Atmen Sie durch Ihr geistiges Auge, das sich in der Mitte der Stirn befindet, entspannen Sie sich, beobachten Sie, lassen Sie geschehen, was immer geschieht.

9. Wenn Sie außerdem oder statt dessen mit den Augen des Herzens schauen möchten, dann versetzen Sie sich in Ihr

Beziehungen verbessern

energetisches Herzzentrum in der Mitte der Brust hinein. Zentrieren Sie Bewußtheit und Atem dort. Schalten Sie von neuem das Licht im Herzen ein.

10. Betrachten Sie die Situation mit den Augen des Herzens. Bleiben Sie im Herzen zentriert, atmen Sie ruhig und entspannt dort ein und aus und stellen Sie sich vor, daß ein Lichtstrahl, der von Ihrem Herzen ausgeht, auf die Situation fällt. Sie können nun Bilder auftauchen sehen, die Ihnen Aufschluß geben oder andersgeartete Eindrücke gewinnen; Ahnungen, Gefühle, Gedanken.

11. Wenn Sie die Sitzung beenden möchten, bleiben Sie noch eine Weile still sitzen, bevor Sie die Augen öffnen. Warten Sie dann, ohne Ihren Partner direkt anzuschauen, ab, bis dieser die Augen öffnet (wenn Sie ihn anschauen, spürt er das und unterbricht seine Meditation).

12. Verneigen Sie sich voreinander.

Teilen Sie einander Ihre Eindrücke oder Erkenntnisse mit. Kommentieren Sie die Eindrücke, die Ihr Partner gewonnen hat, möglichst nicht. Vor allem stellen Sie sie auf keinen Fall in Frage oder setzen die Ihren dagegen. Wenn Ihre Eindrücke sich voneinander unterscheiden, betrachten Sie sie bitte als einander ergänzend. Jeder hat seine Art innerer Wahrnehmung, und jede ist gültig und aussagekräftig.

Nach diesem Austausch suchen Sie bitte nach Möglichkeit nicht sofort nach einer konkreten Lösung des fraglichen Problems. Wenn möglich, schlafen Sie zumindest eine Nacht darüber, bevor Sie sich wieder zusammensetzen, um kon-

Dritter Teil: Meditationen zu konkreten Problemen und Bedürfnissen

krete Beschlüsse zu fassen (falls das überhaupt notwendig ist).

Techniken in Kurzform

Allein meditieren

Sich den Problemen zuwenden.
Sich in einen meditativen Zustand begeben.
Körper, Emotion und Stimmung fühlen.
Sich im Solarplexus zentrieren und an den Partner denken.
Fühlen, was man fühlt.
Wahrnehmen, was man denkt.
Sich im Herzen zentrieren und das Licht einschalten.
Den Partner vor sich hinsetzen.
Eine Lichtbrücke von Herz zu Herz bilden.
Erleben, was geschieht.
Der Eingebung folgen.
Die Beziehung segnen und um Verbesserung bitten.
Den Partner im Herzen aufnehmen und dann aus dem Kopf entlassen.
Zu sich kommen.
Die Handflächen vor dem Herzen zusammenlegen.

Gemeinsam meditieren

Sich in einen meditativen Zustand begeben.

Beziehungen verbessern

Körper, Emotion, Stimmung fühlen.
Im Herzen zentrieren. Lichtbrücke herstellen.
Die Präsenz des Gegenübers spüren.
Stimmung und Emotion des anderen fühlen.
Die momentane Realität des anderen erfassen.
(An dieser Stelle einander ein Zeichen geben.)
Sich auf Resonanz und Harmonie einstellen.
In die Stille eintreten.
Enden, indem man sich voreinander verneigt.

Eine strittige Frage gemeinsam klären

Sich in einen meditativen Zustand begeben.
Fühlung mit sich selbst aufnehmen.
Sich im Herzen zentrieren und eine Lichtbrücke von Herz zu Herz bilden.
Die Aufmerksamkeit in der Mitte des Kopfes zentrieren.
Im Scheitelbereich eine Öffnung nach oben spüren.
Einen erhöhten Standpunkt einnehmen.
Höhe und Freiheit genießen.
Das höhere Selbst um Klarheit bitten.
Zurückschauen und ein Bild der strittigen Angelegenheit entstehen lassen. Beobachten, was geschieht.
Hier enden oder fortfahren, um mit den Augen des Herzens zu sehen:
Sich im Herzen zentrieren.
Das Licht im Herzen einschalten.
Einen Scheinwerfer aus dem Herzen auf die Situation richten.

Dritter Teil: Meditationen zu konkreten Problemen und Bedürfnissen

Die Sache mit den Augen des Herzens sehen.

In die Stille eintreten.

Enden, indem man sich voreinander verneigt.

Einander seine Eindrücke mitteilen, ohne zu diskutieren.

Das Denken befreien – und sich selbst von der Tyrannei des Denkens

Sie waren die ganze Zeit frei; Sie wußten es nur nicht.

Pir Vilayat Khan

Die Gedanken sind frei. Was hindert uns daran, zu denken, was und wie wir wollen? Wenn der ersehnte Urlaub ins Wasser fällt, haben wir die Wahl: Wir können jammern, wir hätten es ja immer gewußt; wir können es traurig finden; wir können feststellen, daß es eigentlich ganz praktisch ist, jetzt nicht zu verreisen; wir können es wunderbar finden, zu Hause zu bleiben; wir können es auch einfach gar nicht finden.

Tatsächlich haben wir aber offenbar nicht die Wahl. Unsere Gedanken sind nicht frei. Sie sind programmiert.

Potentiell sind wir Meister unserer Gedanken. Schließlich sind wir es ja selbst, die da denken. Wenn es darum geht, etwas zu bewerten, steht uns eine ganze Palette möglicher Urteile zur Verfügung. Mit dieser Erkenntnis arbeiten die Schulen des positiven Denkens. Das positive Denken ist natürlich

Dritter Teil: Meditationen zu konkreten Problemen und Bedürfnissen

eine wunderbare Sache. Man ist glücklicher, gesünder und ein für die Mitwelt erfreulicher Mensch, wenn man grundsätzlich alles positiv beurteilt und nur Gutes erwartet. Das Problem ist nur, daß man sich, wenn man es oberflächlich betreibt, leicht belügt. Ein Beispiel: Ihr Partner oder Ihre Partnerin fährt alleine in Urlaub. Sie fühlen sich verletzt. Sie hatten sich auf gemeinsame Ferien gefreut. Für Sie war der Urlaub die große Chance, Ihre Beziehung abseits vom Alltagstrott wieder auf Hochglanz zu polieren und sich dem Partner von Ihrer schönsten Seite zu zeigen. Sie leiden unter der Entscheidung Ihres Partners. Nun haben Sie aber gelernt, positiv zu denken, und Sie sagen sich: Er kann das sicher gut brauchen, und ich habe Gelegenheit, endlich einmal für mich zu sein und zu tun, was ich will; und wenn er wiederkommt, werden wir einander mit frischen Augen sehen. »Liebling«, sagen Sie, »ich freue mich, daß du alleine fährst.«

Wenn die Freude echt ist, ist das natürlich großartig. Meist aber ist sie nicht echt. Unter diesen frohen Worten und Gedanken sitzt ein trauriges kleines Kind, und niemand kümmert sich um es. Folge: Sie werden bitter – und entweder Sie legen zwischen Ihr gekränktes Ich und Ihr positives Oberflächendenken die Betondecke der Verdrängung und riskieren, daß der eingesperrte Schmerz im Unterbewußtsein oder im Körper sein Unwesen treibt, oder aber das ganze positive Gebäude bricht zusammen, spätestens wenn der oder die Liebste abgereist ist.

Die Schwierigkeit liegt nicht nur in unseren Gefühlen. Sie liegt vor allem auch in unseren unbewußten Überzeugungen.

236

Das Denken befreien – und sich selbst von der Tyrannei des Denkens

Sie sind es, die dafür verantwortlich sind, daß wir Äußerungen, Ereignisse und Situationen so oder so beurteilen.

Als wir diese Welt betraten, wurde uns ein brandneues Gehirn zur Verfügung gestellt. Unschuldig und neugierig begannen wir, die Welt zu entdecken und uns an ihren wunderbaren Möglichkeiten zu erfreuen. Schon bald aber wurden unserem Forschungs- und Betätigungsdrang Grenzen gesetzt, und wir lernten, daß man nicht immer tun darf, was man tun will, und manchmal nicht sein darf, wie man ist. Wir erlebten Schmerz und Enttäuschung. Wir zogen unsere ersten Schlußfolgerungen über die Welt, das Leben und die Menschen. Diese frühen Überzeugungen wirken, wenn sie nicht aufgedeckt und entkräftet wurden, bis heute. Sie bilden unbemerkt die Basis unseres Denkens, inzwischen angereichert durch verwandte und weiterführende Überzeugungen und von Erziehung, Gesellschaft und Erlebnissen geprägte Glaubenssätze. Es sind unsere fundamentalen Überzeugungen über die Welt, die Menschen, die Beziehungen und die Dinge des Lebens, die unserem Denken und Fühlen zugrunde liegen.

Das Problem besteht darin, daß wir diese Überzeugungen nicht wahrnehmen. Sie sind uns selbstverständlich, sie gehören zum Grundinventar unseres Bewußtseins, das wir nie zur Kenntnis genommen haben. Unser Denken folgt diesen Überzeugungen, wird durch sie gefiltert, strukturiert und verzerrt. So kommt es, daß unsere Gedanken, obwohl sie unser eigen sind, doch geheimnisvollen Gesetzen folgen, die außerhalb unserer Kontrolle zu liegen scheinen.

Dritter Teil: Meditationen zu konkreten Problemen und Bedürfnissen

Diese unbewußten Überzeugungen aber sind *unsere* Überzeugungen. Sie gehören uns, wir können damit tun, was wir wollen – vorausgesetzt, wir haben sie entdeckt und als unser Eigentum erkannt und anerkannt. Wir können sie hinauswerfen, umordnen, ändern oder verstärken – ganz wie wir wollen.

Wer sich mit fremder Hilfe von diesen Programmierungen befreien möchte, kann sich einer Psychotherapie unterziehen, an Selbsterfahrungsgruppen teilnehmen, sich unter Hypnose zu den Knotenpunkten seines Lebens zurückführen lassen, an denen er die wichtigsten Urteile gefällt hat, oder andere therapeutische Möglichkeiten nutzen. Hier aber geht es um Bewußtseinsarbeit in eigener Regie.

Ich empfehle zwei Methoden, die kombiniert verwendet werden können:

- Das aktive Aufspüren von Glaubenssätzen und
- die Meditation.

Unsere Glaubenssätze (diesen Begriff prägte JANE ROBERTS in *Die Natur der persönlichen Realität*) sind für uns nicht etwa unsichtbar, sondern nur unbemerkt, weil wir nie unser Augenmerk darauf gerichtet haben. Wir nehmen auch unsere Nasenspitze nicht bewußt wahr, obwohl wir es durchaus könnten. Bemerkten wir sie ständig, wäre sie uns bald im Wege. Genau wie unsere Glaubenssätze. Der Unterschied ist nur, daß wir letztere abschaffen oder verändern können, wenn wir wollen.

Das Denken befreien – und sich selbst von der Tyrannei des Denkens

Es regnet, und Sie denken: »Mistwetter!« und bekommen schlechte Laune. Wenn Sie Beobachtung üben und Ihr Forschergeist wach ist, sagen Sie: »Stop, wieso Mistwetter?« Und Sie können sich eine Reihe von Argumenten zurechtlegen, die beweisen, daß Regen keineswegs schlechtes Wetter ist. Irgendwann einmal haben Sie gelernt, daß man Regenwetter als schlecht einstuft. Hier ist das Umprogrammieren relativ leicht. Erinnern Sie sich an die Zeit vor dieser Programmierung. Sind Sie nicht als kleines Kind gern im Regen herumgelaufen, in die Pfützen gesprungen und haben begeistert das Naß auf Ihrer Haut gespürt? Laufen Sie in den Regen hinaus, ohne Mantel und ohne Schirm (Kleider und Haare kann man trocknen!), und genießen Sie die Dusche: »I'm singing in the rain …«

Weitaus schwieriger ist es, wenn es sich um Glaubenssätze handelt, die mit zwischenmenschlichen Verwicklungen zu tun haben. Auch hier ist es möglich, sich an den Zustand zu erinnern, in dem Sie sich befanden, bevor sich die betreffende Überzeugung (zum Beispiel: »Man läßt mich allein, weil ich nicht wichtig bin«) heranbildete. Vielleicht erinnern Sie sich nicht klar an diese Zeit, aber Sie können den Gemütszustand aufspüren, der vor dieser Programmierung bestand – beispielsweise den kindlichen Zustand von Unschuld und Vertrauen. Es empfiehlt sich, das sehr still, sehr tief und konzentriert zu kontemplieren – eine oberflächliche Betrachtung reicht nicht aus, um auch wirklich eine Änderung zu bewirken.

Bleiben wir beim Aufspüren der Glaubenssätze. Erinnern wir uns an das Beispiel des Menschen, der leidet, weil sein

Dritter Teil: Meditationen zu konkreten Problemen und Bedürfnissen

Partner alleine verreisen möchte. In Wirklichkeit leidet er nicht, weil der Partner allein in Urlaub fährt (er müßte diese Handlung ja nicht auf sich beziehen), sondern weil sein Denken diese Tatsache als kränkend einstuft. Dieser Mensch könnte sich nun hinsetzen und seine Gedanken und Gefühle beobachten. Vielleicht würde er entdecken, daß seinem Gekränktsein folgende Überzeugungen zugrunde liegen: »Alltag verbraucht die Beziehung, Urlaub frischt sie auf«, »Wenn man jemanden liebt, verbringt man die Ferien mit ihm«, und folglich: »Wenn man alleine verreisen möchte, liebt man seinen Partner nicht.«

Bei genauerem Hinsehen finden sich darunter noch tieferliegende Überzeugungen. Zum Beispiel: »Ich bin nur attraktiv, wenn ich mich vom Alltagsstreß entfernt habe und entspannt und braun bin«, »Ich bin nur dann wertvoll, wenn mir meine Attraktivität durch Bewunderung und Zuwendung von meinem Partner bestätigt wird; wenn er sich abwendet, verliere ich meinen Wert« und so fort.

In der tiefsten Schicht stößt man vielleicht auf kindliche Glaubenssätze wie »Man läßt mich alleine, weil ich nicht wichtig bin« oder »Von allem, was schön und besonders ist, werde ich ausgeklammert«.

Viele Glaubenssätze verlieren ihre Macht bereits dadurch, daß Sie sie als solche erkennen, anstatt sie für Tatsachen zu halten. (Mit Überzeugungen, hinter denen ein erlittenes Trauma steckt, ist es nicht so einfach. Hier muß mit dem dazugehörigen Gefühl gearbeitet werden. Darauf gehen wir später ein.)

Das Denken befreien – und sich selbst von der Tyrannei des Denkens

Zunächst entwurzeln Sie den Glaubenssatz, indem Sie feststellen: Ich denke nur, es sei so und so; dies ist jedoch nur ein gedankliches Urteil und keine tatsächliche Gegebenheit. Sie können es bei dieser Feststellung belassen und einfach weiterhin Ihr Denken aufmerksam und distanziert beobachten. Oder Sie machen sich daran, die entdeckten und bewußt gemachten Glaubenssätze absichtlich zu ändern.

Der erstgenannte Schritt ist der wichtigere. Bevor wir Glaubenssätze ändern können, müssen wir uns erst durch geduldiges Beobachten und Hinterfragen davon überzeugt haben, daß es nur Glaubenssätze sind. Dabei werden wir allerdings leicht getäuscht, denn in vielen Fällen scheint die Realität die Richtigkeit dieser Überzeugungen zu bestätigen. Das kann zwei Gründe haben: Erstens betrachten wir die Wirklichkeit durch die Brille unserer Überzeugungen und filtern unbewußt alles heraus, was diesen Überzeugungen nicht entspricht, und zweitens haben unsere Glaubenssätze einen enormen Einfluß auf die Gestaltung unserer persönlichen Realität. (Diese Zusammenhänge werden ausführlich und einleuchtend in JANE ROBERTS' komplexem Werk *Die Natur der persönlichen Realität* erläutert.)

Immerhin kann man sich aber darin üben, innezuhalten, wenn man auf eine solche Grundüberzeugung stößt, und festzustellen, daß es *nur ein Gedanke* ist und keine Tatsache. Dann kann man behutsam darangehen, sich neue, bessere Urteile zu bilden und Schritt für Schritt zu üben, sich den neuen Überzeugungen gemäß zu verhalten.

Unser unglücklicher Mensch könnte beispielsweise ent-

241

Dritter Teil: Meditationen zu konkreten Problemen und Bedürfnissen

deckt haben, daß sein Selbstwertgefühl als Frau oder Mann von der Frage abhängt, ob der Partner mit ihm in Urlaub fahren möchte oder nicht. Er könnte nun zunächst einmal sein Augenmerk auf die Feststellung richten, daß diese Verknüpfung nur ein Gedanke ist und keine Tatsache. Er könnte dann zu der Überzeugung gelangen, daß sein Selbstwert für sich besteht und keine Bestätigung von seiten eines anderen Menschen benötigt. Und dann könnte er darangehen, sein Selbstwertgefühl unabhängig vom Partner aufzubauen und gleichzeitig zu üben, sich so zu verhalten, als sei er von seinem Wert und seiner Attraktivität überzeugt. So wächst er langsam in eine neue, weniger einschränkende Überzeugung hinein.

Liegt dem Ganzen aber ein Trauma, eine seelische Verletzung zugrunde (was in Fällen wie diesem naheliegt), dann spielen die Gefühle eine Schlüsselrolle. Da ist Schmerz, da ist Enttäuschung, da sind Trauer und Wut, und diese Emotionen dürfen auf keinen Fall ignoriert und übergangen werden. Sie müssen erst entdeckt, gefühlt, anerkannt, umarmt und verwandelt werden, bevor man zu einer neuen Überzeugung gelangen kann.

Auch hier heißt es wieder: fühlen, was man fühlt. Sich seinen Gefühlen liebevoll zuwenden und dies so gründlich tun, daß sie sich aus den Verspannungsknoten, in denen man sie eingeschlossen hat, lösen können und Raum für neue und hellere Gefühle entsteht.

Nachfolgend nun die beiden Schritte *Glaubenssätze entwurzeln* und *Glaubenssätze aktiv verändern* im einzelnen.

Das Denken befreien – und sich selbst von der Tyrannei des Denkens

Glaubenssätze entwurzeln

Beschließen Sie, Ihre Aufmerksamkeit für eine bestimmte Zeit – zwei Wochen, einen Monat, ein Jahr – auf Ihr Denken und die ihm zugrunde liegenden Überzeugungen zu richten.

Beobachten Sie während dieser Periode Ihre Gedanken mit neugierigem und wachem Forschergeist. Immer wenn Sie auf eine grundsätzliche Überzeugung stoßen, notieren Sie sie. Fertigen Sie eine Liste Ihrer Glaubenssätze. Notieren Sie sie nicht als Tatsachen, wie beispielsweise »Ich bin schüchtern«, »Regen ist schlechtes Wetter«, sondern als Gedanken, etwa so: »Ich denke, daß ich schüchtern bin.«

Noch besser, weil distanzierender, ist die Formulierung »Ich denke offenbar, daß ich schüchtern bin«.

Schauen Sie diese Liste jeden Tag an. Machen Sie sich dabei ausdrücklich bewußt, daß die notierten Sätze nicht die Realität, sondern Ihre Urteile über die Realität wiedergeben.

Wann immer sich eine dieser notierten Überzeugungen in Ihren Gedanken bemerkbar macht, halten Sie inne und stellen Sie fest, daß das nur ein Gedanke ist und nicht die Wirklichkeit. Versuchen Sie nicht, einen anderen Gedanken dagegenzusetzen; nehmen Sie Ihrer Überzeugung den Wind nur dadurch aus den Segeln, daß Sie sich nicht mehr mit ihr identifizieren.

Halten Sie diese Praxis während der gesamten von Ihnen festgesetzten Zeitspanne durch, auch und gerade in kritischen Situationen. Denken Sie während dieser Zeit auf gar

Dritter Teil: Meditationen zu konkreten Problemen und Bedürfnissen

keinen Fall gegen Ihre Überzeugungen an. Stellen Sie lediglich fest, daß es nur Überzeugungen sind.

Meditation zum Beobachten der eigenen Gedanken und Gefühle

Meditieren Sie täglich zehn Minuten lang, wie es nachfolgend beschrieben ist.

1. Begeben Sie sich in einen meditativen Zustand.
2. Beobachten Sie, wie der Atem Ihren Bauch hebt und senkt.
3. Richten Sie Ihre Aufmerksamkeit auf Ihr Denken, wobei Sie sich aber Ihres Atems bewußt bleiben. Greifen Sie nicht in Ihr Denken ein, urteilen Sie nicht, beobachten Sie nur. Sobald Sie bemerken, daß Sie nicht mehr beobachten, sondern mit Ihren Gedanken davongeschwommen sind, denken Sie »Stop«, schalten Sie zurück und betrachten Sie, was Sie soeben gedacht haben. Wenn während dieser rückwärtsgerichteten Betrachtung neue Urteile und Gedanken auftauchen, sagen Sie wieder »Stop« und betrachten Sie diese. Fahren Sie dann mit der Beobachtung Ihres Denkens fort. Immer, wenn Sie verlorengegangen sind, sagen Sie »Stop« und kehren Sie zum Ausgangspunkt zurück.
4. Beobachten Sie ebenso Ihre Gefühle. Was fühlen Sie gerade? Welche Gefühle folgen auf welche Gedanken? Welche Gefühle verbergen sich hinter welchen Gedanken? Fühlen Sie diese Emotionen mit allen Fasern, bleiben Sie

Das Denken befreien – und sich selbst von der Tyrannei des Denkens

aber Ihres Atems bewußt. Bleiben Sie so lange bei einem Gefühl, bis es sich auflöst oder umwandelt.

5. Bleiben Sie noch eine Weile still sitzen, bevor die die Sitzung beenden.

Partnerübung zur Aufdeckung von Glaubenssätzen

Ein Freund (jemand, dem Sie vertrauen, an den Sie aber keinerlei emotionale Beziehung bindet) kann Ihnen helfen, Ihre Glaubenssätze aufzuspüren. Die Technik ist denkbar einfach:

1. Setzen Sie sich einander gegenüber (Meditationshaltung ist nicht erforderlich).
2. Schaffen Sie einen heiligen Raum. Das geschieht einfach dadurch, daß sich beide einen Augenblick lang darauf einstellen.
3. Erzählen Sie Ihrem Partner von sich. Sprechen Sie 15 bis 20 Minuten lang über sich, über Ihre Probleme, über Ihr Leben.
4. Ihr Partner hat die Aufgabe, unbeteiligt und aufmerksam zuzuhören und dabei sein Augenmerk ausschließlich auf die hinter Ihren Äußerungen erkennbaren Glaubenssätze zu richten. Immer wenn er auf einen solchen stößt, sagt er »Stop«.
5. Bei jedem Stop halten Sie inne und schweigen. Vergegenwärtigen Sie sich, was Sie gerade gesagt haben, werden

Dritter Teil: Meditationen zu konkreten Problemen und Bedürfnissen

Sie sich des durch Ihre Äußerungen hindurchschimmernden Glaubenssatzes bewußt. Erzählen Sie dann weiter.

6. Nur wenn Sie beim besten Willen nicht verstehen, warum Ihr Partner »Stop« gesagt hat, fragen Sie ihn und lassen Sie es sich kurz erklären. Hören Sie der Erklärung genau zu. Widersprechen Sie nicht, verteidigen Sie sich nicht, diskutieren Sie nicht. Hören Sie nur zu. Es ist nicht wichtig, ob Ihr Partner recht hat oder nicht.

7. Sprechen Sie dann weiter. Erzählen Sie unbefangen und spontan, ohne sich zu korrigieren. Reden Sie ohne Pause. Wenn Ihnen nichts einfällt, sagen Sie irgend etwas, um den Redefluß nicht zu unterbrechen.

8. Wenn die Übung beendet ist, notieren Sie mit Hilfe Ihres Partners alle Glaubenssätze, auf die Sie gestoßen sind.

Glaubenssätze aktiv verändern

Um es noch einmal deutlich zu machen: Glaubenssätze sind grundlegende Überzeugungen, die wir in bezug auf uns selbst, das Leben, die Menschen, die Welt und so weiter hegen. Einige Beispiele: »Der Mensch ist von Natur aus brutal.«, »Ich bin nicht besonders weiblich.«, »Immer wenn es kalt und feucht ist, bekomme ich eine Erkältung.«, »Frauen sind unberechenbar.«, »Dicke Männer sind vertrauenswürdig.«, »Beschimpfungen verletzen mich und machen mich krank.«, »Das Leben in dieser Welt ist schwer.«, »Meine Abwehrkraft ist schwach.«

Das Denken befreien – und sich selbst von der Tyrannei des Denkens

Nehmen wir an, Sie haben eine Liste Ihrer Glaubenssätze gefertigt. Sie haben die Sätze in der Form von »Ich denke offenbar, daß …« notiert und sich diese Liste eine Zeitlang täglich vor Augen geführt und dabei die Gültigkeit dieser Überzeugungen in Frage gestellt.

Nun möchten Sie sie verwandeln. Sie möchten sich zu den gleichen Themen bessere, der Wahrheit mehr entsprechende, Ihr Glück und Ihre Entwicklung fördernde Überzeugungen zulegen.

Die Technik

1. Untersuchen Sie die fraglichen Überzeugungen auf ihren eventuellen Gehalt an negativen Gefühlen: Vergegenwärtigen Sie sich die Glaubenssätze (jeden für sich). Denken Sie sie eine Weile absichtlich. Beobachten Sie, was dabei in Ihrem Innern geschieht. Bleiben Sie Ihres Atems gewahr. Kommen Erinnerungen, Assoziationen an die Oberfläche? Tauchen Gefühle oder Bilder auf?

2. Nehmen Sie diese Gefühle wahr. Erleben Sie sie. Können Sie sie im Körper lokalisieren? Atmen Sie in den entsprechenden Bereich hinein und erlauben Sie dem Gefühl zu sein. Wenden Sie sich dabei mitfühlend und liebevoll sich selbst zu. Trösten Sie sich nicht, verscheuchen Sie die negativen Gefühle nicht mit guten Argumenten, sondern fühlen Sie sie einfach. Bleiben Sie sich Ihres Atems bewußt.

3. Wenn das betreffende Gefühl sich aufgelöst hat und Frieden eingekehrt ist, beobachten Sie noch eine Weile Ihren Atem.

Dritter Teil: Meditationen zu konkreten Problemen und Bedürfnissen

4. Kehren Sie in die Wirklichkeit des gegenwärtigen Augenblicks zurück. Machen Sie sich bewußt, daß dies ein frischer, neuer, jungfräulicher Augenblick ist. Die Vergangenheit liegt hinter Ihnen. Es steht Ihnen jetzt vollkommen frei, einen neuen Glaubenssatz zu prägen; es muß aber dann einer sein, der Ihnen glaubwürdig erscheint.

5. Formulieren Sie diese neue Überzeugung. Denken Sie sie und sprechen Sie sie laut aus. Wecken Sie in sich die dazugehörige freudige Stimmung. Laden Sie den neuen Glaubenssatz mit positivem Gefühl auf. Wenn möglich, lassen Sie dazu ein Bild in Ihrem Innern aufsteigen.

6. Prägen Sie sich Formulierung, Gefühl und Bild ein und erinnern Sie sich von nun an täglich daran. Achten Sie dabei auf innere Widerstände. Wenn negative Gefühle oder Gegenmeinungen auftauchen, wenden Sie sich diesen zu. Durchleben und fühlen Sie sie und lassen Sie sie dann mit einem tiefen Seufzer gehen. Kehren Sie dann mit einem tiefen Einatmen in das Bewußtsein des neuen Augenblicks zurück. Denken Sie den neuen Glaubenssatz, erinnern Sie sich an das damit verbundene positive Gefühl und das dazugehörige Bild. Hämmern Sie sich die neue Überzeugung nicht gewaltsam ein, sondern rufen Sie sie sich lediglich ins Bewußtsein.

7. Üben Sie, sich gemäß Ihrer neuen Überzeugung zu verhalten. Wenn Ihnen das nicht auf Anhieb gelingt, nehmen Sie es sich nicht übel. Es braucht Zeit.

Das Denken befreien – und sich selbst von der Tyrannei des Denkens

Das Denken von Programmierungen zu befreien ist nicht etwas, das von heute auf morgen geschieht. Es ist ein Prozeß. Wenn Sie diesen Prozeß lebendig erhalten möchten, dann behalten Sie bitte die Praxis der neugierigen und neutralen Beobachtung des eigenen Denkens und Fühlens in Meditation und Alltag einige Monate lang bei und kehren Sie auch später immer mal wieder zu ihr zurück.

Nach und nach findet man immer mehr innere Freiheit, wenn man das übt. Eines Tages schaut man zurück und fragt sich, wie man sich früher so hatte täuschen und in trügerischen Gedankengebilden einfangen lassen können. Wenn Sie die »Meditation zum Beobachten der eigenen Gedanken und Gefühle« (siehe Seite 244) mit anderen Meditationstechniken kombinieren möchten, dann stellen Sie diese bitte an den Anfang der Sitzung. Üben Sie fünf Minuten lang das reine Beobachten, bevor Sie mit der anderen Methode beginnen. Oder üben Sie die beiden Methoden im Wechsel.

Wenn Sie sich genügend Zeit nehmen, können Sie beim Beobachten des Denkens nicht nur wahrnehmen, was Sie denken, sondern auch, wie der Prozeß des Denkens abläuft. Auf diese Weise kann man leichter damit aufhören, sich mit seinen Gedanken zu identifizieren und sich von ihnen – oft völlig unbemerkt – beherrschen zu lassen.

Müssen wir überhaupt immerzu denken? Die meisten Menschen (in unserem Kulturkreis und unserer Epoche jedenfalls) werden von ihrem Denken beherrscht. Sie sind nicht in der Lage, es abzustellen. Was uns davon befreien kann, ist, uns immer wieder dem, was ist, zuzuwenden, an-

Dritter Teil: Meditationen zu konkreten Problemen und Bedürfnissen

statt darüber nachzudenken, was war, was sein sollte, was sein wird oder hätte sein sollen. »Ein Wissender lebt, indem er handelt«, sagte CARLOS CASTANEDAS Lehrer *Don Juan,* »nicht indem er über sein Handeln nachdenkt.« Wenn wir einfach handeln sollen, ohne zu denken, bekommen wir Angst. Wo soll uns das hinführen, wenn der Verstand nicht mehr unsere Handlungen regiert? Wenn wir uns immer wieder darin üben, das zu tun, was im Augenblick gerade getan werden will, und mit dem Herzen dabei zu sein, dann lernen wir auch, auf unsere innere Stimme zu hören. Und diese ist eine weitaus weisere Führerin als unser rationaler Verstand.

Das ist Meditation im Alltag im Sinne der buddhistischen Zen-Praxis. Es ist alles andere als schwierig; wir müssen es nur tun. Nicht üben, sondern tun. Wenn wir »üben« sagen, denken wir, wir sollten jetzt etwas trainieren, um später etwas zu erreichen (nämlich den seligen Zustand des Ganz-entspannt-im-Hier-und-Jetzt-Seins) – und schon ist man wieder woanders als im Hier und Jetzt, nämlich in der Zukunft und damit in der gedanklichen Fiktion statt in der Wirklichkeit. Also lieber nicht üben, sondern tun – jetzt gleich und wann immer es Ihnen einfällt.

Die Techniken in Kurzform

Glaubenssätze aufspüren

Die tägliche Zehn-Minuten-Meditation dazu:
Sich in einen meditativen Zustand begeben.

Das Denken befreien – und sich selbst von der Tyrannei des Denkens

Den Atem im Bauch beobachten.
Das Denken beobachten.
Wenn man davongeschwommen ist, »Stop« sagen und rekapitulieren, was man gedacht hat.
Die Gefühle wahrnehmen.
Die Verbindung zwischen Gedanken und Gefühlen beobachten.
In die Stille eintreten.

Glaubenssätze aktiv verändern

Die Überzeugungen auf ihren Gehalt an negativen Gefühlen untersuchen.
Diese negativen Gefühle liebevoll wahrnehmen.
Den Atem beobachten.
In die Gegenwart eintreten.
Die Jungfräulichkeit des Augenblicks erleben.
Einen neuen Glaubenssatz (zum gleichen Thema) prägen.
Die neue Überzeugung denken und aussprechen.
Sie mit positivem Gefühl aufladen und mit einem Bild illustrieren.
Formulierung, Gefühl und Bild verankern.

Mit dem inneren Kind
Kontakt aufnehmen

Das Maß ist erst voll, wenn sich alles um euch freut.

GITTA MALLASZ (Engel-Zitat)

Einst waren wir Kinder, jetzt sind wir Erwachsene. Wir wechselten von einer in eine andere Seinsform über, aber ohne die vorangegangene abzulegen. Eher ist es so, daß wir wachsen und uns erweitern, wenn wir älter werden. Das Kind, das wir waren, lebt immer noch. Es ist ein Teil von uns.

Aber wir leben in einer Erwachsenenwelt. Das Kind in uns muß sich verstecken. Nur in einer allgemein akzeptierten Tarnung darf es sich gelegentlich austoben: beim Fußballspielen etwa, beim Tanzen oder in der Intimität einer Liebesbeziehung. Gerade hier allerdings lebt es sich dann allerdings oft in einer solch zügellosen Weise aus, daß die Beziehung darunter leidet.

Meist denken wir, wenn vom »inneren Kind« die Rede ist,

Mit dem inneren Kind Kontakt aufnehmen

an das geschädigte, das verletzte Kind, das in jedem von uns lebt. Wir alle wurden, als wir Kinder waren, in irgendeiner Weise seelisch verletzt. Damals konnten wir das, was mit uns geschah, nicht verstehen, wir konnten auch kein Gespräch darüber herbeiführen.

Möglicherweise war es uns sogar verboten, unseren Schmerz und unsere Wut in ausreichendem Maß auszudrücken. Das Kind, das wir damals waren, lebt immer noch in uns – und versteht immer noch nicht. Es hat sich die unverarbeitete traumatische Erfahrung eingeprägt, und wann immer wir heute in eine Situation geraten, die auch nur die entfernteste Ähnlichkeit mit dem alten Trauma hat, reagiert nicht der vernünftige Erwachsene, sondern das gebrannte Kind in uns.

Noch dazu scheint es so zu sein, daß wir Ereignisse ähnlicher Art magisch anziehen. Oder wir interpretieren an sich harmlose Situationen so, daß genau das, was uns einst verletzt hat, uns wieder zu geschehen scheint. Offenbar richtet das der wissende Teil unseres Selbst so ein, damit wir endlich auf den nicht beachteten und nicht ausgeheilten Schmerz des Kindes in unserem Innern aufmerksam werden und etwas zu seiner Heilung unternehmen.

Es gibt aber noch ein anderes »inneres Kind«. Dieses Kind ist voller Freude. Es ist unberührt von den Verletzungen, die wir als junges Wesen erlitten haben. Es ist das strahlende, unschuldige, neugierige, verspielte, abenteuerlustige Wesen, das wir im Kern sind. Dieser Kern ist bei den meisten zivilisierten Menschen bis zur Unkenntlichkeit überdeckt von Selbst-

253

Dritter Teil: Meditationen zu konkreten Problemen und Bedürfnissen

schutzmaßnahmen und allerlei »erwachsenen« Verhaltensmustern.

Dieses heile (und heilige) Kind kann das verletzte Kind heilen. Wenn Sie beim Lesen dieser Zeilen feststellen, daß Sie ohne Schwierigkeiten Zugang finden zu dem reinen, kindlichen, strahlenden Aspekt Ihres Wesens, dann wird es Ihnen leichtfallen, mit seiner Hilfe das verletzte Kind in Ihrem Innern zu heilen. Und umgekehrt: Wenn beim Lesen dieser Worte für Sie das verletzte Kind spürbar im Vordergrund steht und das heile nicht oder kaum wahrzunehmen ist, dann können Sie über die Heilungsarbeit am verletzten Kind das heile wiederfinden.

Den ersten dieser beiden Ansätze könnte man spirituell, den zweiten therapeutisch nennen.

Der spirituelle Ansatz

Der spirituelle Ansatz ist kreativ. Er besteht nicht darin, etwas, das geschädigt ist, wieder in Ordnung zu bringen, sondern etwas Neues zu wecken und zu fördern – etwas, das zwar in Ihrem Innern vorhanden ist, aber noch schlummert.

Das Urkind zum Leben erwecken

Die Technik

1. Begeben Sie sich in einen meditativen Zustand.
2. Rufen Sie die Erinnerung an einen Augenblick in Ihrer

Mit dem inneren Kind Kontakt aufnehmen

Kindheit wach, als Sie voller Freude, stark und ganz Sie selbst waren. Wenn Sie sich nicht bewußt an einen Augenblick dieser Art erinnern können, so können Sie es sich doch vorstellen. Versetzen Sie sich ganz in dieses Gefühl und diese Stimmung hinein. Finden Sie in Ihrem Innern die Freude, die Neugier und die Unschuld wieder. Schieben Sie energisch alles andere zur Seite, wie eine Mutter, die unwirsch abwinkt, wenn jemand sie beim Stillen ihres Babys stören will. Wenden Sie sich jetzt nur und ausschließlich Ihrem Kind zu: dem Kind, das Sie sind.

3. Erlauben Sie dem vitalen, kreativen Kind, das Sie einmal waren und im tiefsten Innern immer noch sind, in der Welt Ihrer Vorstellung zu spielen. Bitten Sie es, Bilder zu schaffen, die ihm Freude machen. Erlauben Sie ihm, in der Bilderwelt Ihrer Psyche kreativ zu sein. Setzen Sie seiner Phantasie keine Grenzen.

4. Betrachten Sie die entstehenden Bilder neugierig und wohlwollend, ohne sie zu bewerten oder zu analysieren. Es sind Geschenke an Sie, nicht Studienobjekte.

5. Bedanken Sie sich bei dem inneren Kind. Gehen Sie ein neues Bündnis mit ihm ein. Bitten Sie es beispielsweise, Sie davor zu beschützen, so langweilig, unbeweglich und achtlos zu werden, wie Erwachsene es in dieser Welt oft werden. Sichern Sie ihm Ihrerseits Aufmerksamkeit und Schutz zu. Das heißt, Sie werden ihm erlauben, sich in Ihrem täglichen Leben zu äußern und mitzuspielen, und gleichzeitig darauf achten, die Geheimnisse, die Sie miteinander teilen, nicht zu verraten und dasjenige Maß an

Dritter Teil: Meditationen zu konkreten Problemen und Bedürfnissen

Spielregeln der Erwachsenenwelt einzuhalten, das Sie für erforderlich halten, damit Sie nicht in einer Gummizelle landen oder sich lächerlich machen. Oder schließen Sie ein Abkommen anderen Inhalts, je nach Wunsch und momentaner Eingebung. Was den Wunsch betrifft, lassen Sie bitte das innere Kind auch zu Wort kommen. Fragen Sie es, was es sich von Ihnen wünscht.

6. Fragen Sie das Kind, was es nach dieser Meditation am liebsten tun würde – und setzen Sie es um, wenn irgend möglich.

Erinnern Sie sich von nun an so oft wie möglich an das strahlende, verspielte, unschuldige, vitale, gesunde Kind, das Sie eigentlich sind. Lassen Sie es mitreden, mittanzen, mitspielen, wo immer Sie sind. Übergeben Sie ihm die Zügel für Ihre nächtlichen Traumabenteuer. Begrüßen Sie es beim Aufwachen. Nehmen Sie es mit zur Arbeit, in Ihre Freizeitaktivitäten, in Ihre erotischen Begegnungen. Hier muß es sich keineswegs als regressiv-kindliches Kuschelverhalten äußern, sondern es macht sich in größerer Kreativität, Vorwitzigkeit, Neugier und Sinnlichkeit bemerkbar. Schaffen Sie sich Spielstunden: Stunden, die ganz allein Ihnen gehören und in denen Sie genau das tun, was dem verspielten Kind, das Sie sind, gerade einfällt.

Der in Ihnen schlummernde Reichtum an Kreativität, an Einfällen, an Spontaneität, kann aufbrechen und Ihr ganzes Leben bereichern und verzaubern. Und die Wunden des verletzten Kindes in Ihrem Innern heilen mit der Zeit ganz von

Mit dem inneren Kind Kontakt aufnehmen

selbst, wenn Sie dem heilen Kind das ihm zustehende Recht an Mitsprache einräumen, und wenn Sie ihm erlauben, zu sein und sich Ausdruck zu verschaffen.

Der therapeutische Ansatz

In vielen Fällen erscheint es jedoch vordringlich, sich dem verletzten Kind zuerst zuzuwenden. Hier liegt natürlich das Betätigungsfeld der Therapeuten, und wir wollen ihnen nicht ins Handwerk pfuschen. Aber Meditation kann einen großen Teil zur Heilung beisteuern und die Therapie zumindest wirksam ergänzen.

Hier ist es, ebenso wie bei vielen der anderen Themen dieses Buches, nicht mit einer einzigen Meditationssitzung getan. Vielmehr setzt die Meditation einen Prozeß in Gang, der Zeit braucht. Während dieses Prozesses werden Sie klugerweise immer wieder meditieren und Kontakt mit dem inneren Kind aufnehmen. Meistens werden Sie auch das Bedürfnis danach haben. Wenn Sie aber ausgesprochene Unlust verspüren, setzen Sie sich wenigstens für einen Augenblick hin und wenden Sie sich dem inneren Kind zu. Schon ein kurzer Moment der Zuwendung ist wertvoll.

Dritter Teil: Meditationen zu konkreten Problemen und Bedürfnissen

Das verletzte Kind heilen

Die Technik

Bei dieser Meditation kann es ausnahmsweise einmal sinnvoll sein, im Liegen zu beginnen – vorausgesetzt, Sie sind wach genug, um nicht während der Übung einzuschlafen. Andernfalls nehmen Sie bitte Ihre Meditationshaltung ein.

1. Legen Sie sich bequem auf den Rücken. Legen Sie Ihre rechte Hand schützend und tröstend auf den Solarplexus. Wenn sie kalt ist, reiben Sie sie erst warm. Wenn Sie den Wunsch danach verspüren, legen Sie die linke Hand über die rechte.

2. Atmen Sie in Ihre Hand hinein, während Sie sich tief entspannen. Atmen Sie seufzend aus und lassen Sie dabei alle Anspannung gehen.

3. Nehmen Sie Kontakt mit dem verletzten Kind in Ihrem Innern auf. Das sind Sie natürlich selbst, aber zum Zweck dieser Übung können Sie so tun, als wäre dieses Kind jemand anders. Sprechen Sie in Gedanken mit ihm wie eine liebevolle Mutter oder ein freundlicher Therapeut. Fragen Sie es, was ihm fehlt und was es braucht. Nehmen Sie die Antwort nicht nur mit dem Kopf auf, sondern mit dem Herzen. Fühlen Sie sie. Wenn Ihnen das schwerfällt, können Sie es mit dem Atem fördern, indem Sie etwas heftiger atmen, bis Sie in Kontakt mit den Emotionen des inneren Kindes kommen. Atmen Sie anschließend normal und ruhig weiter. Wenn die Emotionen, die auftauchen,

Mit dem inneren Kind Kontakt aufnehmen

sehr stark sind, belassen Sie den Hauptteil Ihrer Aufmerksamkeit beim Atem. Nehmen Sie die Gefühle wahr und erleben Sie sie, aber lassen Sie sich nicht von ihnen davontragen. Das erreichen Sie, indem Sie alles, was auftaucht, an- und wahrnehmen, aber mit dem Schwerpunkt Ihrer Aufmerksamkeit beim Atem bleiben.

4. Wenn Sie genug von dem gefühlt, wahrgenommen und verstanden haben, worüber das Kind in Ihrem Innern klagt, dann fragen Sie es, was es sich von Ihnen wünscht. Was können Sie tun, damit seine Wunden heilen? Atmen Sie in Ihr Herzzentrum hinein, während Sie sich für die Antwort empfänglich machen.

5. Sollten Sie in beiden Phasen der Übung keine erkennbare Antwort erhalten, so atmen Sie einfach wie angegeben, zuerst in den Solarplexus, dann ins Herz, während Sie sich dem verletzten Kind in Ihrem Innern zuwenden.

6. Zum Abschluß stellen Sie sich vor, das Kind in Ihrem Innern zu umarmen, und versprechen Sie ihm, es von nun an nicht mehr aus den Augen zu verlieren. Oder geben Sie ihm ein anderes Versprechen Ihrer Wahl.

Tun Sie danach im täglichen Leben Ihr Bestes, um Ihr Versprechen zu halten. Wenn Ihnen das nicht gleich gelingt, nehmen Sie es sich nicht übel. Schreiten Sie einfach weiter voran, und nehmen Sie sich vor, wachsam zu bleiben.

In bezug auf den Prozeß der Heilung läßt sich nichts Allgemeingültiges aussagen. Jeder Prozeß ist einzigartig. Überlas-

Dritter Teil: Meditationen zu konkreten Problemen und Bedürfnissen

sen Sie die Steuerung Ihrem wissenden höheren Selbst und folgen Sie einfach Ihren Eingebungen.

Der Schlüssel für alle Prozesse dieser Art ist Zuwendung. Wenn Sie sich einer Angelegenheit, einem Aspekt oder einem Wesen (auch sich selbst) erst einmal ganz und gar zuwenden, wird immer der erforderliche heilende oder lösende Prozeß in Gang gesetzt.

Bitte prüfen Sie im Zusammenhang mit der Thematik dieses Kapitels auch, ob die Kapitel »Meditation bei Gesundheitsstörungen« (Seite 81), »Entwickeln Sie ein positives Selbstbild« (Seite122), »So lösen Sie Ihre Schuldgefühle auf« (Seite 145) und/oder »Überwinden Sie Ihren Groll« (Seite 158) auf Sie zutreffen.

Nach und nach heilen die Wunden, entfernt sich unser Denken und Fühlen von ihnen, verblassen die Verhaltensmuster, die uns immer wieder in schmerzhafte Situationen hineingezwungen haben. Hinter dem verletzten Kind erscheint das wirkliche, das heile Kind, lachend und frei. Es war tatsächlich immer vorhanden, aber wir wußten das nicht.

Wenn wir wach sind und unsere Chance wahrnehmen, können wir es nun aus dem Keller hervorholen, in den wir es eingesperrt hatten, und es an unserem Leben teilhaben lassen.

Die Techniken in Kurzform

Das Urkind zum Leben erwecken

Sich in einen meditativen Zustand begeben.
Freude, Neugier und Unschuld wiederfinden.
Das vitale, kreative innere Kind mit der Phantasie spielen lassen.
Ein neues Bündnis eingehen.
Das Kind fragen, was es anschließend gern tun würde.

Das verletzte Kind heilen

Sich hinlegen und die rechte Hand auf den Solarplexus legen.
Sich entspannen.
Kontakt mit dem verletzten inneren Kind aufnehmen.
Das Kind fragen, was ihm fehlt.
Sich im Herzen zentrieren und auf Empfang schalten.
(Wenn nötig: tiefer atmen, um in Kontakt zu kommen.)
Die Gefühle wahrnehmen und erleben, aber beim Atem bleiben.
Fragen, was das Kind sich von Ihnen wünscht.
Im Herzen zentrieren und auf Empfang schalten.
Das Kind umarmen.
Ein Versprechen geben.

Visualisieren aus der Tiefe

*Wenn nur die Leute endlich einsehen
lernten, daß Luftschlösser fertigbauen
das solideste Realitätengeschäft ist und
der Grund sie obendrein gar nichts ko-
stet!*

PRENTICE MULFORD

Über das Visualisieren ist viel geschrieben worden. Mit der
bildhaften Vorstellung können die unglaublichsten Ergebnisse erzielt werden, von geschäftlichen oder sportlichen Erfol-
gen bis hin zu Krebsheilungen. Was nicht weiter verwunder-
lich ist, macht man sich klar, daß schöpferische Imagination
diejenige Tätigkeit ist, aus der das ganze Universum entstan-
den ist. Diese Urkraft wirkt auch in uns. Wir können sie nach
außen richten und Gegenstände, Kunstwerke und Lebensumstände schaffen. Oder aber wir richten sie nach innen und
modellieren uns selbst unsere Persönlichkeit, mit ihrer Hilfe.
(Bitte lesen Sie hierzu auch die Kapitel »Probleme bewältigen«, Seite 99, und »Meisterschaft erlangen«, Seite 167.)

Visualisieren aus der Tiefe

Bei den meisten Menschen wirkt diese Kraft im Unbewußten. Wir alle nutzen sie, machen uns in den seltensten Fällen aber diese Tatsache bewußt. »Noch ist das ein recht unheimlicher Zustand«, schrieb PRENTICE MULFORD, »Wirkungen, die man weder kennt noch beabsichtigt noch beherrscht, unaufhörlich hilflos in einen unbekannten Ätherschoß hineinzeugen zu müssen, aus dem sie dann irgendwann, ausgereift zu Gott weiß was, wieder zurück in unsere Wahrnehmungswelt stürzen können.« Wenn wir etwas denken, das mit einer bildhaften Vorstellung und einer Emotion verbunden ist, scheint das so zu wirken, als prägten wir einer unsichtbaren Substanz eine Struktur auf, aus der sich – je nachdem, wie deutlich und wie beharrlich wir die Vorstellung hegten – früher oder später greifbare Wirklichkeit formt.

Viele Menschen versuchen sich diese Tatsache bewußt zunutze zu machen, gehen dabei aber zu oberflächlich vor. Der Erfolg bleibt aus, oder es stellt sich sogar ein ausgesprochener Mißerfolg ein, der dem Bemühen hohnspricht. Entweder war der Wunsch nicht eindeutig genug, oder er war nicht von einem Bild und einer Emotion begleitet, oder etwas Unbewußtes hat sich dagegengestellt. Oder der Wunsch widersprach einer höheren und besseren Absicht des wissenden Selbst.

Wer erfolgreich visualisieren möchte, tut gut daran, sich zu Arbeitszwecken ausnahmsweise einmal aufzuspalten und als eine Dreieinigkeit zu betrachten. Da ist zum einen, sozusagen in der Mitte und stark im Vordergrund stehend, das

Dritter Teil: Meditationen zu konkreten Problemen und Bedürfnissen

persönliche Bewußtsein. »Persönlich« meint hier, daß dieser Teil des Bewußtseins an die Grenzen der persönlichen Perspektive gebunden ist, und »Bewußtsein« meint, daß dies der Teil unserer inneren Realität ist, dessen wir gewahr sind, der also im Scheinwerferlicht unserer Aufmerksamkeit liegt. Es ist das, was wir im allgemeinen meinen, wenn wir »ich« sagen. In der »Kahuna«-Lehre aus Hawaii (die uns von MAX FREEDOM LONG übermittelt wurde) existiert eine ähnliche Dreieinigkeit, und dieser Teil entspricht dem, was die Kahunas das »mittlere Selbst« nennen.

Dieses »mittlere Selbst« kann schöpferisch sein in bezug auf die Außenwelt. Es kann Tische, Bilder, Lieder, Sinfonien und Stofftiere erschaffen und hierbei mehr oder weniger Mitarbeit von anderen Bewußtseinsschichten in Anspruch nehmen.

Wenn wir aber schöpferisch werden möchten in bezug auf die Umstände unseres Lebens oder auf uns selbst, müssen wir in ein umfassenderes, höheres Bewußtsein eintreten. Wir können unsere Persönlichkeit und unsere Lebensumstände nur verändern oder neu erschaffen aus der Perspektive des »Regieraums« heraus, sprich jener wissenden, überpersönlichen Instanz, die wir (ebenso wie die Kahunas) das »höhere Selbst« nennen.

Das »höhere Selbst« ist nicht an unseren Standpunkt in Raum und Zeit gebunden und nicht in unseren Körper eingeschweißt. Seine intelligente Aktivität ist eine höhere Art des Denkens als unser gewöhnliches Denken, das im Interpretieren von Sinneseindrücken besteht. Das höhere Selbst

Visualisieren aus der Tiefe

legt die Grundmuster für unsere persönliche Entwicklung an, sozusagen die Schablonen, in die wir hineinwachsen.

Wenn Sie sich selbst oder Ihre Lebensumstände aus Ihrem persönlichen Bewußtsein (dem mittleren Selbst) heraus verändern möchten, so sind Ihre Macht und Ihr Überblick dazu nicht ausreichend. Das, was Sie sich heute wünschen, kann Sie morgen ins Unglück stürzen, was Sie aber aufgrund des von Natur aus eingeschränkten Wahrnehmungsvermögens des persönlichen Bewußtseins nicht erkennen können. Vielleicht gibt es etwas viel Besseres für Sie als das, was Sie sich wünschen. Vielleicht ist es auch nur eine Frage des Timings: Sie bekommen das, was Sie sich jetzt wünschen, aber zu einem späteren, weil günstigeren Zeitpunkt. Das höhere Selbst sieht weiter als Sie und kann Aspekte dieser Art berücksichtigen. Es sollte deshalb immer einbezogen werden, wenn es darum geht, mit Hilfe der Vorstellungskraft in bezug auf das eigene Leben schöpferisch zu werden.

Eine dritte Instanz, die immer im Spiel ist und nicht übergangen werden darf, ist das, was wir – nicht ganz korrekt vielleicht, aber treffend – das Unterbewußtsein nennen. (Es entspricht dem »niederen Selbst« der Kahunas.)

Vielleicht imaginieren Sie etwas sehr Schönes und Erstrebenswertes. Während Sie leuchtende Bilder von Glück, Wohlstand, Liebe oder Gesundheit auf die Leinwand Ihres Geistes projizieren, sitzt im Dunkeln jemand dahinter, der höhnisch »hahaha« sagt – ein unbemerkter Teil Ihrer selbst, der sich traurig, arm oder krank fühlt und der nicht glaubt,

Dritter Teil: Meditationen zu konkreten Problemen und Bedürfnissen

daß etwas so Schönes wie das von Ihnen Imaginierte ihm je vergönnt sein kann, oder der es sich gar nicht wünscht.

Diese drei Teile – persönliches Bewußtsein, höheres Selbst und Unterbewußtsein – müssen zusammenwirken, damit eine Visualisierung oder ein positiver Leitsatz wirksam werden kann.

Max Freedom Long weist in seiner *Kahuna-Magie* darauf hin, daß unbedingt zuerst geklärt werden muß, ob das Unterbewußtsein in einem guten Verhältnis zum höheren Selbst steht. Das ist immer dann nicht der Fall, wenn man sich insgeheim schuldig fühlt. Wenn das auf Sie zutrifft, arbeiten Sie bitte zuerst mit Ihren Schuldgefühlen (siehe Kapitel »So lösen Sie Ihre Schuldgefühle auf«, ab Seite 145), wenn nötig auch mit Ihrem Groll (»Überwinden Sie Ihren Groll«, ab Seite 158), bevor Sie sich daranmachen, mit schöpferischen Visualisierungen zu arbeiten.

Sich der Mitarbeit des Unterbewußtseins versichern

Die Technik
1. Setzen Sie sich ruhig und entspannt hin.
2. Sagen Sie sich das Gewünschte vor; nicht als Wunsch formuliert, sondern als Ist-Zustand. (Also nicht: »Ich möchte viel Geld haben«, sondern »Ich bin wohlhabend« oder »Ich bin reich« und so weiter.) Malen Sie sich den erwünschten Zustand lebhaft aus, so, als sei er bereits eingetreten. Se-

Visualisieren aus der Tiefe

hen Sie sich inmitten der erstrebten Situation. Nicht als
außenstehender Beobachter oder Beobachterin, sondern
als Erlebender beziehungsweise Erlebende.

3. Horchen Sie auf innere Reaktionen. Taucht ein Gefühl
von Unglauben, Hohn, Resignation, Traurigkeit oder Widerstand auf?

4. Fühlen Sie den Widerspruch oder Widerstand und versuchen Sie ihn zu formulieren. Etwa: »Ich verdiene das
nicht« oder »Das ist doch unmöglich«.

5. Sprechen Sie mit Ihrem Unterbewußtsein. Erklären Sie
ihm, daß Sie seine Gefühle anerkennen, nun aber eine
neue, bessere Realität schaffen möchten und dazu seine
Hilfe brauchen. Wiederholen Sie dann den Wunschgedanken und stellen Sie sich die dazugehörigen positiven Bilder vor.

6. Horchen Sie wieder nach innen. Taucht Widerstand auf?
Versuchen Sie zu ergründen, woher er kommt, welche Erfahrungen ihn ausgelöst haben. Bringen Sie Ihrer Wider-
spenstigkeit Liebe, Aufmerksamkeit und Mitgefühl entge-
gen.

7. Formulieren Sie dann den Wunschgedanken von neuem
und imaginieren Sie den gewünschten Zustand, als sei er
bereits erreicht. Führen Sie dieses Spiel solange fort, bis
Sie den positiven Gedanken nebst Visualisierung und positiver Emotion festhalten können, ohne daß Widerstand
auftaucht.

8. Malen Sie sich das Erwünschte noch einmal deutlich aus.
Schaffen Sie lebendige, glückerfüllte Bilder. Laden Sie sie

Dritter Teil: Meditationen zu konkreten Problemen und Bedürfnissen

mit freudiger, kraftvoller Emotion. Sehen Sie sich in der erwünschten Situation und empfinden Sie die Freude, die damit verbunden ist. Wagen Sie es, im Geist so zu tun, als hätten Sie das Erwünschte bereits erhalten. Was könnte Sie daran hindern, sich das vorzustellen? Es ist ein Gedankenspiel!

9. In Fällen hartnäckigen Widerstands ist es erforderlich, sich dem Widerstand ausführlich zuzuwenden und ihm auf den Grund zu gehen, wie wir es in anderen Kapiteln getan haben (etwa bei »So lösen Sie Ihre Schuldgefühle auf«, Seite 145, und »Überwinden Sie Ihren Groll«, Seite 158).

Wenn Sie in der Lage sind, sich das Erwünschte bildhaft und emotionsgeladen vorzustellen und es sich in Worten als Ist-Zustand einzusuggerieren, ohne daß eine Gegenreaktion auftaucht, ist dieser Teil der Übung abgeschlossen.

Wenn Ihnen die Logik dabei Schwierigkeiten macht, weil die äußeren Umstände ja anders aussehen als das, was Sie sich vorstellen und suggerieren, dann sagen Sie sich bitte: Die geistige Wirklichkeit ist die primäre. Gedanken sind schöpferisch. Wir stellen hier das übliche Denken auf den Kopf. Anstatt mit unseren Gedanken auf die äußeren Umstände zu reagieren, schaffen wir neue Umstände mit Hilfe neuer Gedanken. Man muß sich das immer wieder einprägen, um nicht wieder dem üblichen Denken auf den Leim zu gehen. Es steht schon in der Bibel: »Am Anfang war das Wort.« Und sagte nicht Jesus: »Wenn ihr um etwas bittet, so glaubt, daß ihr es bereits erhalten habt«?

Visualisieren aus der Tiefe

Die Perspektive des höheren Selbst einbeziehen

Dies ist eine gesonderte Meditation.

Die Technik

1. Begeben Sie sich in einen meditativen Zustand.
2. Stellen Sie sich darauf ein, die erwünschte Veränderung oder Neuschöpfung nun aus höherer Perspektive zu sehen.
3. Konzentrieren Sie sich auf Ihren Atem. Entspannen Sie sich mit jedem Atemzug. (Mit dem Einatmen weiten Sie verkrampfte Räume, mit dem Ausatmen lassen Sie Spannung gehen.)
4. Lassen Sie vor Ihrem geistigen Auge das Bild Ihrer derzeitigen Situation entstehen, jener Umstände, mit denen Sie unzufrieden sind und die Sie verändern möchten. Lassen Sie ein symbolisches oder konkretes Bild des Ist-Zustandes in Ihrem Geist aufsteigen und setzen Sie es wie ein Gemälde in einen Rahmen.
5. Setzen Sie einen leeren Rahmen daneben. Stellen Sie sich darauf ein, daß später in diesem leeren Rahmen das Bild neuer, besserer Umstände erscheinen wird, die aus der Perspektive des höheren Selbst für Sie erstrebenswert sind.
6. Lassen Sie diesen Rahmen leer vor Ihrem inneren Auge stehen, während Sie mit Ihrer Aufmerksamkeit wieder zum Atem zurückkehren.
7. Heben Sie Ihre Aufmerksamkeit in die Höhe. Verlagern Sie sie zum Scheitelbereich Ihres Kopfes. Stellen Sie sich vor, sich darüber hinaus zu erheben. Wandern Sie im

Dritter Teil: Meditationen zu konkreten Problemen und Bedürfnissen

Geist einen hohen Berg hinauf oder fliegen oder schweben Sie in die Höhe. Wenn Sie viel Abstand von der Ebene beziehungsweise von der Erdoberfläche gewonnen haben und sich leicht und frei fühlen, halten Sie inne.

8. Treten Sie mit dem Teil Ihres Wesens in Verbindung, der frei ist von Körper, Raum, Zeit sowie den Umständen Ihres Lebens und der eine höhere und umfassendere Perspektive hat als Ihr persönliches Bewußtsein. Bitten Sie diesen Teil (Ihr höheres Selbst), in dem leeren Rahmen ein Bild dessen entstehen zu lassen, was in seinem Sinne für Sie erstrebenswert ist.

9. Betrachten Sie dieses Bild, prägen Sie es sich ein und lassen Sie es auf sich wirken, ohne es zu analysieren.

10. Beenden Sie die Meditation. Zeichnen Sie die erhaltenen Bilder auf. Nehmen Sie sich Zeit, nachzuspüren und sie zu verstehen.

Möglicherweise steckt im zweiten Bild eine Botschaft ganz anderer Art als die, die Sie erwartet haben. Nehmen Sie sie in sich auf – und wenn Sie sie nicht sofort verstehen, nehmen Sie sie mit in den Schlaf und in Ihre nächste Meditation.

Wenn Sie diese Botschaft begriffen haben, können Sie sich daranmachen, sie zu konkretisieren und mit Ihren persönlichen Wünschen in Zusammenhang zu bringen. Nun können Sie sich eine Wunschformulierung und ein Bild schaffen, die von der Perspektive des höheren Selbst korrigiert oder inspiriert sind und die Sie mit Hilfe Ihrer persönlichen Wünsche konkret und lebendig werden lassen.

Visualisieren aus der Tiefe

Und es reicht natürlich nicht aus, nur zu visualisieren und sich das Gewünschte zu suggerieren – man muß auch wach sein für Gelegenheiten, die sich in der Außenwelt bieten, und für Mitteilungen der inneren Stimme sowie tatkräftig handeln, um das Gewünschte zu erreichen.

Um die geschilderte Technik zu veranschaulichen, gebe ich ein Beispiel aus meiner eigenen Praxis wieder. Ich war unzufrieden mit meinen Lebensumständen. Ich wollte meine Wohn- und Arbeitssituation verändern und, bevor ich mich ans Visualisieren der erwünschten Veränderungen machte, die Perspektive des höheren Selbst kennenlernen. Ich setzte mich hin und nahm mir vor, als erstes ein Bild zu erhalten, das meine derzeitigen Lebensumstände illustrierte. Sogleich sah ich mich in der Mitte eines großen Bildes. Dieses Bild war vollgewuchert mit Dingen und Gestalten, und in der Mitte des Bildes, winzig klein, war ich zu sehen. Tatsächlich fühlte ich mich damals überwuchert von Begebenheiten, Pflichten und Angelegenheiten, die mir nicht entsprachen und nicht meiner Kontrolle unterlagen. In meiner Kontemplation setzte ich dann einen leeren Rahmen daneben und begab mich in eine höhere Perspektive. Ich stellte mich darauf ein, in diesem leeren Rahmen die Vision meines höheren Selbst auftauchen zu sehen. Ich erwartete das Bild einer besseren Wohn- und Berufssituation. Statt dessen erschien in dem zweiten Rahmen ein Bild meiner Person. Diesmal war auf dem ganzen Bild nichts anderes zu sehen als ich: Meine Gestalt füllte den gesamten Rahmen lückenlos aus.

Ich verstand diesen Wink meines höheren Selbst auf An-

271

Dritter Teil: Meditationen zu konkreten Problemen und Bedürfnissen

hieb. Es ging nicht in erster Instanz darum, günstigere äußere Umstände zu schaffen. Viel wichtiger war, daß ich mein Leben bis zum Rand ausfüllte, anstatt mich von äußeren und fremdgesteuerten Umständen erdrücken zu lassen. Bessere Lebensumstände würden die Folge sein, sobald ich meine Haltung und Handlungsweise veränderte. Genauso kam es auch. Kein Zweifel: Die geistige Realität ist die primäre.

Die Techniken in Kurzform

Sich der Mitarbeit des Unterbewußtseins versichern

Sich entspannen.
Sich den erwünschten Zustand vorsagen und ausmalen, als sei er bereits eingetreten.
Feststellen, ob Widerstand oder -spruch auftritt.
Widerstand fühlen und formulieren.
Mit dem Unterbewußtsein sprechen, und es um Hilfe bitten.
Den Wunschgedanken wiederholen und erneut visualisieren.
Widerstand aufspüren.
Den Widerstand umarmen und ergründen.
Erneut den Wunschgedanken formulieren und imaginieren.
Wechselspiel so lange fortführen, bis kein Widerstand mehr auftaucht.
Das Erwünschte deutlich visualisieren.
Das Bild mit freudiger Emotion laden.

Visualisieren aus der Tiefe

Die Perspektive des höheren Selbst einbeziehen

Sich in meditativen Zustand begeben.

Sich auf eine Vision aus höherer Sicht einstellen.

Sich mit dem Ein- und Ausatmen entspannen.

Ein Bild des (unerwünschten) Ist-Zustandes aufsteigen lassen.

Das Bild in einen Rahmen setzen.

Einen leeren Rahmen daneben setzen.

Sich einprogrammieren, daß im leeren Rahmen die Vision der erwünschten Veränderung aus Sicht des höheren Selbst auftauchen wird.

Einen erhöhten Standpunkt einnehmen.

Mit dem höheren Selbst Kontakt aufnehmen.

Eine Vision wünschenswerter Umstände aus der Sicht des höheren Selbst erbitten.

Auf Empfang schalten.

Sich das Bild einprägen.

Die Meditation beenden.

Die Bilder aufzeichnen.

Nachspüren und nachdenken.

VIERTER TEIL

Meditationen für den täglichen Gebrauch

Die regelmäßige Meditation

*In der Meditation stimmen wir uns ein.
Aller Reichtum unseres Wesens wird
auf einen höheren Akkord eingestellt
und gestimmt.*

PIR VILAYAT KHAN

Ich kann Ihnen gar nicht genug ans Herz legen, täglich zu
meditieren, und sei es nur für zehn Minuten. Sogar fünf
Minuten lohnen sich bereits. Sie können diese Zeit nutzen,
um zu sich zu kommen, Ruhe und Abstand zu gewinnen,
den Kontakt mit der Tiefe Ihres Wesens zu erneuern und sich
zu ordnen und zu stimmen. Wer nicht täglich meditieren
kann oder will, findet vielleicht einen anderen regelmäßigen
Rhythmus – zweimal oder einmal wöchentlich beispielsweise. Wer nicht regelmäßig, sondern nur gelegentlich meditiert, der sollte dafür den richtigen Augenblick wählen und
damit in der Lage sein, sich für eine genügend lange Zeit,
beispielsweise eine halbe Stunde, ganz von der Außenwelt
abzuschirmen und sich vollkommen der Meditation zu wid-

Vierter Teil: Meditationen für den täglichen Gebrauch

men. Da ihm vermutlich die Übung fehlt, um schnell und leicht in einen meditativen Zustand zu gelangen, braucht er ein wenig mehr Zeit und eine besonders sorgfältige Vorbereitung.

Täglich eine halbe Stunde zu meditieren, reicht vollkommen aus. Idealerweise teilen Sie diese Zeit so auf, daß Sie morgens zwanzig Minuten und abends zehn Minuten meditieren – oder umgekehrt. Zusätzlich können Sie sich dann und wann (vielleicht einmal wöchentlich oder nach Bedarf) Zeit für eine ausführlichere Meditation nehmen. Sei es, daß Sie tiefer in die Stille gehen möchten, sei es, daß Sie ein Thema kontemplieren oder mit einem Problem arbeiten möchten.

Grundsätzlich kommt es jedoch nicht auf die Zeitdauer an, sondern auf die Intensität. Wer eine Minute lang intensiv nach innen lauscht, in absoluter Stille, Hingabe und Konzentration, der ist dem Erlebnis wirklicher Meditation sicher näher als jemand, der sich eine halbe Stunde lang mit einer geistigen Pflichtübung herumplagt.

Es ist wohltuend, hilfreich und für viele Menschen sogar notwendig, dem Körper zuerst ein wenig Bewegung zu verschaffen, bevor man sich zur Meditation hinsetzt. Ein Körper-Kurzprogramm zur Vorbereitung der Meditation finden Sie gleich zu Beginn des zweiten Teils dieses Buches (Seite 48).

Eine Meditationstechnik, die für die tägliche Praxis geeignet ist, habe ich ebenfalls im zweiten Teil vorgestellt. Sie dient als Basistechnik und gleichzeitig als Einleitung für die meisten der im dritten Teil geschilderten Methoden (dort entspricht sie der Anweisung »Begeben Sie sich in einen me-

Die regelmäßige Meditation

ditativen Zustand«). Für die tägliche Kurzmeditation ist diese Methode vollauf ausreichend.

Hier nun folgen einige weitere Meditationstechniken, die für den täglichen Gebrauch geeignet sind.

Eine tägliche Kurzmeditation

Die Technik

1. Nehmen Sie Ihre Meditationshaltung ein.
2. Fühlen Sie Ihren Körper, Ihre Emotionen, Ihre Stimmung. Lassen Sie Ihre Aufmerksamkeit einen Augenblick dort verweilen, wo Sie etwas Besonderes registrieren: einen Schmerz, einen Knoten, eine Verspannung, ein Gefühl von Enge, Trauer, Ärger, Gereiztheit und so weiter. Füllen Sie diese Empfindung oder dieses Gefühl ganz mit Ihrer Aufmerksamkeit, Ihrem Atem, Ihrer Anteilnahme, bevor Sie weiterwandern.
3. Wenden Sie sich Ihrer gegenwärtigen Lebenssituation zu. Welche Sorgen beschäftigen Ihre Gedanken? Welche Aufgabe liegt vor Ihnen? Welche Herausforderungen oder Probleme gilt es zu bewältigen? Wovor haben Sie Angst? Betrachten Sie die Gesamtsituation, ohne sie zu analysieren oder zu hinterfragen.
4. Lösen Sie dann Ihr Bewußtsein von alledem und wenden Sie sich Ihrem Atem zu. Beobachten Sie, wie er die Bauchdecke hebt und senkt. Nehmen Sie jedes einzelne

Eine tägliche Kurzmeditation

Einatmen und jedes einzelne Ausatmen wahr. Entspannen Sie sich. Nehmen Sie sich für einen Augenblick frei von den Sorgen der Welt und den Wetterschwankungen Ihres Gemüts. Seien Sie ganz bei sich, genießen Sie den Fluß Ihres Atems, verfolgen Sie das gleichmäßige Heben und Senken der Bauchdecke.

5. Machen Sie sich Ihre Verbindung zur Erde über den untersten Teil Ihres Rumpfes (den Dammbereich) und Ihre Verbindung zum Himmel über den obersten Teil Ihres Körpers (den Scheitelbereich) bewußt. Werden Sie Ihrer Längsachse gewahr, des Rückgrats. Stellen Sie sich vor, wie von unten Kraft aus der Erde und von oben Energie aus dem Kosmos in Sie einfließt. Laden Sie Ihren ganzen Körper mit Energie auf.

6. Fühlen Sie Ihr Herzzentrum in der Mitte Ihrer Brust. Verweilen Sie dort einen Augenblick.

7. Stellen Sie sich ein auf Ihre Intuition, Ihre innere Führung. Nehmen Sie sich vor, sie im Verlauf des Tages wahrzunehmen und ihr zu folgen. Machen Sie sich bewußt, daß Sie, um das tun zu können, empfangsbereit und schnell sein müssen: Die innere Stimme ist ein flüchtiges Phänomen.

8. Legen Sie die Handflächen über Ihrem Herzen zusammen und atmen Sie kräftig durch die Nase (aktive Stimmung und große Wachheit erzeugend), bevor Sie die Augen öffnen.

Die Lichtdusche

Wachheit, Intelligenz, Bewußtheit und gute Stimmung haben mit Licht zu tun. Redewendungen und Begriffe wie »Mir geht ein Licht auf«, »lichte Stimmung«, »Erleuchtung« sind einfache Beispiele dafür. Das Spektrum des für uns sichtbaren Lichtes ist gering, verglichen mit den Bereichen, die für unser Auge nicht wahrnehmbar sind. Die Zellen unseres Körpers nehmen Licht auf und strahlen Licht ab. Die Verbrennungsvorgänge im Organismus erzeugen Licht. Besonders intensiv strahlt das Gehirn Licht ab. Hellsichtige können einen regelrechten Lichtkörper wahrnehmen, die sogenannte Aura.

Sich intensiv auf die Vorstellung von Licht zu konzentrieren, hat nicht nur psychische, sondern nachgewiesenermaßen auch physische Wirkungen, ebenso wie das richtige Baden in echtem Sonnenlicht. Licht vertreibt Depressionen und Müdigkeit, Licht begünstigt Wachheit, Kreativität, »helle« Stimmungen, Lebensfreude. Licht gibt Vitalität.

Wer tiefer in die Lichtmeditation hineingeht, kann lernen, sich mit seinem Lichtkörper anstatt mit seinem Körper aus Fleisch und Blut zu identifizieren. Lichtkörper bilden nicht

Die Lichtdusche

festumrissene, klar voneinander getrennte Formen, sondern sie überschneiden sich mit anderen Lichtkörpern. Wir können, wenn wir uns auf eine feinere Art der Wahrnehmung einstellen, Welten aus ineinander verwobenen Lichtnetzen und -gestalten wahrnehmen. Das beginnt damit, daß wir es uns vorstellen. Wir können eintauchen in einen Lichtrausch. Letztlich kann man sich selbst als Licht entdecken: »das Licht der reinen Intelligenz«, wie Mystiker sagen.

Täglich über Licht zu meditieren ist eine wunderbare Übung. Nicht nur, weil sie umfassende positive Wirkungen hat, sondern auch deshalb, weil sie in sich Genuß ist.

Die Technik
1. Begeben Sie Sich in einen meditativen Zustand.
2. Lassen Sie sich von der Vorstellung erfassen, in Licht zu baden. Saugen Sie kraft Ihrer Vorstellung Licht in Ihren Körper. Intensivieren Sie diese Vorstellung mit jedem Atemzug. Mit jedem Einatmen nehmen Sie mehr Licht auf, mit jedem Ausatmen aktivieren Sie das Gefühl und die Wahrnehmung von Licht in Ihren Körperzellen, bis Ihr ganzer Körper im Licht vibriert und funkelt.
3. Wenden Sie sich Ihrem energetischen Herzzentrum in der Mitte der Brust zu. Stellen Sie sich vor oder nehmen Sie wahr, daß Ihr Herz eine intensiv strahlende Sonne ist. Fühlen Sie Licht und Wärme.
4. Lassen Sie im Geist Ihr ganzes Leben, all Ihre Beziehungen und Unternehmungen mit Licht und Wärme durchstrahlen.

Vierter Teil: Meditationen für den täglichen Gebrauch

5. Lassen Sie Licht durch die Augen ausstrahlen, während Sie die Augen langsam öffnen.

Die Arbeit an Qualitäten

Wenn Sie die Entwicklung einer bestimmten Eigenschaft in Ihrer Persönlichkeit fördern möchten, können Sie diese Qualität täglich kontemplieren. Lesen Sie dazu bitte das Kapitel »Meisterschaft erlangen«, Seite 167, in dem die Arbeit an Qualitäten ausführlich dargestellt wird, sowie vor allem das Kapitel »Probleme bewältigen«, Seite 99. Im folgenden wird die tägliche oder regelmäßige Arbeit an Qualitäten mit einer Technik in Kurzform vorgestellt, wie sie PIR VILAYAT KHAN lehrt. Diese Kurzform darf aber erst angewandt werden, wenn Sie mindestens einmal in aller Ruhe die ausführliche Kontemplation der gewählten Qualität durchgeführt haben.

Die Technik
1. Begeben Sie sich in einen meditativen Zustand.
2. Vergegenwärtigen Sie sich die Qualität, um die es geht (jeweils nur eine, nicht zwei oder mehrere zugleich).
3. Stellen Sie sich Szenen, Bilder oder Landschaften vor, die diese Qualität ausdrücken. (Beispiele: Für »Macht« und »Kraft« eine Meeresbrandung, die gegen eine Felsküste

Vierter Teil: Meditationen für den täglichen Gebrauch

donnert; für »Frieden« und »Friedfertigkeit« einen Sonnenuntergang in den Bergen oder eine Mondnacht an einem
See; für »Lebensfreude« herumtollende Kinder, junge Tie-
re und so weiter). Konstruieren Sie diese Bilder nicht, lassen Sie sie in Ihrem Innern aufsteigen, während Sie an die
Qualität denken. Erleben Sie sich inmitten dieser Szenen
oder Landschaften, nicht als außenstehender Beobachter.
Lassen Sie sich ganz von der spezifischen Stimmung der
gewählten Qualität durchdringen.

4. Denken Sie an einen Menschen, der die betreffende Qualität verkörpert. Versetzen Sie sich in ihn oder sie hinein.
   Fühlen Sie seine Stimmung. Fühlen Sie, wie es ist, im vollen Besitz dieser Qualität zu sein.

5. Ganz von dieser Stimmung durchdrungen, wenden Sie
   sich nun in Gedanken Ihrem Alltagsleben zu. Sehen Sie
   sich im Vollbesitz der betreffenden Qualität handeln, sprechen, sich bewegen. Stellen Sie sich mindestens eine Szene Ihres täglichen Lebens auf diese Weise konkret vor, bevor Sie die Kontemplation beenden und ins Alltagsbewußtsein zurückkehren.

6. Lassen Sie zum Abschluß Ihren Körper an dem Erleben
   teilhaben: Nehmen Sie eine Haltung (einschließlich Gesichtsausdruck) ein oder machen Sie eine Geste, die der
   betreffenden Qualität und Stimmung Ausdruck verleiht.

Wenn Sie mit zwei verschiedenen Qualitäten arbeiten möchten, führen Sie bitte die gesamte Übung erst mit der einen,
dann mit der anderen Qualität durch. Für den täglichen Ge-

Die Arbeit an Qualitäten

brauch lassen sich die geschilderten Vorstellungen sehr schnell »abrufen«, wenn Sie sich ihnen einmal in aller Ausführlichkeit gewidmet haben.

Lassen Sie der Qualität Zeit, um in Ihrem Leben Fuß zu fassen. Versuchen Sie sie nicht herbeizuzwingen. Sonst handeln Sie wie jemand, der eine geschlossene Blüte gewaltsam aufzubrechen versucht. Betrachten Sie die Qualität einfach in Ihren Kontemplationssitzungen und seien Sie im täglichen Leben wach für Augenblicke, die Ihnen die Gelegenheit bieten, ihr zur Manifestation zu verhelfen. Seien Sie aber nicht enttäuscht, wenn Ihnen das nicht immer gelingt. Wie gesagt: Es braucht Zeit.

Die Techniken in Kurzform

Tägliche Kurzmeditation

Körper, Emotion und Stimmung fühlen.
Die gegenwärtige Lebenssituation betrachten.
Den Atem im Bauch beobachten.
Sich von allem lösen und in die Stille eintreten.
Verbindung zu Himmel und Erde aufnehmen.
Energie von Himmel und Erde aufnehmen.
Sich im Herzen zentrieren.
Sich auf die innere Führung einstellen.
Die Handflächen vor dem Herzen zusammenlegen und kräftig atmen.

Vierter Teil: Meditationen für den täglichen Gebrauch

Lichtdusche

Sich in einen meditativen Zustand begeben.
Den Körper mit Licht aufladen.
Das Herz als strahlende Sonne sehen.
Das Leben durchlichten.
Licht durch die Augen ausströmen lassen.

An Qualitäten arbeiten

Sich in einen meditativen Zustand begeben.
Sich die betreffende Qualität vergegenwärtigen.
Bilder auftauchen lassen, die die Qualität illustrieren.
Sich von der Stimmung der Bilder durchdringen lassen.
Sich einen Menschen vorstellen, der die Qualität verkörpert.
Sich in ihn hineinversetzen.
Die Qualität und Stimmung in sein Alltagsleben projizieren.
Den Körper teilhaben lassen.

FÜNFTER TEIL

Spirituelle Dimensionen der Meditation

Spirituelles Erwachen

Meditation ohne Gott ist wie Mathematik ohne den Begriff der Unendlichkeit.
PIR VILAYAT KHAN

Das Universum, wie wir es wahrnehmen, besteht aus Raum, Zeit und Eigenschaften. Nehmen Sie die Unendlichkeit des Raumes, multiplizieren Sie sie mit der Unendlichkeit der Zeit (Ewigkeit), statten Sie das Ganze mit den Super-Superlativen aller nur denkbaren Eigenschaften aus und stellen Sie sich das Resultat dieser Operation als einen Körper vor: den Körper eines einzigen Wesens. Dieses Wesen könnte das sein, was wir Gott nennen. Das ist natürlich nur eine Vorstellung. Dieses Namenlose, Grenzenlose – die Hindus nennen es Sein-Wissen-Glückseligkeit – ist der Hintergrund, vor dem wir existieren. In der spirituellen Meditation versuchen wir, in diesen Hintergrund hineinzusinken. Das geschieht, indem wir alles, was sich im Vordergrund abspielt (Wahrnehmungen, Gedanken, die Vorstellung, ein abgetrenntes Ich zu sein) verblassen lassen und in die Stille eintreten.

Fünfter Teil: Spirituelle Dimensionen der Meditation

Dieser Hintergrund unserer Existenz, das »Tao«, personifiziert als Gottvater, Gottmutter oder Gottkind, lebt nicht nur in jedem von uns, es ist jeder von uns. Der Umkehrschluß, jeder von uns sei Gott, ist nicht zulässig. Jeder von uns ist Gott nur insoweit, wie er ihn (oder sie oder es) realisiert hat. Ansonsten ist er nichts als das, wofür er sich hält und wonach er sich verhält – ein winziger, abgetrennter Splitter des großen Mosaiks.

Nach moderner naturwissenschaftlicher Auffassung läßt sich All-das-was-Ist am besten mit einem Hologramm vergleichen. Ein Hologramm ist eine Projektion der Realität und nicht die Realität selbst (etwa wie der Körper ein Ausdruck eines Wesens ist und nicht das Wesen selbst). Aber das Hologramm als Projektion ist auch eine Realität in sich. Trennt man nun von diesem Hologramm einen Teil ab, so stellt man erstaunlicherweise fest, daß, anders als bei einem Mosaik, in diesem Teil wiederum das ganze Hologramm enthalten ist. Scharf und deutlich erscheint aber nur die Gestalt des betreffenden Teils, während die Gestalt des Ganzen in diesem Teil nur unscharf wahrnehmbar ist.

Hier trifft sich Wissenschaft mit Spiritualität. In jedem einzelnen von uns, sagen Mystiker seit Urzeiten, ist das Ganze (die Gesamtheit der göttlichen Realität) enthalten; aber lediglich einige Züge sind »scharf«, das heißt aktiv, während die meisten nur »unscharf« – also potentiell, latent, schlummernd – vorhanden sind.

Wir sind das, was wir zu sein denken. Mehr und mehr von dem Potential des Ganzen in sich zu entdecken und zu ver-

Spirituelles Erwachen

wirklichen, bis hin zum Erkennen seiner Einheit und letztlich Identität mit dem Ganzen: Das ist es, was man spirituelles Erwachen nennt.

Ekstase

> *Der Sinn des Lebens! - Lerne so zu le-*
> *ben, daß jeder neue Tag die Sicherheit*
> *gesteigerter Fülle, immer feinerer und*
> *reinerer Freuden auf seiner Stirn trägt;*
> *daß so etwas wie »Stunden, die man tot-*
> *schlagen müsse«, nicht einmal mehr in*
> *der Vorstellung existiert.*
>
> PRENTICE MULFORD

In Wirklichkeit sind wir nicht Safi Nidiaye oder Horst Piller, sondern so etwas wie reines Sein, reine Intelligenz, reine Glückseligkeit. Das behaupten jene Menschen, die ihr Leben lang einsam in einer Höhle in den hohen Bergen sitzen und nichts tun, als der Wirklichkeit des Seins auf den Grund zu gehen. Ob es hinduistische oder christliche, buddhistische, jüdische oder islamische Mystiker sind: ihre Aussagen ähneln sich.

Eintauchen ins reine Sein ist Eintauchen in die Stille. Wir haben davon gesprochen. Auch von dem Aspekt der Wirk-

Ekstase

lichkeit, der Wissen oder Intelligenz heißt, haben wir gesprochen. Fast alle Kapitel in diesem Buch sprechen indirekt von ihm. Was aber ist mit der Glückseligkeit?

Ab und zu haben wir sie gestreift, wenn von Unendlichkeit und Ewigkeit die Rede war oder von seligen Seinszuständen wie Frieden, Liebe und Freiheit.

Glückseligkeit ist Ekstase. Ekstase umfaßt und überschreitet Freude und Leid. Wenn Sie sich vorstellen, daß alles, was ist, ein einziges Sein – oder Wesen – ist, können Sie sich leicht denken, daß Ekstase die Stimmung dieses Seins oder Wesens ausdrückt. In Ekstase stecken alle Emotionen. Aber das sind Spekulationen. Wir müssen es selbst erleben.

Ekstase heißt Rausch in hellwachem Zustand. Einen Augenblick lang (länger halten wir es meist nicht aus) sind wir so wach, daß wir in aller Intensität etwas von dem erleben, was wirklich ist: Grenzenlosigkeit, Freiheit, Unendlichkeit, eine unvorstellbare Vielfalt, Pracht und Tiefe des Erlebens, die die alltägliche Einstellung unseres Bewußtseins nicht zuläßt. Mit gutem Grund vielleicht, denn wir wollen ja in der normalen Menschenwelt normal funktionieren.

Aber ein gewisses, stetig und gesund wachsendes Maß an Ekstase brauchen wir, um uns zu entwickeln und zu engagieren, um nicht in unsere Probleme eingesperrt zu sein, um nicht von einem gewissen Alter an sinnlos dem Tod entgegenzuwelken, sondern um das Leben auszukosten, uns seiner Einzigartigkeit und Großartigkeit bewußt zu sein und Schwung und Begeisterung aufzubringen, um unseren Beitrag in dieser Welt zu leisten.

Fünfter Teil: Spirituelle Dimensionen der Meditation

Wir können Ekstase regelrecht provozieren, jedenfalls aber versuchen, die Weichen so zu stellen, daß wir in sie eintauchen können. Denn, wie die Mystiker sagen, Ekstase ist der natürliche und grundlegende Zustand unseres Seins. CHRIS GRISCOM weist darauf hin, daß nichts besser geeignet ist, wirkliche Veränderungen in uns selbst und in unserem Leben zu bewirken, als Ekstase.

Immer, wenn wir einem Aspekt der Wirklichkeit ganz und gar auf den Grund gehen, stellt sich eine Art Ekstase ein. Immer, wenn wir eine Stimmung und Qualität bis zu ihrer äußersten Reichweite erleben – ob Liebe oder Frieden, Macht oder Freude –, erleben wir Ekstase. Dafür müssen wir aber Raum schaffen. Für Meditationen dieser Tiefe brauchen wir Zeit. Wir müssen uns freinehmen von allen gedanklichen Beschäftigungen mit der Außenwelt.

Wenn Sie einmal Ekstase in der Meditation erlebt haben, erwarten Sie bitte nicht, daß sich das wiederholt, wenn Sie dieselbe Technik wieder anwenden. Nichts wiederholt sich. Es ist immer wieder neu. Wenn Sie mit einer Erwartungshaltung an die Meditation herangehen, suchen Sie Wiederholung von etwas Vergangenem und verschließen sich der Wahrheit des Augenblicks. Öffnen Sie sich stets für das Neue!

Natürlich gibt es nicht eine bestimmte Meditationstechnik, die automatisch zu Ekstase führt. Man kann nur Anhaltspunkte geben. Die folgenden Schritte sollen deshalb nicht als Meditationsanleitung verstanden werden, sondern als Anregungen, die Ihnen Möglichkeiten aufzeigen.

Ekstase

- Bereiten Sie diese Meditation mit Musik vor. Geeignet ist beispielsweise das *Magnificat* von BACH, die »Ouvertüre« der *Johannes-Passion*. Wenn Sie Chöre nicht mögen: Instrumentalmusik der großen klassischen Komponisten, wie BACH, HÄNDEL und VIVALDI, MOZART und BEETHOVEN, mit Werken, die Jubel, Verzückung, Verherrlichung ausdrücken. Oder aber Sie beginnen mit einer Musik, die sehr friedvoll und obertonakzentuiert ist, beispielsweise Klangschalen- oder indische Ragamusik. (Die Konzentration auf Obertöne fördert die Einstimmung auf höhere Ebenen.)
- Zu Beginn der eigentlichen Meditation schalten Sie die Musik ab.
- Nehmen Sie sich genügend Zeit, um sich vollkommen zu entspannen, und machen Sie sich hellwach (mittels eines entsprechenden geistigen Befehls).

Diese vorbereitenden Schritte empfehle ich für alle Meditationen, die in einen Zustand von Ekstase führen sollen.

Erste Variante: Der kosmische Tanz

- Machen Sie sich bewußt, daß Ihr Körper sich auf dem Körper eines Planeten befindet, der um sich selbst und um die Sonne kreist und mitten im Lichtfeld der Sonne badet. Betrachten Sie das Kreisen der Planeten in unserem Sonnensystem, in unserer Galaxie, in den unzähligen Galaxien des Universums. Fühlen Sie, daß Sie daran teilhaben.

Fünfter Teil: Spirituelle Dimensionen der Meditation

- Machen Sie sich das Kreisen der Moleküle in den Zellen Ihres Körpers bewußt.
- Empfinden Sie mit aller Intensität, daß Sie Teil eines tanzenden, vibrierenden, leuchtenden und singenden Universums sind.

Zweite Variante: Transzendente Dimensionen

- Heben Sie Ihr Bewußtsein so hoch Sie können. (Dabei hilft Ihnen die Erinnerung an entsprechende Musik.) Lassen Sie alle Erdenschwere hinter sich: das Gefühl, ein träger, hautumgrenzter Körper zu sein, die belastenden Gedanken, die drückenden Emotionen. Werfen Sie all diesen Ballast ab. Folgen Sie der Sehnsucht Ihrer Seele nach Freiheit, Leichtigkeit, Grenzenlosigkeit, Schönheit, Harmonie und Liebe – nach Ihrer Heimat. Breiten Sie Ihre Flügel aus und fliegen Sie ins Freie.
- Nehmen Sie Kontakt auf mit Wesen, die diese Freiheit schon gefunden haben – mit denen, die wir »Meister« und »Heilige« nennen. Treten Sie in Resonanz mit deren Stimmung. Wenn Sie den Wunsch danach verspüren, schließen Sie einen Bund mit ihnen.

Ekstase

Dritte Variante: Ewigkeit

● Lehnen Sie sich in Ihrem Körper wie in einem Sessel zurück. Entspannen Sie sich. Lassen Sie den Fluß der Zeit an sich vorbeifließen, während Sie selbst in einen Zustand von Zeitlosigkeit eintauchen.

● Stellen Sie sich vor, daß Ihr Leben mit all seinen Phasen und Ereignissen durch Sie hindurchzieht. Fühlen Sie, daß Sie nicht das sind, was sich durch Sie hindurchbewegt (Ihre verschiedenen Gesichter und Gestalten in den verschiedenen Lebensphasen und Existenzen), sondern das, was bleibt: »Ich bin, der ich bin, der ich war und immer sein werde«.

● Stellen Sie sich den Fluß der gesamten Evolution vor und lassen Sie ihn vor sich vorbeiziehen oder durch Sie hindurchfließen. Fühlen Sie dabei, wie Sie selbst immer derselbe sind, während all diese wechselnden Gestalten, vom Stein bis zum Menschen, durch Sie hindurchziehen. Entdecken Sie Ihre Natur als ewiges Wesen jenseits von Raum und Zeit. Identifizieren Sie sich mit dem ewigen Aspekt Ihres Wesens.

Vierte Variante: Landschaften der Seele

● Stimmen Sie sich auf Frieden ein. Lassen Sie es in Ihrem Innern sehr still werden.

● Lassen Sie Landschaften in Ihrem Bewußtsein auftau-

299

Fünfter Teil: Spirituelle Dimensionen der Meditation

chen, die voller Frieden sind. Seien Sie Teil dieser friedvollen Landschaften, wandern Sie in ihnen herum. Lassen Sie das Gefühl von Frieden sich vertiefen.

- Lassen Sie Landschaften in Ihrem Bewußtsein erscheinen, die die Sehnsucht Ihrer Seele (das heißt Ihres innersten Wesens) ausdrücken. Das kann eine silberhelle Vollmondnacht oder ein Sonnenaufgang am Meer sein; es können aber auch Landschaften ganz anderer Art sein, surreal vom gewöhnlichen Standpunkt aus; verklärte, strahlende, durchscheinende Landschaften; Landschaften aus Licht oder aus kristallenen, durchsichtigen Gebilden . . .

- Seien Sie Teil dieser Seelenlandschaften. Begeben Sie sich in sie hinein. Gehen, fliegen oder schweben Sie in ihnen spazieren, nicht als Fremdkörper, sondern wesensgleich: ebenso strahlend, durchscheinend, gläsern oder verklärt. Spüren Sie, daß das Ihre Heimat ist?

Der Abschluß dieser Meditationen

- Kehren Sie jeweils sehr langsam und bewußt in den gewöhnlichen Bewußtseinszustand zurück, wobei Sie den soeben erlebten Zustand als Hintergrund im Sinn behalten.

- Verankern Sie das Erlebte.

- Richten Sie Ihre Aufmerksamkeit auf Ihren Körper, Ihre Persönlichkeit und Ihr Leben und stellen Sie sich vor, daß etwas von dem, was Sie in der Meditation erlebt haben,

Ekstase

sich in diesen drei Bereichen ausdrückt. Fragen Sie sich, was Sie tun können, um das zu fördern. Tauchen Sie Ihr Alltagsleben, Ihre Arbeit, Ihre Liebe, Ihr Zuhause in den Glanz dessen, was Sie in der Meditation erlebt haben.

- Wenn Sie Ekstase und hohe Stimmung durch Ihre Lebensweise fördern möchten, dann achten Sie bitte darauf, welche der Tätigkeiten Ihres alltäglichen Lebens Sie stumpf, trübe, traurig oder schwer machen und welche Beschäftigungen Hochstimmung erzeugen. Stimmen Sie sich immer wieder hoch; mit Musik, mit Spaziergängen in der Natur, mit Gesten echter Großzügigkeit, mit kreativen Tätigkeiten, mit Tanzen, Singen oder anderen Beschäftigungen, die Freude und Begeisterung in Ihnen wecken.

Die Schwerkraft der Erde ist enorm. Ihrem physischen Aspekt verdanken wir, daß wir nicht heimatlos im Universum herumpurzeln; ihr geistiger Aspekt sorgt dafür, daß wir bodenständige, vernünftige und ordentliche Leute sind, die Gewohnheiten bilden und die die Füße auf dem Boden haben. Aber dieser Aspekt macht uns auch träge und schwer, wenn wir nicht unsere Sprungkraft trainieren (durch Sport, Spiel, Tanz, Musik und begeisternde Tätigkeiten) und wenn wir nicht immer wieder dem »Sog des Himmels«, wie PIR VILAYAT KHAN es nennt, folgen: Unserer Sehnsucht nach Freiheit.

Dieser »Sog des Himmels« ist ebenfalls gewaltig; man beginnt ihn aber erst von einer bestimmten Höhe der Stimmung an zu spüren. Diese Höhe muß man selbst erklimmen. Hier trifft der Spruch zu: »Hilf dir selbst, dann hilft dir Gott.«

Fünfter Teil: Spirituelle Dimensionen der Meditation

Zumindest müssen wir den Kopf aus dem Sumpf des Alltags herausstrecken, um den »Sog des Himmels« spüren zu können. Oder aber kilometertief in der Tinte sitzen und aus tiefster Not nach dem Himmel rufen.

Für beide Fälle soll dieses Buch eine Hilfe sein.

Freiheit

Wenn die Seele frei ist, dann gibt es keinerlei Bindung in dieser Welt; überall wird der Mensch Freiheit atmen, im Himmel und auf Erden.

HAZRAT INAYAT KHAN

Es war während einer Massage. Ich lag auf einer Liege. Irgend etwas geschah in meinem Kopf, als die Masseurin ihn berührte, und plötzlich sah ich mich all meine Gewänder zerreißen, ritschratsch; sie waren schwer und mausgrau gewesen, wie Sack und Asche. Ich zerriß sie Schicht um Schicht. Dann flog ich auf, höher und höher, jubelnd und frei.

An dieser Stelle hörte ich mich auf meiner Massageliege tief aufseufzen. Der Seufzer galt der Hölle, die ich hinter mir ließ. Nicht etwa die Erinnerung an das dort durchlittene Leid ließ mich aufseufzen, sondern die Tatsache, daß ich diese schöne, warme, altgewohnte Hölle nun hinter mir lassen und gegen zugige Freiheit eintauschen sollte. Die kalte Hand des Bahnwärters faßte mich an.

Fünfter Teil: Spirituelle Dimensionen der Meditation

»Wenn du eine helfende Hand suchst, blick auf deine eigene« – dieses Sprichwort war in meiner Familie gang und gäbe, und da das ziemlich kalt klingt, haben wir diese Weisheit kurz »die kalte Hand« genannt. Wie der Bahnwärter da hineingekommen ist, weiß ich nicht genau; in irgend etwas Berühmtem kommt »Die eiskalte Hand im Nacken des Bahnwärters« vor. Jedenfalls steht die »kalte Hand des Bahnwärters« dafür, daß sie uns, wann immer sie uns anfaßt, daran erinnert, daß man sich letztlich nur selber helfen kann; mehr noch, daß man eigentlich immer alleine ist. Das kann erschreckend wirken oder befreiend.

Vor dieser Massagesitzung hatte ich ein Gedicht gelesen, das CARLOS CASTANEDA seinem vierten Buch, dem *Der Ring der Kraft,* vorangestellt hat:

»Die Bedingungen eines einsamen Vogels sind fünf:
Die erste, daß er zum höchsten Punkt fliegt;
die zweite, daß er sich nicht nach Gesellen sehnt,
nicht einmal seiner eigenen Art;
die dritte, daß sein Schnabel gen Himmel zielt;
die vierte, daß er keine bestimmte Farbe hat;
die fünfte, daß er sehr leise singt.«
SAN JUAN DE LA CRUZ, *Dichos de Luz y Amor*

Nur ein einsamer Vogel, das erkannte ich auf der Massageliege, ist ein glücklicher Vogel. Die staubgrauen, schweren Gewänder, die ich Lage um Lage zerriß, repräsentierten die Enge, die scheinbare Gemütlichkeit der gewöhnlichen

Freiheit

menschlichen Beziehungen mit ihren Gewohnheiten und ihrer Sucht nach Geborgenheit.

Nicht daß ich von Beziehungen oder Gesellschaft abrate. Aber es ist gut, zu erkennen und zu akzeptieren, daß wir grundsätzlich allein sind. Wir sind allein in unserer Freude, unserer Trauer, unserer Ekstase, unserer Erkenntnis. Erst wenn wir unser Alleinsein, unsere Intimität mit uns selbst, genießen und auch mitten im Glück der Zweisamkeit immer wieder zu uns selbst zurückfinden können, sind wir in der Lage, glückliche, erfüllte und bereichernde Beziehungen mit anderen zu unterhalten.

Und schließlich: Alleinsein, das haben uns schon einige kluge Köpfe vorbuchstabiert, beinhaltet All-eins-Sein. Das nützt einem natürlich nur etwas, wenn man es erlebt. Vielleicht gehören Sie zu den Glückspilzen, denen solches Erleben beim Bergsteigen, beim Kajakfahren, beim Pilzesuchen oder in einer Umarmung ganz von selbst zuteil wurde. Wir anderen aber brauchen, um das All-eins-Sein zu erleben, die Technik der Meditation.

Literaturhinweise

CHARLOTTE JOKO BECK, *Zen im Alltag.* Droemer Knaur, München o. J.

CARLOS CASTANEDA, *Reise nach Ixtlan.* S. Fischer, 18. Auflage, Frankfurt am Main 1992.

CARLOS CASTANEDA, *Der Ring der Kraft.* Don Juan in den Städten. S. Fischer, 15. Auflage, Frankfurt am Main 1992.

JOHN GRAY, *Männer sind anders, Frauen auch.* Goldmann, München 1993.

CHRIS GRISCOM, *Die Frequenz der Ekstase.* Goldmann, München 1991.

HAZRAT INAYAT KHAN, *Das Erwachen des menschlichen Geistes.* Synthesis, Essen 1982.

PIR VILAYAT KHAN, *Der Ruf des Derwisch.* Synthesis, Essen 1982.

JIDDU KRISHNAMURTI, *Ideal und Wirklichkeit.* Humata, 10. Auflage, Bern o. J.

MAX FREEDOM LONG, *Kahuna-Magie.* Die Lösung vieler Lebensprobleme durch praktisch angewandte Magie. Hermann Bauer, 2. Auflage, Freiburg 1992.

Literaturhinweise

GITTA MALLASZ, *Die Antwort der Engel.* Ein Dokument. Daimon, 6. Auflage, Einsiedeln 1989.

PRENTICE MULFORD, *Unfug des Lebens und des Sterbens.* S. Fischer, 17. Auflage, Frankfurt am Main 1992.

SAFI NIDIAYE, *Liebe ist mehr als ein Gefühl.* Partnerschaft, Sexualität, Spiritualität. Ariston, 2. Auflage, Genf/München 1991.

SAFI NIDIAYE, *Neues Wissen, neues Denken für eine bessere Zukunft.* Der Mensch im anbrechenden neuen Zeitalter. Ariston, Genf/München 1993.

SAFI NIDIAYE, *Liebe, Leben, Partnerschaft.* Antworten aus einer höheren Dimension. Audiokassetten. Ariston, Genf/München 1993.

PAT RODEGAST & JUDITH STANTON, *Emanuels Buch.* In Harmonie mit dem Kosmos leben. Droemer Knaur, München 1992.

JANE ROBERTS, *Die Natur der persönlichen Realität.* Ein neues Bewußtsein als Quelle der Kreativität. Ein Seth-Buch. Ariston, 4. Auflage, Genf/München 1991.

CHRISTIANE SINGER, *Zeiten des Lebens.* Von der Lust sich zu wandeln. Diederichs, 2. Auflage, München 1992.

Safi Nidiaye
Liebe, Leben, Partnerschaft
Antworten aus einer höheren Dimension

Grundlegende Beziehungsthemen wie Liebe, Konflikt, Vertrauen und Verständnis geht Safi Nidiaye in ihren Trance-Vorträgen aus einer höheren überpersönlichen Perspektive an und bietet ihren Hörern auf diesem Weg eine spirituelle Hilfestellung. Die beiden Audiokasetten präsentieren einfach nachvollziehbare und hochwirksame Techniken, die helfen, Partnerschaftsprobleme zu lösen, Trennungsschmerz und Eifersucht zu überwinden, die eigene Entschlußkraft zu festigen und Sicherheit im Umgang mit seiner Gefühlswelt zu gewinnen.

Live-Aufzeichnungen von vier Trance-Vorträgen, 2 Audiokasetten,
ISBN 3-7205-1769-1

Safi Nidiaye
Neues Wissen neues Denken für eine bessere Zukunft
Der Mensch im anbrechenden neuen Zeitalter

Antworten auf die großen, drängenden Zeit- und Daseinsfragen der Menschheit an der Jahrtausendwende gibt dieses Buch aus einer völlig neuen Sicht. Safi Nidiaye beschäftigt sich auf einer höheren Dimension menschlichen Bewußtseins mit den Herausforderungen von Gegenwart und Zukunft. Ihre Botschaften vermittelt sie nicht in Form allgemeiner Prognosen oder theoretischer Heilsbotschaften, sondern als alle in jedem Menschen schlummernden Möglichkeiten, sich neue Dimensionen zu erschließen und die Herausforderungen der Zukunft aktiv gestaltend aufzunehmen.

322 Seiten, gebunden mit Schutzumschlag, ISBN 3-7205-1767-5

Safi Nidiaye/Franz-Theo Gottwald/John Hormann/Antje Besser-Anthony
Führung durch Intuition
Die entscheidende Wende im Management

Das Herz steht im Mittelpunkt eines neuen Managements. Heute ist ein humaneres, geistiges Verständnis von Wirtschaft und Arbeit gefragt. Ein Kreis von Experten aus verschiedensten Bereichen hat dieses Buch geschrieben, um vor allem Führungskräften das neue Bewußtsein und seine geistigen Dimensionen zugänglich zu machen. Es geht hier um Mangel, Fülle und das Prinzip Wahrheit, und um das Herz. Denn nur mit dem Herzen kann man die Wahrheit in ihrem Kern erfassen.

332 Seiten, gebunden, ISBN 3-7205-1963-5

ARISTON

Dr. Deepak Chopra

Die unendliche Kraft in uns
Heilung und Energie von jenseits der Grenzen unseres Verstandes
08/9647

Dein Heilgeheimnis
Das Schlüsselbuch zur neuen Gesundheit
08/9661

08/9647

08/9661

Heyne-Taschenbücher

Liebe das Leben wie Dich selbst

Louise L. Hay
Buch der Hoffnung
Trost und Inspiration zum Jahrtausendbeginn
Gebunden mit Schutzumschlag
ISBN 3-453-16408-3

Außerdem sind von Louise L. Hay erschienen:
Du selbst bist die Antwort
Die Kraft einer Frau
Das Leben lieben
Gesundheit für Körper und Seele
Wahre Kraft kommt von Innen
Du bist Dein Heiler!
Meditationen für Körper und Seele
Deine innere Stimme
Louise L. Hay / John C. Taylor
Die innere Ruhe finden

HEYNE

Body & Soul

Harmonie des Lebens

Erich Bauer/Uwe Karstädt
Das Tao der Küche
08/5186

Chao-Hsiu Chen
Feng Shui
08/5181

Laneta Gregory
Geoffrey Treissman
Das Aura-Handbuch
08/5183

08/5181

Christopher S. Kilham
Lebendiger Yoga
08/5178

Ulrike M. Klemm
Reiki
08/5176

Anita Martiny
Fourou Turan
Aura-Soma
08/5175

Dr. med. H. W. Müller-Wohlfahrt
Dr. med. H. Kübler
Hundert Prozent fit und gesund
08/5179

Brigitte Neusiedl
Heilfasten
08/5180

Donald Norfolk
Denken Sie sich gesund!
08/5182

Magda Palmer
Die verborgene Kraft der Kristalle und der Edelsteine
08/5185

Susi Rieth
Die 7 Lotusblüten
08/5177

Dr. Vinod Verma
Ayurveda
08/5184

Heyne-Taschenbücher